WORKBOOK/LABORATORY MANUAL TO ACCOMPANY

Vis-à-vis

BEGINNING FRENCH

Second Canadian Edition

Monique Branon

Myrna Bell Rochester

Hedwige Meyer

Patricia Westphal

Scott Jamieson

Édouard Magessa O'Reilly

Anne Thareau

With contributions by:

Evelyne Amon

Nicole Dicop-Hineline

McGraw-Hill
Ryerson

D0814340

 McGraw-Hill
Ryerson

Workbook to Accompany Vis-à-vis: Beginning French
Second Canadian Edition

The Internet addresses listed in the text were accurate at the time of publication. The inclusion of a website does not indicate an endorsement by the authors or McGraw-Hill Ryerson, and McGraw-Hill Ryerson does not guarantee the accuracy of information presented at these sites.

ISBN-13: 978-1-25-927148-9
ISBN-10: 1-25-927148-X

1 2 3 4 5 6 7 8 9 0 WEB 1 9 8 7 6 5

Printed and bound in Canada

Care has been taken to trace ownership of copyright material contained in this text; however, the publisher will welcome any information that enables it to rectify any reference or credit for subsequent editions.

Director of Product Management: *Rhondda McNabb*
Senior Product Manager: *Karen Fozard*
Group Product Development Manager: *Denise Foote*
Senior Marketing Manager: *Margaret Janzen*
Product Developer: *Andria Fogarty, Tracey Haggert*
Senior Product Team Associate: *Marina Seguin*
Supervising Editor: *Cathy Biribauer*
Proofreader: *François Trahan*
Plant Production Coordinator: *Michelle Saddler*
Manufacturing Production Coordinator: *Lena Keating*
Cover and Interior Design: *Michelle Losier*
Composition: *Aptara®, Inc.*
Cover Photo: © *Dave and Les Jacobs/Getty Images Royalty Free*
Printer: *Webcom, Ltd.*

Library and Archives Canada Cataloguing in Publication Data

O'Reilly, Magessa, 1955-, author
   Workbook/laboratory manual to accompany Vis-à-vis: beginning French / Édouard Magessa O'Reilly, Anne Thareau, Scott Jamieson. – Second Canadian edition.

   Supplement to: Vis-à-vis.
   ISBN 978-1-25-927148-9 (pbk.)
   1. French language–Textbooks for second language learners–English speakers.   2. French language–Grammar–Problems, exercises, etc.   3. French language–Vocabulary–Problems, exercises, etc.
I. Thareau, Anne, author II. Jamieson, Scott, 1952-, author III. Title.
   PC2129.E5A48 2015 Suppl.
   448.2'421   C2014-905173-5

Contents

For answers to the workbook exercises go to **www.mheducation.ca/olc/amon2e**

To the Student

Welcome to the Workbook/Laboratory Manual to accompany *Vis-à-Vis: Beginning French*, Second Canadian Edition. Each chapter of this Workbook/Laboratory Manual is based on the corresponding chapter of the text, so that you can practise and review on your own what you are learning in class.

Integrated Written and Oral Exercises

Because your different senses and skills (listening, speaking, reading, writing) reinforce one another, written and oral exercises for each point in the text appear together in the Workbook/Laboratory Manual. Oral exercises are coordinated with the Audio Program, available at the *Vis-à-Vis* Online Learning Centre (**www.mheducation.ca/olc/amon2e**). Oral exercises are marked with a headphone symbol. 🎧

To get the most out of the Audio Program, you should listen to the recordings after your instructor covers the corresponding material in class, and you should listen as often as possible. You will need the Workbook/Laboratory Manual much of the time when you listen to the recordings, because many of the exercises are based on visuals and written cues.

Organization

The chapters of the Workbook/Laboratory Manual parallel those in the main text. They are organized as follows:

- **Leçons 1, 2, 3, and 4** allow you to practise the thematic vocabulary and structures of each chapter through a variety of fun and interesting exercises. Written and oral activities present the opportunity to practise each grammar point and new vocabulary.

- **Le blogue d'Émilie** contains a series of exercises based on the blog and commentaries in the textbook. These allow you to confirm your mastery of the chapter vocabulary and structures within an appealing and meaningful context. You will also have an opportunity to write an e-mail to express your opinion on the blog topic for each chapter.

- The **Pause-culture** section contains two exercises–one based on **Le blogue d'Émilie** and the other on the **Reportage** reading in the textbook. These exercises check your comprehension of these passages and highlight important cultural information about daily life in the francophone world.

- **Perspectives** focuses on integrating chapter vocabulary and grammar. Its main features are the following:

  Faire le bilan (*Taking stock*)–an end-of-chapter review section. The exercises combine and reinforce chapter vocabulary and structures. In most chapters, you are invited to work with authentic materials from the contemporary francophone press.

  Prononciation–recorded exercises providing focused practice of French pronunciation, with tips and reminders in English.

  À l'écoute !–an extended listening comprehension passage and activity, also integrating chapter vocabulary and structures.

  Par écrit (*In writing*)–a comprehensive, practical guided writing section. A series of steps (in English) helps you organize, draft, and polish a variety of interesting writing assignments (interviews, editorials, film reviews, and so on).

Journal intime (*Personal diary*)–a chapter-culminating activity that encourages you to write freely about your own opinions and experiences while applying the material you have been studying in that chapter.

- **Additional Review Sections**–you will find additional review sections, **Révisez !,** after **Chapitres 3, 6, 9,** and **12.** These sections reintroduce vocabulary and grammar from previous chapters so that you have an opportunity to reuse what you have learned in a variety of contexts and situations.

In addition, throughout the first half of the Workbook/Laboratory Manual, you will find boxed **Study Hints:** practical tips to help you learn French thoroughly and efficiently. They are based on the experience of other students, and we think you will find them helpful.

Answers

Answers are available at the *Vis-à-Vis* Online Learning Centre (**www.mheducation.ca/olc/amon2e**). For exercises requiring personalized responses, no answers are provided.

Acknowledgments

The authors wish to express their thanks to those who have also contributed to the editing and production of this Workbook/Laboratory Manual. Their dedication and hard work are greatly appreciated: Senior Product Manager Karen Fozard, Product Developer Andria Fogarty, Supervising Editor Cathy Biribauer, Proofreader François Trahan, and Tanjah Karvonen for her work on the Answer Key.

CHAPITRE 1

Une nouvelle aventure

LEÇON 1

 Les bonnes manières

A. Une rencontre. (*An encounter.*) On his way across campus, Jeremy runs into various people. Complete the dialogues.

Vocabulaire : À; Au revoir; ça va bien; Comment allez-vous; madame; merci

JEREMY : Bonjour, _____.[1]

_____?[2]

MME THOMAS : Très bien, _____.[3] Et vous? Ça va?

JEREMY : Oui, _____.[4]

MME THOMAS : Au revoir, Jeremy. ____[5] bientôt.

JEREMY : _____,[6] madame.

Vocabulaire : Comme ci, comme ça; Et vous; mademoiselle; mal

JEREMY : Bonjour, mademoiselle. Comment allez-vous aujourd'hui (*today*)?

MLLE ROBIDOUX : Pas _____,[7] merci.

_____?[8]

JEREMY : _____.[9] Au revoir,

_____.[10]

Vocabulaire : Ça va mal; Comment vas-tu; Et toi

DENISE : Salut, Jeremy! _____[11] aujourd'hui?

JEREMY : _____,[12] Denise. Il y a un (*There's an*) examen (*test*) de

littérature aujourd'hui.

_____?[13]

DENISE : Bien, merci. À bientôt et bonne chance (*good luck*).

B. Qu'est-ce qu'on dit ? If you were in a French-speaking environment, what would you say in these situations?

1. In class, you drop your book on your neighbour's foot. _____

2. Your professor just said something; you're not sure what, but it sounded important. _____

3. You've forgotten your professor's name and want to write it down. _____

4. You pass a friend on the way to class. _____

5. You pass a male professor on the way to class. _____

6. You want to introduce yourself. _____

7. Your friends are leaving your apartment at the end of the evening. _____

8. A fellow student has just thanked you for picking up a book. _____

C. Jacqueline, Rémi et le nouveau professeur. You will hear a conversation among three people. Each exchange corresponds to one of the following drawings. Listen to the whole conversation once or twice, then do the exercise.

Now you will hear questions and statements taken from the conversations you just heard. Say and check off the most logical of the three responses given.

1. _____ Au revoir.

   _____ Merci bien.

   _____ Bonjour, madame.

2. _____ Je m'appelle Jacqueline Martin.

   _____ Très bien, merci.

   _____ Ça va ?

3. _____ Je m'appelle Jacqueline Martin.

    _____ Ça va?

    _____ Très bien, et vous?

4. _____ Pas mal.

    _____ De rien.

    _____ Je ne comprends pas. Répétez,
    s'il vous plaît, madame.

5. _____ Salut.

    _____ Ah oui! Je comprends. Merci, madame.

    _____ De rien.

6. _____ Oh! Pardon! Excusez-moi!

    _____ À bientôt!

    _____ Au revoir!

7. _____ Je m'appelle Rémi.

    _____ Oh, ça peut aller.

    _____ Et vous?

8. _____ Bonsoir, madame.

    _____ Salut.

    _____ Comment vous appelez-vous?

L'alphabet français

🎧 **L'alphabet français.** Say each letter of the alphabet and the corresponding name(s) after the speaker.

a	[a]	Anatole	**n**	[ɛn]	Nicole
b	[be]	Béatrice	**o**	[o]	Odile
c	[se]	Cécile	**p**	[pe]	Pascal
d	[de]	Denise	**q**	[ky]	Quentin
e	[ə]	Emma	**r**	[ɛʀ]	Roland
f	[ɛf]	France	**s**	[ɛs]	Suzanne
g	[ʒe]	Geneviève	**t**	[te]	Thérèse
h	[aʃ]	Hélène	**u**	[y]	Lulu
i	[i]	Isabelle	**v**	[ve]	Véronique
j	[ʒi]	Jacqueline	**w**	[dubləve]	William
k	[ka]	Kerouac	**x**	[iks]	Xavier
l	[ɛl]	Lucien	**y**	[igʀɛk]	Yvette
m	[ɛm]	Marguerite	**z**	[zɛd]	Zoé

Et vous? Comment vous appelez-vous? Pronounce your name in French. Then spell it.

MODÈLE: Je m'appelle Catherine. C-A-T-H-E-R-I-N-E.

Les accents

Les étudiants. You are helping Marc prepare name tags for a reception at the International House. After you hear each name, tell him the necessary diacritical mark, as in the example.

Vous entendez (*You hear*):   Joël
Vous dites (*You say*):   e tréma

1. Irène
2. Loïc
3. Jérôme
4. Françoise
5. Stéphanie

Les mots apparentés

A. Comment dit-on ça en français ? Listen carefully to the following French words, then repeat them. You will hear each word twice.

Vous entendez (*You hear*):   excellent
Vous dites (*You say*):   excellent

1. université
2. sérieux
3. ordre
4. pratique
5. apparemment
6. étranger
7. champagne
8. individualiste

B. En français, en anglais. You will hear a series of French words, each one repeated. Listen carefully, then select the corresponding English term.

Vous entendez (*You hear*):   lettre
Vous choisissez (*You choose*):   let (letter) lettuce

1.	sociable	society	socialist
2.	liberty	liberate	library
3.	courier	coordinate	courageous
4.	political	polite	party
5.	etiquette	state	standard
6.	normal	normally	normalcy
7.	disorder	disordered	disorderly
8.	individual	individually	individualism

LEÇON 2

 Les nombres de 0 à 60

A. Le matériel. A student assistant is counting the items in the supply room. Select the numbers that you hear.

1. **2**   **12**   **22**
2. **17**   **47**   **57**
3. **12**   **2**   **52**
4. **26**   **6**   **16**
5. **35**   **15**   **25**
6. **16**   **13**   **15**

B. Comptez ! Repeat the numbers you hear, adding two numbers each time.

Vous entendez (*You hear*):   deux, quatre, six, huit...
Vous dites (*You say*):   deux, quatre, six, huit, dix, douze

1. ...   2. ...   3. ...   4. ...

C. Les nombres. Jacques Marcat is paying his bills. Show how he will write the following amounts in words on his cheques.

MODÈLE :

Payer contre ce chèque non endossable sauf au profit
d'un établissement bancaire ou assimilé

Banque Typique

59,00 _____ $

à rédiger
exclusivement
en dollars

$

Somme en toutes lettres

Cinquante-neuf _____ $

à   *Québec Télécom* _____

à   *Montréal*

le   *24/1/16*

┌─── Payable ───┐
│ 49, RUE DU PARC │
│ MONTRÉAL (QC) │
│ TEL. (514) 555-5912 │
└────────────────┘
Chèque N° 2200045

M. JACQUES MARCAT
152, AV. RENÉ–LÉVESQUE
MONTRÉAL (QC)
H5L 0X0

Jacques Marcat

2200045   045013628074   282112716330

---

1. 29,00 $ _____ $

2. 41,00 $ _____ $

3. 12,00 $ _____ $

4. 17,00 $ _____ $

5. 37,00 $ _____ $

6. 53,00 $ _____ $

7. 24,00 $ _____ $

8. 38,00 $ _____ $

9. 56,00 $ _____ $

10. 48,00 $ _____ $

 D. Combien ? Answer the math problems, as in the model.

Vocabulaire : + plus, et   − moins   × fois   = font, égalent

MODÈLE : 4 + 5 → Quatre plus cinq font neuf.

1. 3 + 4   4. 17 + 19

2. 2 × 9   5. 54 − 40

3. 10 + 11   6. 60 − 59

Quelle est la date d'aujourd'hui ?
Quel jour sommes-nous ?

A. Le calendrier de M. Belœil. M. Belœil has made notes of upcoming events. Give the day and date of each activity.

AOUT						
L	M	M	J	V	S	D
				1 *Juliette*	2	3
4 *Michel*	5	6	7	8	9	10
11	12 *dentiste*	13 *Dr. Noiret*	14	15 *film italien*	16	17 ♡
18	19	20	21	22	23 *hockey*	24
25	26	27	28 *Bach*	29	30 *Paul & Irène*	31

MODÈLE : le film italien → vendredi, le 15 aout

1. le rendez-vous de M. Belœil chez le docteur _____

2. diner avec Michel _____

3. la fête (*party*) chez Juliette _____

4. le concert de Bach _____

5. la visite de Paul et Irène _____

6. le match de hockey _____

7. le rendez-vous chez le dentiste _____

8. l'anniversaire de mariage de M. et Mme Belœil _____

B. Quel jour est-ce ? Look at a calendar for the current year, and write a sentence telling what day of the week each date is.

MODÈLE : 25/12 → Le vingt-cinq décembre, c'est un jeudi.

1. 21/01 _____

2. 11/04 _____

3. 8/05 _____

4. 24/08 _____

5. 22/10 _____

6. 1/11 _____

7. 6/12 _____

8. aujourd'hui _____

C. Quel jour sommes-nous ? On which day of the week do you usually do the things or visit the places mentioned on the recording? (Make up an answer if the activity doesn't apply to you.) You will hear some possible responses.

Vocabulaire : lundi, mardi, mercredi, jeudi, vendredi, samedi, dimanche

Vous entendez (*You hear*) :   Vous êtes (*You are*) au cinéma.
Vous dites (*You say*) :   Nous sommes samedi.

1.

2.

3.

4.

5.

D. Quelle est la date ? You will hear two sets of numbers. Give the date and the month to which they correspond.

Vous entendez (*You hear*):   28/12
Vous dites (*You say*):   C'est le vingt-huit décembre.

1. 03/06

2. 07/07

3. 26/09

4. 12/02

5. 30/03

Le blogue d'Émilie

Un jour exceptionnel

A. Je suis Émilie ! Combine the elements below to create correct sentences.

1. m'appelle / je / Émilie _____

2. je / blogue / un / crée _____

3. j'aime (*I like*) / amis / mes _____

4. commentaires / sur mon blogue / il y a (*there are*) / des _____

   _____

5. suis / je / étudiante _____

B. Les jours favoris d'Émilie. Write out the following dates in words.

MODÈLE : le 2/06 → le deux juin

1. le 10/01 : _____

2. le 3/08 : _____

3. le 5/09 : _____

4. le 13/10 : _____

5. le 22/12 : _____

C. Émilie et les autres. Complete the following sentences with the correct pronoun: **tu, te, toi,** or **vous.**

1. Bonjour ! Comment t'appelles-_____ ?

2. Salut ! Comment vous appelez-_____ ?

3. Moi, ça va ! Et _____, comment vas-tu ?

4. Répétez, s'il _____ plait !

5. Répète, s'il _____ plait !

D. Joyeux anniversaire ! Celebrate your relatives' birthdays by completing the following sentences.

1. Le _____, c'est l'anniversaire de ma mère (*mother*).

2. Le _____, c'est l'anniversaire de mon père (*father*).

3. Le _____, c'est l'anniversaire de mon frère (*brother*) / de ma sœur (*sister*).

4. Le _____, c'est l'anniversaire de mon grand-père (*grandfather*).

5. Le _____, c'est l'anniversaire de ma grand-mère (*grandmother*).

E. Vous répondez à Émilie. Circle the phrases that best describe your reactions to Émilie's blog.

DE : _____

À : Émilie@canmail.ca

Bonjour / Salut, Émilie !

Ça va / Comment vas-tu, aujourd'hui ? Moi, **ça va bien / ça va comme ci, comme ça / ça va mal.**

Bravo pour ton blogue ! C'est une excellente idée !

Pour moi, un blogue c'est pour **exprimer des opinions / exprimer des sentiments / rapporter des faits / présenter des films vidéo.**

C'est aussi pour communiquer avec mes amis. Je veux **savoir ce qu'ils font / recevoir de leurs nouvelles.**

Et moi, je veux leur dire **quels films j'aime / comment sont mes cours / comment va ma famille.**

Les amis, c'est **important / essentiel :** j'ai (*I have*) **un / deux / trois** vrais (*true*) amis et au moins (*at least*) **quatre / dix / vingt-cinq** camarades.

Au revoir ! / Bonsoir ! / À bientôt !

 # **P**ause-culture

A. Les bonnes manières, les salutations. What would you say in these situations? Complete the following sentences using the correct expression.

1. Émilie meets Juliette at her favourite café.

   ÉMILIE : « _____ »

   JULIETTE : « _____ »

2. Émilie says "good evening" to her mother.

   ÉMILIE : « _____ , Maman. »

   SA MÈRE : « _____ , Émilie. »

3. On her way to her literature class, Émilie runs into her instructor, M. Dubois.

   ÉMILIE : « _____ »

   LE PROFESSEUR : « _____ »

4. Émilie goes to see her doctor. She enters the consultation room.

   ÉMILIE : « _____ »

   LE DOCTEUR : « _____ »

B. La cérémonie du bisou. Reread the **Reportage** section in your textbook and decide whether the following statements are true (**vrai, V**) or false (**faux, F**).

1. V   F   Le bisou est un baiser (*kiss*) sur la joue (*cheek*).

2. V   F   Les Français s'embrassent (*kiss each other*) deux, trois ou quatre fois (*times*), selon les régions.

3. V   F   En Belgique, un baiser suffit généralement.

4. V   F   Au Québec et aux États-Unis, on préfère éviter (*avoid*) le contact physique.

5. V   F   On *donne des bisous* seulement en Europe.

LEÇON 3

 # **D**ans la salle de classe

A. Inventaire. (*Inventory*.) What is in the classroom? Begin each answer with **Il y a** (*There is/are*).

MODÈLE :    Il y a trois portes.

1. _____   2. _____   3. _____

_____   _____   _____

(*continued*)

4. _____

5. _____

6. _____

7. _____

8. _____

9. _____

B. Mais non ! (No!) The student you will hear is confused about what she is seeing. Look at each sketch as she describes it, and correct what she says.

Vous entendez (*You hear*): Et voici (*here is*) un cahier !
Vous dites (*You say*): Mais non, c'est un livre !

1.

2.

3.

4.

5.

6.

7.

C. Dans la salle de classe. Stop the recording for a moment to look at the following drawing. Then listen to the questions and answer them.

Vous entendez (*You hear*): Il y a combien (*how many*) d'étudiants dans la salle de classe ?
Vous dites (*You say*): Il y a cinq étudiants.

1. ... 2. ... 3. ... 4. ... 5. ... 6. ... 7. ...

D. Votre vie à vous. (*Your own life.*) Describe your classroom. Use the list of classroom objects to help you. Do not mention things that are not in the class.

Vocabulaire : bureau, cahier, chaise, crayon, écran, étudiant, étudiante, fenêtre, lecteur de CD, livre, ordinateur, porte, professeur, souris, stylo, table, tableau, télévision

MODÈLE : Dans la salle de classe, il y a des tables, des chaises et un bureau. ...

_____

_____

_____

_____

_____

_____

_____

_____

Les articles indéfinis

Identifying People, Places, and Things

A. Un ou une? Write the appropriate indefinite articles. If a word can be either masculine or feminine, write **un / une.**

1. _____ stylo
2. _____ difficulté
3. _____ Français
4. _____ fin de semaine
5. _____ tradition
6. _____ livre
7. _____ ami

8. _____ étudiante
9. _____ université
10. _____ porte
11. _____ tableau
12. _____ journaliste
13. _____ cataclysme
14. _____ professeur

15. _____ hamburger
16. _____ essence (*flavour*)
17. _____ pâtisserie (*bakery*)
18. _____ Anglais très chic
19. _____ peinture (*painting*)
20. _____ appartement

B. Du singulier au pluriel. Write the plural forms of the following articles and nouns.

1. une amie _____
2. un ordinateur _____
3. un écran _____
4. un professeur _____

5. une fenêtre _____
6. un livre _____
7. une table _____
8. une étudiante _____

C. À la manifestation. Georges isn't sure whom he sees in the crowd at this student demonstration. Listen carefully to his comments, which you will hear twice, then agree with him or correct him according to the illustrations.

Vous entendez (*You hear*):   Ici (*Here*), c'est une étudiante?
Vous dites (*You say*):   Non, c'est un étudiant.

1.   2.   3.   4.   5.

D. À la librairie. You're buying a few things for yourself and some classmates. First look over the shopping list, then answer the cashier's questions.

4 dictionnaires de russe
des cahiers d'exercices
2 livres de français
des crayons
4 histoires de France
5 Paris-Match

Vous entendez :	Vous désirez un cahier d'exercices ?
Vous dites :	Non, madame, des cahiers d'exercices !

1. ...   2. ...   3. ...   4. ...   5. ...

LEÇON 4

Les verbes réguliers en *-er*

Expressing Actions

A. Les pronoms personnels sujet. Complete the following sentences using the correct subject pronouns.

1. Robert est étudiant. _____ étudie les maths.

2. Voici une étudiante. _____ aime danser.

3. Mary et Sofia parlent français, mais _____ sont anglaises.

4. Jacques, _____ travailles à la cafétéria universitaire ?

5. Max et moi, _____ aimons regarder la télévision.

6. _____ mangez au restaurant, monsieur ?

7. Voilà (*There are*) Marc et Diane. _____ habitent le quartier.

8. Eh, les amis ! _____ regardez le film à la télévision ?

9. Moi (*Me*) ? _____ habite à la résidence universitaire.

10. Dans la salle de classe, _____ parle français.

B. Gouts et préférences. What do these people like to do? Listen to each question, and answer based on the drawings. After each response, there is a question directed to you, followed by a pause for your answer.

Vocabulaire : les films de science-fiction, la musique classique, le ski, le tennis, le volley-ball

Vous entendez :	Et Pierre, il aime le baseball?
Vous dites :	Non, Pierre aime le jogging.
Vous entendez :	Et vous, vous aimez le jogging?
Vous dites :	Mais oui, j'aime le jogging. (*ou* Non, j'aime mieux le tennis.)

1. ...   2. ...   3. ...   4. ...

C. Samedi soir à la résidence universitaire. Describe what the following people are doing, using the verbs listed.

Léa _____[1] français avec (*with*) Charles. Les deux

amis _____[2] un film à la télévision et

_____[3] des bonbons (*candies*). Caroline et

Stéphanie _____[4] Marie, qui (*who*)

_____[5] son baladeur iPod^MC (*her iPod®*) dans un

coin (*corner*).

chercher
écouter
manger
parler
regarder

    Roger _____[6] sur le sofa. Je

_____[7] un ami. Une femme

_____[8] à la réception.

rêver
téléphoner à
travailler

D. Pensées variées. Complete the paragraphs using the verbs listed.

Les touristes en France _____[1]

les monuments, _____[2] les guides,

_____[3] français, _____[4]

dans les Alpes et _____[5] dans les boites de nuit

(*nightclubs*) de Paris.

danser
écouter
parler
skier
visiter

    La fin de semaine à l'université, nous _____[6]

rarement. Nous _____[7] donner des soirées

(*parties*). Nous _____[8] des CD et nous

_____.[9] Nous _____[10]

de nouvelles (*new*) personnes.

aimer mieux
danser
écouter
rencontrer (*to meet*)
travailler

    En cours, j'_____[11] souvent la discussion,

mais quelquefois je _____[12] ou je

_____[13] par (*out*) la fenêtre. Voilà pourquoi

(*That's why*) je _____[14] les cours en amphithéâtre.

J'_____[15] les petites (*small*) salles de classe.

aimer mieux
détester
écouter
regarder
rêver

    Sonia et toi (*you*), vous _____[16] les cigarettes.

Vous _____[17] beaucoup. Nous

_____[18] à nous inquiéter (*worry*). Tu

_____[19] ça amusant (*funny*)? Je me

_____[20] (*ask myself*) pourquoi.

adorer
commencer
demander
fumer
trouver

E. Une soirée (*evening*) à la résidence universitaire. The three students in the drawing major in different subjects. Listen to their comments, then select the name of the person who is probably speaking. You will hear each comment twice.

À comprendre : jusqu'à (*until*), pendant que (*while*)

1. Chantal   Arlette   Marie-France
2. Chantal   Arlette   Marie-France
3. Chantal   Arlette   Marie-France
4. Chantal   Arlette   Marie-France
5. Chantal   Arlette   Marie-France
6. Chantal   Arlette   Marie-France

F. À la résidence universitaire. A group of students is watching a soccer game on TV when one of them decides to take an informal poll. Here's his question: **D'habitude, le soir** (*in the evening*)**, tu regardes la télé ?** Listen to the conversation as many times as necessary, and complete the following passage.

XAVIER : D'habitude, le soir, tu regardes la télé ?

FRANÇOISE : Ah oui ! _____[1] très souvent des matchs de sport.

CHANTAL : Non, normalement, le soir, _____[2] au café.

JEAN-PAUL : Moi, _____[3] les maths avec Françoise.

RAOUL : Chantal et moi, _____[4] des CD de jazz.

MARIE-FRANCE : Moi, j'aime mieux _____[5] des fêtes.

G. Votre vie à vous. Describe yourself and your preferences, using the given verbs and adverbs.

MODÈLE : aimer beaucoup →
J'aime beaucoup les CD de Shakira (le café, les librairies).

1. détester

   _____

2. écouter souvent

   _____

3. regarder de temps en temps

   _____

4. manger toujours

   _____

5. habiter

   _____

6. étudier quelquefois

   _____

 # Le verbe *avoir*

Expressing Possession and Sensations

A. Ma famille. Complete the following sentences with the verb ***avoir***.

MODÈLE : Elle _a_ chaud en classe.

1. Je n'_____ jamais tort.

2. Tu _____ froid au cinéma.

3. Ma sœur _____ un ami sympathique.

4. Mon petit frère et moi, nous _____ peur des chiens.

5. Toi et tes amis, vous _____ besoin de travailler.

6. Mes parents _____ de la chance dans la vie.

7. Jean, tu _____ rendez-vous chez le dentiste.

8. Jean et Mariette, vous _____ sommeil?

9. Mon frère et ma sœur n'_____ pas toujours raison.

10. Ma mère _____ l'air optimiste.

11. J'_____ maintenant vingt ans.

12. Nous _____ envie de prendre des vacances.

B. Réactions. What is the typical reaction?

1. _____ Il y a un coca-cola devant (*in front of*) vous.
2. _____ Il y a une orange devant vous.
3. _____ Vous êtes à Yellowknife en décembre.
4. _____ Vous écoutez du rock.
5. _____ Vous avez un examen dans 60 minutes.
6. _____ Vous êtes à la Martinique en juin.
7. _____ Vous travaillez toute la fin de semaine.

a. Vous avez froid.
b. Vous avez sommeil.
c. Vous avez faim.
d. Vous avez besoin d'étudier.
e. Vous avez envie de danser.
f. Vous avez soif.
g. Vous avez chaud.

C. Conséquences. Write a caption for each of these scenes using an expression with **avoir.**

1. J'explique que cinq fois cinq font vingt-cinq.

   J'_____ .

2. Expliquons que le Soleil tourne autour de la Terre.

   Nous _____ .

3. C'est l'anniversaire d'Anne.

   Elle _____ .

4. Le pauvre monsieur !

   Il _____ du chien.

5. Il est minuit.

   Elle _____ .

6. Voilà trois étudiants.

   Ils _____
   d'être très studieux.

D. Réactions logiques. What might you say in these situations?

À comprendre : n'est pas d'accord (*doesn't agree*), une heure de l'après-midi (*one o'clock in the afternoon*)

Expressions utiles : avoir... besoin d'étudier, de la chance, faim, froid, honte, raison, sommeil

Vous entendez :   Vous étudiez beaucoup et vous êtes fatigué(e).
Vous dites :   J'ai sommeil !

1. ...   2. ...   3. ...   4. ...   5. ...   6. ...

E. Et les questions ? What question would you ask your classmates or friends to get the following answers?

MODÈLE : *Tu as un cahier ?*
Oui, j'ai un cahier jaune.

1. _____

Oui, nous avons des ordinateurs en cours d'informatique.

2. _____

Oui, j'ai un dictionnaire français-anglais.

3. _____

Oui, nous avons un professeur dynamique.

4. _____

Oui, j'ai un examen vendredi.

5. _____

Oui, j'ai envie de manger à la cafétéria universitaire.

PERSPECTIVES

 Faire le bilan

Faire le bilan (*Taking stock*) is a review section that appears at the end of each chapter of your Workbook/Laboratory Manual. These written activities combine the vocabulary and structures from the four **leçons** of the chapter you are currently studying. You will find them useful for monitoring your own progress and for preparing for chapter tests.

A. Associations. What day of the week is it?

MODÈLE: You're reading a large newspaper. → C'est dimanche.

1. You're celebrating Thanksgiving. _____

2. You're going to a French class. _____

3. You're going to a party at night. _____

4. You're watching football at night on TV. _____

5. You're sleeping in. _____

B. Votre vie à vous. Answer the following questions in French.

1. Comment vous appelez-vous? _____

2. Comment allez-vous aujourd'hui? _____

3. Quel jour sommes-nous? _____

4. Quelle est la date d'aujourd'hui? _____

5. Nommez (*Name*) cinq objets dans la salle de classe. _____

C. Les expressions avec *avoir*. Complete the following statements in a logical manner, using an expression with **avoir.**

MODÈLE: Tu es fatigué. → Tu as sommeil.

1. Il fait (*It is*) 35 °C (degrés Celsius = 95 °F). Nous _____ .

2. En général, les enfants (*children*) n'aiment pas le noir (*dark*). Ils _____ .

3. Pour écrire au tableau, le professeur _____ une craie.

4. Vous jouez au football pendant une heure (*for an hour*). Vous _____ .

5. Elle skie mais elle porte un teeshirt. Elle _____ .

6. Après le cours de français, nous mangeons à la cafétéria universitaire. Nous _____ .

 # Prononciation

Voyelles françaises. (*French vowels*.) In English, many vowel sounds are pronounced as diphthongs: that is, as two vowel sounds within the same syllable. Listen carefully to the English pronunciation of the words *café* and *entrée*. Can you hear how the final vowel is drawn out into two different sounds? In French, however, each vowel is pronounced with a single, pure sound: **café, entrée.** Keep this in mind as you do the following exercise.

Répétez les mots suivants. Vous les entendrez deux fois. (*Repeat the following words. You will hear them twice.*)

1. café / entrée / matinée / blasé / rosé / frappé
2. cage / table / fable / câble / page / sage
3. beau / gauche / parole / rose

L'accent tonique. (Stress.) Most English words have both highly stressed and highly unstressed syllables. In *university*, for example, the *-ver-* group is strongly emphasized, whereas the *-ni-* and *-si-* groups receive very little emphasis. Listen again: *university*. In French words, however, all the syllables are approximately equal in weight and loudness. Only the final syllable of a word is somewhat longer than the preceding one(s). It is also pronounced at a slightly lower pitch.

Répétez les mots suivants. Vous les entendrez deux fois.

1. bureau	4. attention	7. concert
2. professeur	5. excellent	8. cinéma
3. université	6. bravo	

Groupes rythmiques. (Breath groups.) In French, as a sentence is said, each group of words linked by meaning is pronounced as if it were a single word. There is a slight stress on the final syllable. In the following exercise, the + symbol indicates the end of a breath group.

Répétez les phrases suivantes. Vous les entendrez deux fois.

1. J'ai (*I have*) un ami. +
2. J'ai un ami + fidèle (*loyal*). +
3. J'ai un ami + fidèle et sympa (*likeable*). +
4. J'ai un ami + fidèle et sympa + qui habite ici. +
5. J'ai un ami + fidèle et sympa + qui habite ici, + à Paris. +

À l'écoute !

Dans la salle de classe. The French teacher asks a student to say a few words about his current situation. Listen to the passage as many times as necessary, then indicate whether each statement is true (**vrai, V**) or false (**faux, F**).

1. V F   François est étudiant.

2. V F   Le professeur s'appelle M. Dupuis.

3. V F   Il y a un tableau dans la salle de classe.

4. V F   Il y a seize étudiantes dans la salle de classe.

5. V F   François ne comprend pas bien le français.

Journal intime

> **Journal intime** (*Personal diary*) is a special feature of your Workbook/Laboratory Manual: a forum for you to write freely in French about your own experiences, using the vocabulary and structures you are currently studying, but *without* worrying about making mistakes. You may want to set aside a special notebook to use as your **Journal intime.** Your instructor may read your diary entries and react to them from time to time, but he or she will probably not give them a grade. By the end of the year, you will find you are writing French with ease, and your **Journal** will be a wonderful record of your progress.

Include at least the following information in today's entry:

- Give the day of the week.
- Greet your **Journal** as you would a new friend, and introduce yourself.
- Describe the room where your French class meets, listing the items and the number of people in it. Use the expression **il y a.**

Nous, les étudiants

LEÇON 1

CHAPITRE

2

STUDY HINTS: LEARNING NEW VOCABULARY

- Your different skills and senses reinforce one another, so be sure to *say, write, read,* and *listen to new expressions* as you are learning them. Working in a group is always helpful.
- Practise using new words in *context*. Write down and say out loud short, original sentences using each new word.
- Try *brainstorming:* List all the different expressions you associate with new vocabulary items.
- Learn *gender* and *articles* along with new vocabulary words: **le cinéma, la radio.**
- Pay special attention to *accents* and to *"silent" letters:* the **h** and **s** in **mathématiques,** for example.
- *Flash cards* are extremely helpful, because they allow you to review vocabulary even when on the go.
- At least twice a week, use your flash cards to *review vocabulary from previous chapters.* Small amounts of steady effort will bring lasting success!

 # Les lieux à l'université

A. Les lieux. Associate the following elements with a location at a university.

    MODÈLE : un examen : un amphithéâtre

1. une table de pingpong : _____

2. l'équipement sportif : _____

3. un hamburger et une salade : _____

4. le silence, la réflexion et les encyclopédies : _____

5. un ordinateur avec des écouteurs : _____

6. des livres et des vendeurs (*salespeople*) : _____

7. des étudiants et un tableau : _____

    ou _____

B. Un rêve. (*A dream.*) You will hear Corinne Legrand describe a dream she had. Indicate whether the elements in it are fairly normal (**assez normal**) or somewhat strange (**assez bizarre**).

À comprendre : au café (*at the café*), chimie (*chemistry*), dans (*in*), examen (*test*), à la faculté des lettres (*in the Humanities Department*), orchestre (*band*)

		ASSEZ NORMAL	ASSEZ BIZARRE
1.	à la bibliothèque	_____	✓
2.	à la faculté des lettres	_____	_____
3.	au café	_____	_____
4.	au restaurant	_____	_____
5.	dans le bureau du professeur	_____	_____
6.	au cinéma	_____	_____

Les matières

A. Les matières. If you're carrying these titles in your backpack, what subjects are you probably studying?

MODÈLE : *La minéralogie, La paléontologie* → la géologie

1. *L'algèbre, La géométrie, Le calcul infinitésimal* _____

2. *L'évolution, L'embryologie, La génétique* _____

3. *Jules César, Les voyages de Gengis Khan, L'Empire romain, La Renaissance* _____

4. *Destinos, Prego !, Vis-à-vis* _____

5. *Le patient anglais* par Michael Ondaatje, *L'Idiot* par Fédor Dostoïevski _____

6. *La Constitution du Canada* _____

7. *L'histoire de l'ordinateur, Java, HTML* _____

8. *Hydrogène, oxygène et hélium* _____

B. Une matinée studieuse. (*A morning of studies.*) Jeannette Rivard is a busy university student. Listen to her describe what she does on weekday mornings and complete the chart that follows.

> Replay the recording as necessary, but remember that you do not need to understand every word you hear. Listen only for the information you need to complete the chart.

À comprendre : emploi du temps (*schedule*), h = heures (*o'clock*), midi (*noon*), tous les jours (*every day*)

UNIVERSITÉ DE CAEN					
Nom : *Jeannette Rivard*					
	lundi	mardi	mercredi	jeudi	vendredi
8 h	*histoire chinoise*		*histoire chinoise*		*histoire chinoise*
9 h					
10 h					
11 h					
12 h					
13 h					

Les pays et les nationalités

A. L'intrus. Put a check mark by the nationality or regional origin that does not belong in each series of words. Then write the country or province names for all four adjectives. Be sure to use the definite article.

      MODÈLE : italien, français, anglais, me̶xicain ✓ *l'Italie, la France, l'Angleterre, le Mexique*

1. marocain, tunisien, libanais, algérien _____

2. sénégalais, ivoirien, russe, congolais _____

3. allemand, belge, français, québécois _____

4. espagnol, chinois, japonais, vietnamien _____

5. mexicain, suisse, canadien, américain _____

B. Les voitures qui passent. (*Passing cars.*) You're guessing that all of the people going by are driving cars made in their native country. Listen to each question and identify the driver.

LAQUELLE CHOISIR ?

FIAT	BMW	KIA	FORD
HONDA	JAGUAR	PEUGEOT	VOLVO

    Vous entendez :   Qui est dans la BMW ?
    Vous dites :   Je ne sais pas... C'est un Allemand ?

1. ...   2. ...   3. ...   4. ...   5. ...   6. ...   7. ...

C. Schéma. (Chart.) Fill in the missing cells of the following chart with the correct form of the indicated word.

pays	l'Allemagne	le Canada	l'Espagne		la Russie
adj. (m.)	allemand				
adj. (f.)		canadienne			
homme (man)				un Indien	
femme (woman)			une Espagnole		une Russe
la personne habite (lives)	à Berlin.	____ Montréal.	____ Madrid.	____ Dehli.	____ Moscou.

D. Votre vie à vous. Complete the following sentences to describe yourself.

1. Je m'appelle _____ (name).

2. Je suis (am) _____ (nationality).

3. J'habite _____ (à + city/town).

4. Je parle (speak) _____ (native language).

Les loisirs

Les loisirs. Label each of the following pictures with the appropriate vocabulary word, including the correct singular or plural definite article.

1. _____ 2. _____ 3. _____

4. _____ 5. _____ 6. _____

7. _____ 8. _____ 9. _____

LEÇON 2

 Les articles définis

Identifying People, Places, and Things

A. *Le, la, l' ou les* ? Indicate which definite article should go with the following nouns.

1. _____ ami
2. _____ philosophie
3. _____ football
4. _____ villes
5. _____ homme
6. _____ musique
7. _____ restaurants
8. _____ film
9. _____ cours
10. _____ amies
11. _____ femme
12. _____ sport

B. **Du singulier au pluriel.** Write the plural forms of the following articles and nouns.

1. l'hôpital _____
2. un amphithéâtre _____
3. le cours _____
4. un examen _____
5. la radio _____
6. le choix (*choice*) _____
7. un tableau _____
8. une visite _____
9. la télévision _____
10. un pays _____
11. l'homme _____
12. un lieu _____
13. le nez (*nose*) _____
14. le travail _____
15. un étudiant et une étudiante _____
_____

C. **Les gouts. (Tastes.)** How do you feel about the following things? Begin your sentence with one of these three phrases.

J'aime beaucoup...

J'aime bien...

Je déteste...

MODÈLE : les films d'horreur → J'aime bien les films d'horreur.

1. le ski _____

2. la télévision _____

3. le baseball _____

4. les lundis _____

5. les films de science-fiction _____

6. l'histoire _____

7. le cinéma _____

8. l'université _____

9. les mathématiques _____

10. la littérature _____

D. À l'université. Complete the conversations with definite or indefinite articles, as necessary.

I. Abena, _____¹ étudiante sénégalaise, visite _____² université à Bruxelles, en Belgique.

GARY : Voilà _____³ cafétéria, _____⁴ bibliothèque et _____⁵ faculté des sciences.

ABENA : Il y a _____⁶ professeur de français à _____⁷ faculté des lettres ?

GARY : Il y a _____⁸ professeur de russe, _____⁹ professeur de chinois et huit professeurs de français !

ABENA : Ah ! _____¹⁰ français est _____¹¹ programme populaire !

GARY : C'est _____¹² opinion de beaucoup de personnes.

II. François et Charles sont (*are*) à la cafétéria universitaire.

FRANÇOIS : C'est intéressant _____¹ biologie, n'est-ce pas (*don't you think*) ?

CHARLES : Je préfère _____² histoire. Mais il y a au moins (*at least*) _____³ femme intéressante dans _____⁴ classe de biologie.

FRANÇOIS : C'est _____⁵ amie ?

CHARLES : Pas du tout ! (*Not at all!*) C'est _____⁶ professeure.

E. Le plan du quartier universitaire. (*Map of the university neighbourhood.*) Look at this view of a university neighbourhood, and point to the places mentioned as you answer the questions.

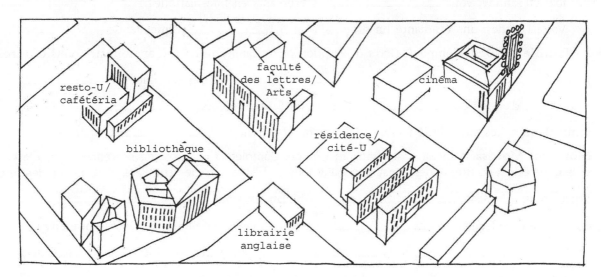

Vous entendez : Il y a une librairie anglaise ?
Vous dites : Oui, voici la librairie anglaise.

1. ... 2. ... 3. ... 4. ... 5. ...

F. Un cours difficile. Listen to the conversation between Mathieu and his Spanish instructor on the first day of class. Then listen to each line of the conversation and indicate whether the objects mentioned are singular (**S**) or plural (**P**).

1. S P	5. S P	
2. S P	6. S P	
3. S P	7. S P	
4. S P	8. S P	

L e verbe *être*

Identifying People and Things

A. Les nouveaux amis. Naomi is meeting and greeting new students at the International House. Complete her sentences according to the model.

MODÈLE : Voici Marc, un étudiant en langues étrangères ; il _____*est*_____ libanais.

1. Et voici Zoé et Gabrielle, deux étudiantes en philosophie ; elles _____ françaises.

2. Aki, tu _____ étudiante en économie ?

3. Moi, je _____ étudiante en mathématiques.

(*continued*)

4. Mon amie Rosa et moi, nous _____ italiennes.

5. Joël et Sammy, vous _____ étudiants en informatique?

6. Voici Lourdes, une étudiante en droit; elle _____ québécoise.

B. La famille de Déo. Complete Déo's description of his family using the appropriate forms of **être.**

Je _____[1] idéaliste. Maman _____[2] très sociable. Je _____[3] fier (*proud*) d'elle. Papa _____[4] sportif. Mes parents _____[5] très sympathiques. Les amis de la famille trouvent que (*that*) nous _____[6] drôles.

C. Mon ami Moussa. Moussa is studying in Guelph. Complete the following sentences with **c'est, il est,** or **elle est.** (Reminder: **c'est** is usually followed by an article–**un, une, des, le, la, les,** etc.)

Voici un ami, Moussa. _____[1] d'Abidjan, en Côte d'Ivoire. _____[2] étudiant en médecine. _____[3] un jeune (*young*) homme qui travaille beaucoup. _____[4] sérieux, mais _____[5] aussi très sociable. Sa sœur (*His sister*) s'appelle Fatima. _____[6] aussi étudiante, mais en littérature. _____[7] naïve et _____[8] souvent idéaliste. Mais _____[9] une jeune femme intéressante.

According to these descriptions, who probably said the following, Moussa or Fatima?

10. Je n'aime pas la biologie. _____

11. J'aime mon cours d'anatomie. _____

12. J'adore mon cours de linguistique. _____

13. Aujourd'hui, tout le monde (*everybody*) trouve que les langues classiques sont utiles (*useful*).

_____

D. Quelle est la nationalité des personnes? At the International House of your university you are discussing the nationality of people with your friend Christine. Answer her questions.

Vous entendez: Manuel?
Vous voyez (*You see*): Mexique
Vous dites: Il est mexicain.

1. France   2. Angleterre   3. Canada   4. Maroc   5. votre choix

Le blogue d'Émilie

Salut, tout le monde !

A. Émilie discute. Put the lines of dialogue in the correct order by numbering them from 1-5.

_____ À Paris, tes amis sont français ?

_____ Moi, je m'appelle Alfred. Je suis congolais.

_____ Non, mon amie Maren est allemande et mon ami Régis est québécois. Et toi ?

_____ Bonjour, je m'appelle **Émilie.** Je suis canadienne. Et toi ?

_____ Mon ami Hassan est marocain et mon amie Juliette est belge.

B. Quelle est ta nationalité ? Quelle(s) langue(s) parles-tu ? Complete the following sentences by writing the nationality and native language of each of these characters.

1. Juliette est _____ . Elle parle _____ .

2. Hector est _____ . Il parle _____ .

3. Hassan est _____ . Il parle _____ et arabe.

4. Alexis est _____ . Sa langue est le _____ .

5. Émilie est _____ . Elle parle _____ et anglais.

C. Quelles sont tes matières préférées ? Masculine or feminine? Singular or plural? Complete the following sentences with the correct forms of the definite article: **le, la, l',** or **les.**

1. À la faculté des Arts, j'étudie _____ linguistique, _____ littérature et _____ philosophie.

2. J'aime beaucoup _____ langues étrangères : _____ italien, _____ espagnol et _____ russe.

3. Je n'aime pas _____ maths.

4. Maintenant, j'étudie _____ sociologie.

5. Mon amie Juliette est une spécialiste de _____ informatique.

D. Les blogueurs en action. Complete the following sentences with the correct form of the **-er** verb in parentheses.

1. Léa (regarder) _____ souvent la télévision.

2. Juliette (skier) _____ quelquefois la fin de semaine.

3. Hassan, tu (fumer) _____ ?

4. Hector et son amie Meva (écouter) _____ de temps en temps la radio africaine.

5. Émilie (étudier) _____ à Winnipeg cette année.

E. Vous répondez à Émilie. Respond to Émilie by completing the sentences or choosing the phrases that best describe you.

DE : _____

A : Émilie@canmail.ca

Bonjour / Bonsoir, Émilie !

Mes amis sont de nationalités différentes. Ils sont (*are*) _____ , _____ et _____ .

Mais **j'étudie le français / je parle français** et je cherche des amis **français / francophones !** Je suis étudiante, comme toi. **En général / De temps en temps,** j'étudie à la bibliothèque. **Souvent / Quelquefois,** je regarde des films français à la télévision. **J'aime / J'adore** le cinéma européen. Mais **j'aime moins / je préfère / je déteste** le cinéma américain. **J'aime aussi / Je n'aime pas la littérature / l'histoire / la philosophie.**

Voilà ! C'est moi !

Au revoir ! / Bonsoir ! / À bientôt !

Pause-culture

Les étudiants étrangers à Montréal. Complete the following sentences with the words from the list: **algériens, américains, anglais, arabe, chinois, Côte d'Ivoire, espagnol, étrangers, européens, japonais, Maroc.** Use each word only once.

1. Montréal, c'est une ville internationale avec des étudiants de toutes les nationalités. À Montréal,

   il y a des étudiants _____ , _____ , _____ , etc.

2. On parle toutes les langues. On parle _____ , _____ ,

   _____ et _____ .

3. Les étudiants de pays francophones sont nombreux. Par exemple, il y a des étudiants du

   _____ ou de la _____ .

4. Les étudiants canadiens aiment les étudiants _____ .

5. Les étudiants africains ont l'occasion (*have the chance*) de rencontrer beaucoup d'étudiants

   _____ .

LEÇON 3

 ## Quatre personnalités différentes

A. Les clichés. Match the adjectives and nouns to create logical combinations.

Vocabulaire : calme, drôle, dynamique, enthousiaste, excentrique, hypocrite, idéaliste, individualiste, raisonnable, sérieux, sincère, sociable, sympathique, timide

MODÈLE : un juge (*judge*) → un juge raisonnable

1. un artiste _____

2. un professeur _____

3. un musicien _____

4. une grand-mère _____

5. un comique (*comedian*) _____

6. une petite fille _____

7. une écologiste _____

8. une fanatique de soccer _____

9. un poète _____

10. un responsable politique _____

11. un amant (*lover*) _____

12. un ami _____

B. Un nouvel emploi. Gérard Leclerc is looking for a job. You will hear him describe himself. As you listen, check off his characteristics on the chart. Listen as many times as necessary.

intelligent	✓	dynamique	_____
sincère	_____	enthousiaste	_____
ambitieux	_____	difficile	_____
pas paresseux	_____	raisonnable	_____
sensible	_____	égoïste	_____

C. **Comment est... ? (*What's . . . like?*)** Write complete sentences about the following people, modifying each of the two adjectives using **assez, très, peu,** or **un peu.**

1. Johnny Depp / drôle / sensible _____

_____

2. Pamela Anderson / active / excentrique _____

_____

3. Madonna / dynamique / idéaliste _____

4. Rick Mercer / travailleur / drôle _____

_____

5. Tiger Woods / paresseux / sympathique _____

_____

Les vêtements et les couleurs

A. **La mode et les saisons.** Next to each of the months listed below, write sentences naming three pieces of clothing you typically wear during that month. Vary your sentences.

MODÈLE: En juin, je porte souvent un short et un teeshirt. (J'aime porter un short en juin.)

avril	1.	
	2.	
	3.	
juin	1.	
	2.	
	3.	
septembre	1.	
	2.	
	3.	
décembre	1.	
	2.	
	3.	

B. **Parlons de mode.** What are appropriate garments for these people and these situations?

MODÈLE: À la plage (*beach*), on porte un costume de bain, des sandales et un chapeau.

1. Une femme d'affaires (*businesswoman*) porte _____.

2. Un homme qui cherche du travail porte _____.

3. Aujourd'hui, les adolescents (*teenagers*) portent _____ .

4. Pour jouer au tennis, on porte _____ .

C. Étudiants typiques. This afternoon, Suzanne is going to the university and Jean-Paul is going to the rec centre. Listen to a description of what each is wearing. Stop the recording, and quickly sketch the clothing described on the figures provided. Listen as many times as necessary.

Suzanne   Jean-Paul

Regardez Suzanne.
   1. ... 2. ... 3. ... 4. ...
Maintenant, regardez Jean-Paul.
   1. ... 2. ... 3. ... 4. ...

D. La palette de l'artiste. What do you get by mixing these colours?

MODÈLE : rouge + blanc = rose

1. bleu + jaune = _____

2. noir + blanc = _____

3. rouge + jaune = _____

4. bleu + rouge = _____

5. rouge + vert = _____

6. blanc + bleu = _____

E. De quelles couleurs sont-ils ? What colours are the following objects?

1. le drapeau canadien   2. le soleil

_____   _____

3. le chat

4. la plante

_____   _____

 # Les amis d'Anne et de Céline

A. Qui est qui ? Match each person with a description.

1. _____ Il est grand. Il n'a pas de cheveux.
   Il a les yeux noirs. Il est sportif.

2. _____ Il est grand avec les cheveux gris
   et les yeux bleus.

3. _____ Elle est de taille moyenne et elle a
   les cheveux blonds et les yeux verts.

4. _____ Il est grand et très drôle. Il joue
   dans plusieurs films.

5. _____ Elle a (d'habitude) les cheveux longs
   et des costumes extravagants.

a. Michael Jordan
b. Jim Carey
c. Clint Eastwood
d. Lady Gaga
e. Scarlett Johansson

B. L'aspect physique. Here are three students. Listen to the questions about them, and give answers based on the drawing.

Vous entendez :   Qui a les cheveux blonds ?
Vous dites :   Caroline a les cheveux blonds.

1. ...   2. ...   3. ...   4. ...   5. ...

LEÇON 4

 La négation *ne... pas*

Expressing Disagreement

A. C'est exact ? Rewrite in the negative only the sentences that are not true.

1. Les éléphants parlent français. _____

_____

2. On danse à la bibliothèque. _____

_____

3. On étudie à la librairie. _____

_____

4. Je parle anglais. _____

_____

5. Les étudiants adorent les examens. _____

_____

6. Nous écoutons la radio en classe. _____

_____

7. Maintenant, je regarde un exercice de français. _____

_____

B. Votre vie à vous. Compare your tastes with those of people you know.

Suggestions : le baseball, la biologie, le chocolat, la musique classique, la musique rap, les films français, la politique, la télé-réalité, la télévision, le travail

MODÈLE : Je n'aime pas la musique rap, mais mes camarades Jacques-Olivier et Laurent trouvent le rap super.

1. Je _____

mais (*give name*) _____

_____

2. (*name*) _____

et moi, je _____

3. Les étudiants de la classe _____

_____

mais moi, je _____

4. Les professeurs _____

mais moi, je _____

C. On ne voit pas bien! Maurice doesn't see very well. Listen to his observations, and correct what he says based on what you see.

Vous entendez : C'est une limonade ?
Vous dites : Non, ce n'est pas une limonade.
Ce sont des coca-colas !

1.

2.

3.

4.

5.

D. Le profil de Bernard. Bernard is somewhat opinionated. First, listen once or twice to what he says about himself. Then check off his likes and dislikes.

À comprendre : chaque fois que (*every time that*), voyager

	AIME	N'AIME PAS
1. le ski?	✔	
2. danser?		✔
3. la radio?		
4. les voyages?		
5. le camping?		
6. la psychologie?		
7. les maths?		

 E. Test psychologique. Answer the following questions about your habits. You will hear a possible response.

À comprendre : tu préfères (*you prefer*)

Vous entendez :	Tu aimes travailler à la bibliothèque?
Vous dites :	Non, je n'aime pas travailler à la bibliothèque.

Vous entendez :	Tu travailles généralement à la maison (*at home*)?
Vous dites :	Oui, je travaille généralement à la maison.

1. ...   2. ...   3. ...   4. ...   5. ...

Les adjectifs qualificatifs

Describing People, Places, and Things

A. De quelle nationalité ? Complete the following descriptions with adjectives of nationality. (See **page 27.**)

MODÈLE : Harrison Ford et Tom Hanks sont des acteurs _américains_ .

1. Paris est une ville _____ .

2. Une Ford est une voiture (*car*) _____ .

3. Shakespeare et Charles Dickens sont des écrivains _____ .

4. Rabat et Casablanca sont deux villes _____ .

5. Gérard Depardieu est un acteur _____ .

6. Dakar est une ville _____ .

7. Céline Dion est une chanteuse (*singer*) _____ .

B. Amis semblables (*similar*). Anne is describing some friends of hers. In each case, you know people with similar qualities. Respond as in the example.

MODÈLE : Loïc est sportif. (Léa) → Léa aussi, elle est sportive.

1. Robert et Joël sont gentils. (Évelyne)

_____

2. Marguerite est très fière. (Paul et Guillaume)

_____

3. Marc est travailleur. (Julie)

_____

4. Léa et Suzanne sont assez naïves. (Charles)

_____

5. Mon chat (*male cat*) Chouchou est paresseux. (Ma chatte [*female cat*] Béatrice)

_____

6. Paolo et Vittorio sont intellectuels. (Catherine et Alma)

_____

7. Katherine est nerveuse. (Thomas)

_____

8. Édouard est sportif. (Anne)

_____

C. C'est Simone ! A reporter has made a mistake: The following story should be about Simone, a young woman, not Simon. Finish the editor's rewrite, making the necessary corrections.

Simon n'hésite pas (*isn't hesitating*). C'est un étudiant courageux et ambitieux. Il a une bourse (*scholarship*) généreuse, et il quitte la France mardi pour étudier à New York. Simon est travailleur et aventureux. C'est un jeune homme sérieux. Il va profiter de cette (*this*) expérience.

Simone n'hésite pas. C'est une _____

_____

_____

_____

_____

_____

_____

D. Votre tempérament. Describe yourself by answering the following questions about your personality. Use **assez** (*rather*) or **très** (*very*) with the adjective. Each question is followed by a pause for your personal answer.

> Use feminine or masculine endings in your answers where appropriate.

Vous entendez :   Vous êtes idéaliste ou réaliste ?
Vous dites :   Je suis assez idéaliste. *ou* Je suis très idéaliste.

1. ...   2. ...   3. ...   4. ...   5. ...

E. Maryse et Benoit. How are they different? Answer the questions based on what you see.

Vous entendez :   Maryse est individualiste. Et Benoit ?
Vous dites :   Benoit n'est pas individualiste.

1. ...   2. ...   3. ...   4. ...   5. ...   6. ...

F. Une amie intéressante. Robert and Michel are talking about someone in Michel's math class. Listen once or twice to what they say. Then do the following exercise.

Robert est curieux. Il y a une étudiante intéressante dans le cours de maths de Michel...

Now listen to each of the following statements, then indicate whether each statement is true (**vrai, V**) or false (**faux, F**).

1. V   F   La nouvelle amie de Michel est française.

2. V   F   Elle n'est pas sportive.

3. V   F   Selon (*According to*) Michel, cette étudiante est extraordinaire.

4. V   F   Elle est très bonne en maths.

5. V   F   En cours, Michel n'aime pas être à côté d'Élisabeth (*beside Élisabeth*).

G. Couleurs! Couleurs! Describe each object with the indicated colour. Remember that some colours are invariable in gender or in gender and number.

> MODÈLE : vert / imperméables → des imperméables verts
> bleu / robe → une robe bleue

1. rouge / veston _____

2. brun / bottes _____

3. blanc / chaussettes _____

4. jaune / teeshirts _____

5. orange / cravates _____

6. vert / manteau _____

7. rose / costume de bain _____

8. violet / jupe _____

9. noir / chemise _____

10. gris / blouson _____

PERSPECTIVES

 Faire le bilan

A. Associations. Give the name of the category that includes all the people or items listed.

Mots possibles : amis, femmes, hommes, lieux, matières, sports, villes

> MODÈLE : La littérature, l'histoire, la biologie, la chimie sont des _____*matières*_____.

1. Paris, Tunis, Montréal, Dakar sont des _____.

2. La bibliothèque, la ville, la librairie sont des _____.

3. Tom Cruise, Denzel Washington, Roy Dupuis sont des _____.

4. Nicole Kidman, Madonna, Pénélope Cruz sont des _____.

5. Le tennis, le golf, le volleyball, le basketball sont des _____.

6. Ben Affleck et Matt Damon, Shaggy et Scooby-Doo sont des _____.

Nom _____ Date _____ Cours _____

B. Un cours intéressant? Use the information in the drawing to fill in the blanks.

1. Il y a _____ étudiants dans la _____ de classe.

2. C'est _____ cours d' _____ .

3. Le professeur _____ le cahier à l'étudiante.

4. Une étudiante _____ un stylo dans son sac (bag).

5. Il y a deux étudiants qui _____ de voyager.

6. _____ jeune femme à la porte est _____ étudiante.

7. Les étudiants _____ le professeur.

C. Scènes de la vie universitaire. Use a definite or indefinite article.

Dans _____1 salle de classe, il y a _____2 étudiants et _____3 professeure. _____4 professeure explique _____5 géométrie.

Il y a _____6 film français dans _____7 salle de cinéma. _____8 spectateurs regardent _____9 film d'aventures.

(continued)

_____ 10 livre est _____ 11 autobiographie. _____ 12 autobiographie est en italien. Il y a _____ 13 photos dans _____ 14 livre.

D. Votre vie à vous. Answer according to your own situation.

1. Vous habitez un appartement, une maison (*house*) ou la résidence universitaire? _____

   _____

2. Vous aimez mieux la musique classique ou le rock? _____

   _____

3. Vous aimez mieux le café ou le coca-cola? _____

   _____

4. Vous aimez mieux regarder un DVD ou aller (*to go*) au cinéma? _____

   _____

5. Vous aimez étudier, en général? _____

   _____

6. Vous étudiez le français ou l'informatique? _____

   _____

E. Enquête. Use your boss's notes to write a list of questions to be asked in your investigation of industrial espionage. Use inversion and **est-ce que.**

   MODÈLE: M. Baladur / parler italien? →
   M. Baladur parle-t-il italien? Est-ce que M. Baladur parle italien?

1. les amis de M. Baladur / rêver de voyager?

   _____

   _____

2. M. Baladur / travailler beaucoup?

   _____

   _____

3. les employés de M. Baladur / détester Paris?

   _____

   _____

4. Mme Baladur / aimer danser?

   _____

   _____

5. les secrétaires de M. Baladur / chercher un autre travail?

   _____

   _____

Prononciation

La liaison. In French, **liaison** refers to the linking of two words when a normally silent final consonant is pronounced before a vowel or mute **h.** This often takes place following plural articles (**les, des**) and plural subject pronouns (**nous, vous, ils, elles**). For example: **les,** but **les‿amis**; **elles,** but **elles‿habitent.**°

Répétez les expressions suivantes. Vous les entendrez deux fois.

1. les‿histoires bizarres
2. des‿amis agréables
3. vous‿habitez

4. elles‿aiment
5. ils‿étudient
6. nous‿arrivons

   # À l'écoute !

À la radio. A local radio station in Metz, in the northeast of France, informs its listeners about a special event. Listen to the passage as many times as necessary, then complete the following sentences.

À comprendre : la fête d'Internet (*Internet Day*), gratuitement (*free of charge*)

1. Internet, c'est bien pour _____ .
   a. trouver l'adresse d'un restaurant
   b. regarder la télévision

2. La fête d'Internet a lieu _____ .
   a. jeudi
   b. vendredi

3. Pour surfer sur Internet, on visite _____ .
   a. la bibliothèque de l'université de Metz
   b. un cybercafé de Metz

4. L'accès aux ordinateurs est possible _____ .
   a. après (*after*) 9 heures
   b. après 18 heures (*6 P.M.*)

°The linking symbol is *not* part of French writing; it appears in this exercise only to guide you.

 # Par écrit

Par écrit is a writing activity that appears in **Leçon 4** of **Chapitres 2-12** of your Workbook/ Laboratory Manual. It includes a general purpose, audience, and goal, along with guidelines to help you organize your thoughts and polish your writing. Be sure to read through the suggested steps *before* you start writing: They will help you to write with greater ease and efficiency. And try not to rely on the dictionary as you write: The **Par écrit** activities can be done using only vocabulary and structures that you have already studied. Additional suggested vocabulary is sometimes given in the directions.

Purpose: Describing (yourself or another person)

Audience: A friend or classmate

Goal: A two-paragraph character sketch

Use the following questions as a guide, adding any relevant information you can.

PARAGRAPH 1, TOPIC SENTENCE: Je me présente. (*I introduce myself.*)

1. Comment vous appelez-vous?   2. Vous habitez la résidence, un appartement ou une maison? 3. Qu'est-ce que vous étudiez?   4. Vous aimez les cours à l'université?   5. Vous aimez (adorez, détestez) le français?

PARAGRAPH 2, TOPIC SENTENCE: J'aime faire beaucoup de choses. (*I like to do many things.*) (J'aime la vie active, *ou* J'aime la vie tranquille.)

1. Vous aimez les loisirs, le sport?   2. Vous regardez la télévision? Vous écoutez la radio? 3. Vous aimez la musique classique, le jazz, le rock?   4. Qu'est-ce que vous aimez faire (*What do you like to do*) avec des amis?   5. Vous aimez discuter (*to have discussions*) au café, flâner (*to stroll*) sur le campus ou explorer les bibliothèques?

Steps

1. The first time you read the questions, jot down brief notes in response. Then, when you begin your first draft, expand these thoughts into complete sentences.
2. Organize your work into two paragraphs using the suggested topic sentences.
3. Check the first draft for general flow, adding any interesting details that come to mind.
4. Have a classmate read your work and share his or her overall reaction.
5. Prepare your final draft, taking into account your classmate's most germane suggestions. Do a final check for spelling (including accents), punctuation, and grammar. Pay particular attention to verb forms.

Journal intime

> **Journal intime** (*Personal diary*) is a special feature of your Workbook/Laboratory Manual: a forum for you to write freely in French about your own experiences, using the vocabulary and structures you are currently studying, but *without* worrying about making mistakes. You may want to set aside a special notebook to use as your **Journal intime.** Your instructor may read your diary entries and react to them from time to time, but he or she will probably not give them a grade. By the end of the year, you will find you are writing French with ease, and your **Journal** will be a wonderful record of your progress.

Include at least the following information in today's entry:

- Your name: **Je m'appelle...**
- What pastimes you like and don't like, in general
- What subjects you are studying, and your opinion of each one: **J'aime (Je n'aime pas)...**

Limit yourself to the expressions you have learned so far. You do not need to use a dictionary.

MODÈLE : Je m'appelle Marc. J'aime beaucoup la musique... Je déteste la télévision...

CHAPITRE
3

À la maison

LEÇON 1

 Dans la salle de classe

A. Où se trouve...? (***Where is . . . ?***) Complete each sentence with the appropriate preposition of location.

1. Les étudiants sont _____ la salle de classe.

2. Gilles est _____ la porte.

3. Le livre est _____ le bureau de Mme Gabet.

4. Céline est _____ Maurice.

5. Le livre de Céline est _____ sa chaise.

(continued)

6. Les étudiants sont _____ du tableau.

7. Le bureau est _____ Mme Gabet et les étudiants.

8. Henri est _____ Maurice.

9. Après le cours, la classe va (*is going*) _____ Maurice pour une fête.

 B. Où sont les hamsters de Dorothée? Listen to the following questions, then describe where Dorothée's hamsters are.

Expressions utiles: à côté de, dans, derrière, devant, sous, sur

Vous entendez: Anatole est dans la cage?
Vous dites: Non, Anatole est sur la cage.

1. ...   2. ...   3. ...   4. ...   5. ...

Deux chambres d'étudiants

A. La chambre est en ordre. Select the logical word or expression.

MODÈLE: Les livres sont (sur) / sous le bureau.

1. Il y a des vêtements **dans / sur** la commode.
2. Les livres sur l'étagère sont **à côté des / derrière les** magazines.
3. Il y a une lampe et un réveil **sur / sous** la table de nuit (*nightstand*).
4. Le miroir est sur **le mur / le sofa.**
5. Il y a des chapeaux dans **l'armoire / le lit.**
6. Il y a un baladeur iPod^MC sur **le tapis / la commode.**
7. Les rideaux sont à **la chaise / la fenêtre.**
8. Les affiches sont sur **le mur / le tapis.**
9. Les CD sont à côté **du lit / du lecteur de CD.**
10. Les stylos sont dans **le bureau / le lavabo.**

B. Votre vie à vous. Describe your room.

     MODÈLE : Sur la table, il y a _____*des magazines et des fruits*_____ .

1. Sur le bureau, il y a _____

2. À côté de la porte, il y a _____

3. Sur les étagères, il y a _____

4. Dans la commode, il y a _____

5. Sous le lit, il y a _____

6. Les livres sont _____

C. Votre vie à vous. Give brief, personal answers about your home.

1. Habitez-vous dans un immeuble ou dans une maison? _____

    _____

2. Votre chambre est-elle en ordre ou en désordre? Expliquez (*Explain*). _____

    _____

    _____

3. Avez-vous des appareils (*devices*) pour écouter de la musique? Lesquels (*Which ones*)? _____

    _____

    _____

4. Quels meubles avez-vous dans votre chambre? _____

    _____

    _____

D. Un nouveau décor. You are listening to someone describe the decor of her room. Sketch the items she mentions in their proper place. You will hear each sentence of the description twice.

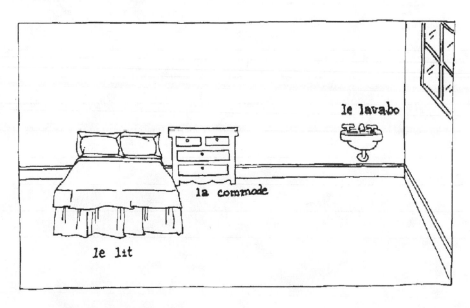

1. ...   2. ...   3. ...   4. ...   5. ...   6. ...

LEÇON 2

 Les articles indéfinis après *ne... pas*

Expressing the Absence of Something

A. Qu'est-ce qui ne va pas? What's missing in this office? List eight missing things.

MODÈLE : Les employés n'ont pas de chaises.

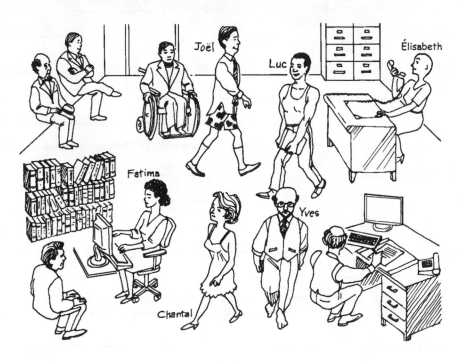

1. _____
2. _____
3. _____
4. _____
5. _____
6. _____
7. _____
8. _____

B. Un crime: Le locataire (*tenant*) sous le lit. M. Lemont, a police inspector, is interrogating the apartment manager, Mme Hareng. Answer the questions for her.

Vous entendez: Il y a des visiteurs dans la chambre?
Vous dites: Non, il n'y a pas de visiteurs.

1. ...   2. ...   3. ...   4. ...   5. ...   6. ...   7. ...

C. L'inspecteur continue son enquête. Mme Hareng has decided not to cooperate and systematically says *no* to each question. Answer the questions for her.

Vous entendez: Vous avez un chien dans l'immeuble?
Vous dites: Non, je n'ai pas de chien.

1. ...   2. ...   3. ...   4. ...   5. ...

D. À votre avis. In your opinion, what is still missing from the room pictured above? Write your answer in French.

Dans cette chambre, il n'y a pas de...

_____
_____
_____
_____
_____
_____
_____
_____

Les questions à réponse affirmative ou négative

Getting Information

A. Qui est-ce? You want to know more about Khaled, the new student in your biology course. Ask questions using **est-ce que.**

MODÈLE: étudier la chimie → Est-ce que tu étudies la chimie?

1. être français _____

2. parler anglais _____

3. aimer le Canada _____

Now ask more questions, using inversion.

MODÈLE: manger à la cafétéria → Manges-tu à la cafétéria?

4. aimer le jazz _____

5. être ordonné (*tidy*) _____

6. étudier aussi les maths _____

B. Une amie curieuse. Suzanne wants to know everything about the new couple next door. Write out the questions that make up her half of the conversation.

MODÈLE: SUZANNE (*est-ce que*): *Est-ce qu'ils s'appellent Chevalier?*

ROLAND: Oui, ils s'appellent Paul et Marianne Chevalier.

1. SUZANNE (inversion): _____

ROLAND: Oui, elle est française.

2. SUZANNE (*n'est-ce pas*): _____

ROLAND: Oui, c'est une amie de Mlle Duval.

3. SUZANNE (*est-ce que*): _____

ROLAND: Oui, elle travaille à l'université.

4. SUZANNE (inversion): _____

ROLAND: Oui, elle aime beaucoup le football américain.

5. SUZANNE (*n'est-ce pas*): _____

ROLAND: Non, il n'est pas français, il est canadien.

6. SUZANNE (*est-ce que*): _____

ROLAND: Oui, il parle très bien le français.

7. SUZANNE (inversion): _____

ROLAND: Non, ils ne visitent pas souvent la France.

C. Où (*Where*) sont-ils? Annick is looking for some friends and wonders if they are at their usual haunts. Use the expressions given to ask the questions she might, as in the example. Vary your use of the different question forms.

> MODÈLE: Georges / à la bibliothèque → Est-ce que Georges est à la bibliothèque? (Georges est-il à la bibliothèque? Georges est à la bibliothèque? Georges est à la bibliothèque, n'est-ce pas?)

1. Salima / en boite de nuit (*at the nightclub*)

   _____

2. Claire et Simone / à la librairie

   _____

3. M. Martin / avec Mlle Dupont

   _____

4. Sandrine / à la cafétéria

   _____

5. Philippe et Madeleine / à la résidence

   _____

6. Henri / au café

   _____

D. Au Prisunic. Listen to these comments that you might overhear in a French department store. You will hear each one twice. Write the name of the person who probably said it, based on the drawings.

À comprendre: ce / cet (*this*)

Richard   Cassandre   Émilie   Monique   Sylvain

1. _____   4. _____

2. _____   5. _____

3. _____

E. La curiosité. You want to know more about your friend's new boyfriend, but she has not said much. Listen to each of these things you want to know, and ask her a direct question.

> Use questions with intonation or with **est-ce que.**

Vous entendez : Vous voulez savoir si (*You want to know whether*) Augustin est sympathique.
Vous dites : Il est sympathique, Augustin?
ou Est-ce qu'Augustin est sympathique?

1. ... 2. ... 3. ... 4. ... 5. ...

Le blogue d'Émilie

Chez moi

A. Entrevue d'Émilie. Match each question with the appropriate response.

1. Émilie, où habites-tu maintenant? _____

2. Émilie, pourquoi as-tu besoin d'un autre appartement? _____

3. Émilie, tu as envie d'un grand appartement ou d'un studio? _____

4. Émilie, comment cherches-tu un logement à Saint-Boniface? _____

5. Émilie, quand désires-tu déménager? _____

a. Pour être indépendante.
b. Je regarde les petites annonces.
c. Chez mes parents.
d. Demain, si possible!
e. D'un studio ou d'une chambre.

B. Le rêve d'Émilie. Decide whether the following statements are true (**vrai, V**) or false (**faux, F**).

1. V F Émilie ne veut pas (*doesn't want*) habiter avec ses parents.

2. V F Elle veut habiter au centre-ville.

3. V F Elle déteste la colocation.

4. V F Elle a envie d'une colocation avec un(e) ami(e).

5. V F Émilie ne cherche pas d'appartement.

C. Les amis du blogue. Make the following sentences negative.

1. Hassan a une télévision dans sa chambre.

   _____

2. Hector écoute la radio.

   _____

3. Dans la cuisine de Juliette, il y a des livres.

   _____

4. Léa a l'ordinateur sur son (*her*) bureau.

_____

5. Hector et Juliette ont une bicyclette.

_____

D. Conversation téléphonique. Émilie is calling Sonia, the student who is looking for a roommate. Write the questions Sonia is likely to ask.

1. Comment _____?

2. Pourquoi _____?

3. Quand _____?

4. Qui _____?

5. Qu'est-ce que _____?

E. Vous répondez à Émilie. Describe your bedroom by completing the sentences.

DE : _____

À : Émilie@canmail.ca

Bonjour, Émilie !

C'est important d'avoir son espace privé.

Moi, j'ai de la chance : j'ai une chambre indépendante. Voici mon univers :

J'ai un lit. À gauche du lit, il y a _____ , et à droite

_____ .

En face du lit, on trouve _____ . Par terre, il y a _____ .

Près de la fenêtre, j'ai _____ .

Sur mon bureau, j'ai toujours des _____ et des _____ .

Mes livres sont _____ .

Bisous !

Pause-culture

A. Le logement étudiant. Describe these types of student housing, using words from the following vocabulary list: **agréable, confortable, grand, joli, minuscule, petit, simple.**

1. Un appartement, c'est _____ .

2. Un studio, c'est _____ .

(*continued*)

3. Un appartement en colocation, c'est un logement _____ .

4. Une chambre dans une résidence universitaire, c'est un logement _____ .

B. Rester ou partir. Reread the **Reportage** section in your textbook, then complete the following sentences with the words from the list: **autobus, bon marché, chauffage, meublées, loyer.**

1. Il faut payer le _____ à la fin du mois.

2. Les colocataires partagent le prix du _____ .

3. Si on n'est pas près du campus, on doit prendre l'_____ .

4. Un appartement coute cher, mais une chambre en résidence est _____ .

5. Dans un appartement il n'y a pas de meubles, mais les chambres en résidences sont

_____ .

LEÇON 3

 Les mots interrogatifs

Getting Information

A. À l'Université Laval. You are in Quebec City interviewing Sylvie, a Quebecois student, for your campus newspaper. Here are her answers. Complete the corresponding questions.

Expressions utiles: avec qui, combien de, comment, d'où, pourquoi, qu'est-ce que

VOUS: _____¹ êtes-vous?

SYLVIE: Je suis de Sherbrooke, une ville dans les Cantons de l'Est.

VOUS: _____² habitez-vous maintenant?

SYLVIE: Maintenant j'habite avec ma cousine Catherine.

VOUS: _____³ vous étudiez?

SYLVIE: J'étudie les maths et la physique.

VOUS: _____⁴ étudiez-vous les maths?

SYLVIE: Parce que (*Because*) j'aime ça! Et pour trouver un bon emploi après.

VOUS: _____⁵ cours de maths avez-vous cette année?

SYLVIE: J'ai quatre cours de maths.

VOUS: _____⁶ sont les cours?

SYLVIE: Ils sont en général excellents.

B. Vous ne savez pas... (*You don't know . . .*) You are trying to find out more about a new acquaintance. Listen to each situation, then ask an appropriate question with **comment, d'où, où, pourquoi, quand,** or **qui.**

> Vous entendez : Vous ne savez pas le nom de la nouvelle étudiante. Que demandez-vous ?
> Vous dites : Comment t'appelles-tu ?

1. ... 2. ... 3. ... 4. ... 5. ...

C. Au Forum à Paris. It's hard to hear your friends over the noise at the Forum shopping mall. Listen to their remarks and respond with a question. Use **à qui est-ce que, qu'est-ce que,** or **qui est-ce que.**

> **À comprendre :** maillot de bain (Fr.) = costume de bain (Can.)

> Vous entendez : Je cherche un maillot de bain.
> Vous dites : Qu'est-ce que tu cherches ?

1. ... 2. ... 3. ... 4. ... 5. ...

 # Les prépositions *à* et *de*

A. Départ. Mme Aubré's family is moving. She's writing a list of all the things that must be returned to their rightful owners before they leave.

> MODÈLE : le livre ____*des*____ Ratier

1. la radio _____ Mme Laporte

2. le dictionnaire _____ professeur de Robert

3. le livre _____ copine (*female friend*) de Valérie

4. la flute _____ amie de Kofti

5. les CD _____ amis de Solange

6. les chaises _____ appartement de Robert

B. À ou *de* ? Write a caption for each pair of drawings, using **à** in one sentence and **de** in the other. (Remember the combined forms **au** and **du**.)

> MODÈLE : les jeunes filles / arriver / bibliothèque →

Les jeunes filles arrivent à la bibliothèque.   Les jeunes filles arrivent de la bibliothèque.

1. la femme / parler / monsieur

 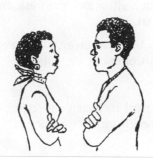

_____   _____
_____   _____

2. Claire / jouer / (basketball) (piano)

_____   _____
_____   _____

C. Une soirée tranquille. First, you will hear a description of this scene. Listen to it once or twice before you do the following exercise.

À comprendre : ce soir (*tonight*)

Now, answer the following questions according to the scene pictured.

Vous entendez :   Où habitent les étudiants ?
Vous dites :   Ils habitent à la cité-U.

1. ...   2. ...   3. ...   4. ...   5. ...

LEÇON 4

 Les verbes en *-ir*

Expressing Actions

STUDY HINTS: LEARNING NEW VERBS

- Be sure to learn a *complete* conjugation (pronoun followed by stem + ending) for any new group of verbs and for all irregular verbs.
- Your different senses reinforce each other, so practise *saying, writing, reading,* and *hearing* all new verb forms. (Working with a partner helps!)
- Once you feel confident of the forms, ask and answer simple questions with a partner. Touch on each new verb at least once.
- Always learn the meaning of a new verb *in context.* Write out a brief, original sentence illustrating its meaning: **Je réfléchis aux questions.**
- Whenever possible, break up your studying into several short periods rather than one major cram session. You will feel fresher, learn more quickly, and retain more.

A. Ah! Les verbes! Fill in the chart with the appropriate verb forms.

	AGIR	RÉUSSIR
les femmes		
je / j'		
Jean et moi		
tu		
vous		
une personne travailleuse		

B. Situations. Read the two paragraphs, then complete them using the listed verbs.

Prudent ou impulsif? J'ai des amis qui _____[1] avant d'agir.

Moi, par contre (*on the other hand*), je suis un impulsif : j'_____[2]

souvent sans (*without*) réfléchir. Et je _____[3] quelquefois le

mauvais chemin (*wrong path*). Mais je _____[4] en général par

être content de mon choix.

agir
choisir
finir
réfléchir

Des cinéphiles. Mes amis et moi, nous sommes passionnés de cinéma.

Le vendredi, nous regardons les critiques de films récents et nous

_____.[5] Nous _____[6] quatre ou cinq films

intéressants et nous votons : nous _____[7] à sélectionner un film

pour vendredi soir. Après le film, nous _____[8] souvent par

discuter de nos réactions au café.

choisir
finir
réfléchir
réussir

C. Une nouvelle vie. Arthur and Mireille are looking for new jobs. Listen to Mireille, and write in the missing verbs. Listen as many times as you need to.

En ce moment, Arthur et moi, nous _____[1] de nouveaux postes. Nous

_____[2] beaucoup aux choix possibles. Chez nous, on est raisonnable, on

n'_____[3] pas avec précipitation. Mais point de vue travail, nous

_____[4] assez le risque et les voyages. Nous ne voulons (*want*) pas

_____[5] par trouver une situation médiocre. Ce n'est pas comme ça qu'on

_____[6] sa vie. Nous, nous _____[7] une vie moins (*less*)

tranquille. C'est pourquoi, en mars, nous partons (*are leaving*) pour le Sénégal...

D. La décision d'Arthur et de Mireille. Now listen to the following questions, and answer them as if you were Arthur.

Vous entendez :   Mireille et toi, vous cherchez de nouveaux appartements ou de
                   nouveaux postes ?
Vous dites :   Nous cherchons de nouveaux postes.

1. ...   2. ...   3. ...   4. ...

E. Quelle préposition? Insert the correct preposition into the sentence. Is it **à (au / aux), de,** or **par**?

1. Avant de raccrocher (*Before hanging up*) le téléphone, je finis _____ parler.

2. Je ne sais pas quoi porter, mais je finis _____ choisir un jean et une
   chemise rose.

3. Je réfléchis souvent _____ mon existence. Et toi ?

4. Je réussis _____ examens quand ils sont très simples.

5. Quand je réussis _____ trouver un travail, je téléphone ma famille.

La place de l'adjectif qualificatif

Describing People, Places, and Things

A. Attention à la place et à l'accord! Insert the adjectives in parentheses into the following sentences. Concentrate on both the agreement of the adjectives and their placement.

> MODÈLE : J'aime les tapis. (petit, brun) →
> J'aime les petits tapis bruns.

1. Marie porte une jupe. (long, bleu)

   _____

2. Robert achète une voiture. (rouge, nouveau)

   _____

3. C'est une étagère. (blanc, vieux)

   _____

4. Quelle maison! (beau, ancien)

   _____

5. Voici des fleurs. (joli, jaune)

   _____

6. Ce sont des accusations. (autre, faux)

   _____

7. C'est une dame. (grand, généreux)

   _____

8. (chaque, gros) voiture coute cher.

   _____

B. Le déménagement. Pascal is moving into a new apartment. Rewrite his description to make it more interesting. Add the adjectives given in parentheses in the correct place and use the correct form.

C'est un appartement (beau / ancien) avec trois chambres (petit / ensoleillé [*sunny*]). Dans le salon, il y a un sofa (bleu / beau) et des chaises (vieux) en bois (*wooden*). Je partage (*share*) la cuisine (grand) avec deux étudiants (étranger / jeune). Dans le quartier, il est facile de rencontrer des personnes (nouveau / sympathique).

_____

_____

_____

_____

_____

C. Le premier semestre à l'université. Choose the correct words and insert them into the sentences.

1. J'ai de _____ (nouveaux, vrais) livres pour mes cours et ils sont très

   _____ (vieux, chers).

2. En histoire de l'art, j'ai des livres avec de _____ (beaux, jeunes) tableaux.

3. Mes professeurs sont _____ (chers, vieux) et ils ne sont pas très enthousiastes.

4. _____ (Donc, Si), mes cours ne sont pas intéressants.

5. J'ai un examen demain (*tomorrow*) et _____ (si, alors) j'étudie, je vais réussir.

D. Les voisines. (*Neighbours.*) Listen to the following conversation, then indicate whether the statements you hear are true (**vrai, V**) or false (**faux, F**).

À comprendre : je dois acheter (*I have to buy*), malheureusement (*unfortunately*), nourriture (*food*), ses (*her*), trop (*too*)

Antoinette, une jeune étudiante belge, parle avec sa voisine Mme Michel, une dame d'un certain âge, qui vit (*lives*) avec son chien et ses chats. Mme Michel a l'air triste.

Vrai ou faux ?

1. V   F   Mme Michel peut déjeuner au café aujourd'hui.

2. V   F   Mme Michel achète beaucoup de nourriture pour animaux.

3. V   F   Mme Michel cherche un nouvel appartement.

4. V   F   Antoinette a de la sympathie pour sa voisine.

5. V   F   L'immeuble de Mme Michel a un nouveau propriétaire.

6. V   F   Mme Michel est allergique à son vieux chien.

7. V   F   C'est la première fois que Mme Michel a ce problème.

E. La vie de Mme Michel. Listen to the following statements, then contradict each one with the opposite adjective, according to the example.

    Vous entendez :   C'est un nouvel appartement.
    Vous dites :   Non, c'est un vieil appartement.

1. ...   2. ...   3. ...   4. ...   5. ...   6. ...

PERSPECTIVES

 Faire le bilan

A. Votre vie à vous. Fill out this questionnaire so the university housing service can find you a roommate.

SERVICE DE LOGEMENT [a]
Questionnaire personnel

Date _____

Votre nom _____ Prénom _____ Téléphone _____

Adresse _____ Ville _____ Code postal _____

Date de naissance[b] _____ M _____ F _____ Langue(s) _____

Nationalité _____

Logement : _____ près de l'univ. _____ loin de l'univ.

Chambre partagée ? _____ oui _____ non

Faculté _____ Année d'études _____

Programme d'études _____

Préférences :   Musique : _____ classique _____ jazz _____ rock _____ country

                Sports : _____ tennis _____ jogging _____ ski _____ basketball

                _____ (autre)

                Cinéma, télévision : _____ amour _____ aventures _____ documentaire

                _____ science-fiction _____ informations[c]

                _____ (autre)

Pour passer la
fin de semaine,
vous :   _____ étudiez le français _____ jouez / travaillez à l'ordinateur

                _____ jouez d'un instrument _____ écoutez de la musique

                _____ organisez une fête _____ regardez un film

                Autre(s) passe-temps : _____

Divers :   Vous étudiez : _____ dans votre chambre _____ à la bibliothèque

                Vous utilisez les messages instantanés[d] _____ constamment _____ beaucoup _____ un peu

                Vous avez : _____ un chien _____ un chat

                Vous avez : _____ une voiture _____ une mobylette[e]

                Vous finissez vos études : _____ tôt[f] _____ tard[g]

Personnalité : _____ sympathique _____ dynamique _____ génial(e)[h]

                _____ charmant(e) _____ sérieux / sérieuse _____ poli(e)

                _____ sportif / sportive _____ (autre)

Politique :   _____ libéral(e) _____ conservateur / conservatrice

Physique :   taille : _____ cheveux : _____ yeux : _____

---

[a]*housing* [b]*birth* [c]*news* [d]*SMS* [e]*scooter* [f]*early* [g]*late* [h]*clever*

B. Ah! Les verbes! Take a moment to review the two regular conjugations and the two irregular verbs you have learned so far.

	LOUER	CHOISIR
je		
mes amis		
Laure		
tu		
vous		
Khaled et moi		

	ÊTRE	AVOIR
tu		
Jacqueline		
les étudiants		
je / j'		
Michaël et moi		
vous		

C. Des questions à poser. Imagine that you have advertised for a roommate. Write out four questions you will ask people when they call to say they're interested.

1. _____

2. _____

3. _____

4. _____

D. Votre vie à vous. Describe yourself, your ideas, and your plans by answering these questions.

1. Quel âge avez-vous? _____

   _____

2. À votre avis, quel est l'âge idéal? Pourquoi? _____

   _____

3. Qu'est-ce que vous avez envie de faire dans la vie? _____

   _____

4. De quoi avez-vous besoin pour réussir votre vie? _____

   _____

5. En général, avez-vous de la chance ou non dans la vie? Expliquez. _____

   _____

E. **Posez des questions!** Imagine a question that might elicit the given answers. Pay special attention to the underlined words.

MODÈLE: ___*Qui*___ a 20 ans dans la classe de français? →

Ce n'est pas <u>le professeur</u>!

1. _____ est-ce que tu vas (*are you going*) jouer au tennis?

<u>Demain</u>, si je n'ai pas beaucoup de travail.

2. _____ est ton nouvel ami?

Il est <u>vraiment sympathique</u>!

3. _____ étudie le français avec toi?

<u>Mon cousin Paul</u> étudie le français avec moi.

4. _____ étudiants y a-t-il dans le cours?

Il y a <u>vingt</u> étudiants dans le cours.

5. _____ Karen ne réussit-elle pas en cours de français?

<u>Parce qu'elle a peur de parler en cours</u>.

6. _____ finissez-vous le livre?

Nous finissons le livre <u>vendredi</u>, je pense.

7. _____ loues-tu une chambre?

Je loue une chambre <u>à côté de l'université</u>.

8. _____ tu portes à la soirée?

Je porte <u>un jean</u>. Ça va?

Prononciation

Les accents. In French, some accent marks do not influence pronunciation. The **accent grave** (`) on **a** and **u**, for example, is used to distinguish words spelled alike but having different meanings: **la** (*the*) versus **là** (*there*), or **ou** (*or*) versus **où** (*where*). Other accent marks do affect pronunciation. In the following exercise, pay close attention to how the sound of **e** changes with different accents, to the sound of **o** with the **accent circonflexe** (ˆ), and to the independent vowel sounds indicated by the **tréma** (¨). Also take note of the soft **c** sound produced by the **cédille** (¸).

Répétez les expressions suivantes. Vous les entendrez deux fois.

1. cité / numéro / cinéma / téléphone / étudiante / répétez
2. très / système / problème / sincère / fière / bibliothèque
3. être / fenêtre / prêt / forêt / honnête / bête
4. drôle / hôtel / Jérôme
5. Noël / naïf / Joël
6. ça / façon / fiançailles

 **À l'écoute !**

Un camarade de chambre. Gabriel, a rather eccentric young man, is looking for a roommate. He is reading aloud the ad he is about to place in the paper. Listen to him as many times as necessary, then select the answers that best complete the following sentences.

À comprendre : un canapé (Fr.) = un sofa (Can.)

1. Le camarade de chambre idéal de Gabriel est _____ .
   a. intelligent et amusant
   b. naïf et patient

2. La chambre à louer est _____ .
   a. dans un nouvel immeuble
   b. près de l'université

3. Gabriel recherche un camarade qui a _____ .
   a. une chaine stéréo, un ordinateur, un canapé, une télévision et deux lits
   b. une chaine stéréo, un ordinateur, un canapé, une télévision et un téléphone

4. Gabriel passe beaucoup de temps _____ .
   a. à l'université
   b. au café

 Par écrit

Purpose: More on describing a person

Audience: Readers of a school newspaper

Goal: An article about Izé Bola, a new exchange student

Izé describes herself: **« Je m'appelle Izé Bola. J'habite en Côte d'Ivoire. Je suis au Canada pour améliorer (*improve*) mon anglais. Je me spécialise en sciences. Un jour, je veux (*want*) être médecin (*doctor*) comme mon père. »**

Steps

1. Complete the following sentences. Then write two or three sentences of your own, making inferences based on Izé's statements and making up plausible details.

   Izé est étudiante en biologie. Elle veut...
   Elle a aussi envie...
   Elle a l'air...
   Elle a _____ ans.
   Elle étudie au Canada parce que...
   C'est une jeune femme...
   Elle parle...
   Elle aime surtout (*especially*)... mais elle n'aime pas...

2. Try to make Izé come alive for your readers. A few techniques:

   - Give vivid and specific details about Izé's personality, interests, taste in clothing, and so on.
   - Include some direct quotes from Izé. How does she express herself?
   - Place the most interesting points at the beginning or end of a sentence, so that they stand out.

As always, read your first draft "cold" (perhaps after taking a break) for organization and flow. It is best if you and a classmate check each other's work. Double-check your final draft for spelling, punctuation, and grammar, especially your use of verbs.

 # Journal intime

Describe in as much detail as possible either your room at home or the room of your dreams **(la chambre idéale).** Be sure to use complete sentences. Answer the following questions:

- Where are objects in the room?
- What is the atmosphere of the room like?
- What kinds of things go on there?

  MODÈLE : Ma chambre est unique parce qu'elle...

RÉVISEZ! CHAPITRES 1-3

> **Révisez!** is a review section that appears after **Chapitres 3, 6, 9,** and **12** of the Workbook/ Laboratory Manual. It gives you the opportunity to practise vocabulary and grammatical structures you learned in the preceding chapters.

A. Toujours les bonnes manières! Write a logical statement or question that corresponds to each of the following answers.

1. – _____

   – De rien!

2. – _____

   – Très bien, merci. Et toi?

3. – _____

   – Je m'appelle Rémi Caron.

4. – _____

   – Salut, Gabriel!

5. – _____

   – Ah oui! Je comprends. Merci, madame.

B. À la réception. You are working at the lobby desk at the International House on campus. Listen to various students' phone numbers. Write down the missing figures.

   KENNETH: 03-43-48-_**23**_-31

   AIMÉE: 03-59-22-_____-17

   BERNARD: 03-18-_____-30-21

   JACQUELINE: 03-36-13-59-_____

   MARIE: 03-27-_____-14-08

C. Nous sommes étudiants. Write complete sentences using the following elements.

1. Robert / étudier / physique / et / biologie / à / université

   _____

2. il / être / étudiant / et / habiter / à / Ottawa

   _____

3. Marie et Jacques / aimer / rock / mais / Patrice / aimer mieux / musique classique

   _____

(continued)

4. Sophie et moi, nous / regarder / télévision / et / nous / écouter / radio

_____

5. nous / manger bien / et / ne pas fumer

_____

D. Étudiants francophones. Listen to separate statements by Marie-Laure and Khaled, two French-speaking students studying in Los Angeles. As you listen, fill in the chart.

	MARIE-LAURE	KHALED
Âge ?	_23 ans_	_____
Nationalité ?	_____	_____
Activités	_la danse_	_jouer au volleyball_
Études ?	_____	_____
Travail ?	_____	_dans une galerie d'art_
Intérêts et distractions ?	_____	_____
	_____	_____
	_____	

E. Voici Monique. Combine the following elements to create complete sentences.

1. Monique / ne pas être / sportif / mais / elle / être / dynamique

_____

2. elle / avoir / cheveux / blond / et / yeux / brun

_____

3. elle / aimer porter / vêtements / beau / confortable

_____

4. le / ami de Monique / arrive / Europe / aujourd'hui

_____

5. il / avoir / 30 ans / et / jouer / piano

_____

F. Dictée. Listen to Grégoire and Virginie talk about Grégoire's wardrobe needs. Then, listen a second time while you complete the passage in writing.

GRÉGOIRE : Nous partons pour le week-end, _____?[1] Écoute Virginie,

mes _____[2] vraiment impossibles.

VIRGINIE : _____[3] vrai. Ton _____[4]-là,

par exemple, _____[5]...

GRÉGOIRE : Regarde, au Puce Market _____[6] et des jeans

_____[7] et pas chers.

VIRGINIE : Tu _____[8] les grands magasins (*department stores*) :

le Printemps, les Galeries Lafayette ?

GRÉGOIRE : Tu sais (*know*) que _____[9]... pour les vêtements.

G. Un dîner au restaurant. Ask the questions that correspond to the following answers.

1. _____

   Ils sont *au restaurant*.

2. _____

   Ils mangent une grande pizza parce *qu'ils ont faim* !

3. _____

   Robert aime *les biftecks*, mais Thomas aime mieux *le poisson* (*fish*).

4. _____

   Le restaurant est *excellent*.

5. _____

   Il y a *trente six* clients au restaurant.

H. Une vie satisfaisante. Marie-Claude is describing her life to an old friend. Look at the following list. Then, as you listen, check off the items that she says are part of her life.

_____ un petit studio   _____ un microordinateur

_____ une villa magnifique à Monaco   _____ de bons amis

_____ une camarade de chambre   _____ des cours intéressants

_____ un canapé (sofa) confortable   _____ des cours d'art

_____ un baladeur iPod^MC   _____ des profs intelligents

CHAPITRE 4

De génération en génération

LEÇON 1

 Trois générations d'une famille

> **Attention !** Starting in this chapter, most directions are given in French.

A. **Les parents.** Choisissez l'expression logique. (**é. = épouse** [*marries*])

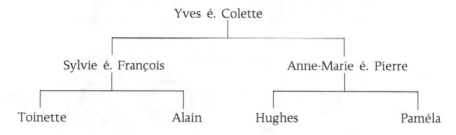

MODÈLE : Paméla est (**la cousine**) / **la sœur** de Toinette.

1. Alain est **le frère** / **le fils** de Sylvie.

2. Anne-Marie est **la fille** / **la femme** de Pierre.

3. Paméla est **la fille** / **la petite-fille** de Colette.

4. Toinette est **la sœur** / **la fille** d'Alain.

5. Sylvie est **la tante** / **la cousine** d'Hughes.

6. François est **le frère** / **le mari** de Sylvie.

7. Alain est **le cousin** / **le neveu** de Pierre.

8. Yves est **l'oncle** / **le père** d'Anne-Marie.

9. Paméla est **la belle-sœur** / **la nièce** de Sylvie.

10. François est **le demi-frère** / **l'oncle** de Paméla.

11. Colette est **la belle-mère** / **la grand-mère** de Sylvie.

12. Hughes et Paméla sont **célibataires** / **mariés.**

B. La famille au complet. Complétez les phrases suivantes.

1. Le père de ma (*my, f.*) mère est mon _____.

2. Le fils de ma fille est mon _____.

3. La mère de mon frère est ma _____.

4. Le frère de ma cousine est mon _____.

5. La fille de mon oncle est ma _____.

6. Le fils de mes parents est mon _____.

7. Le frère de ma fille est mon _____.

8. La sœur de mon père est ma _____.

9. Le frère de mon mari est mon _____.

10. Les grands-parents de mes parents sont mes _____.

C. Notre arbre généalogique. (*Our family tree.*) Écoutez Georges Monnier, et regardez son arbre généalogique. Écrivez le prénom (*Write the first name*) des membres de sa famille.

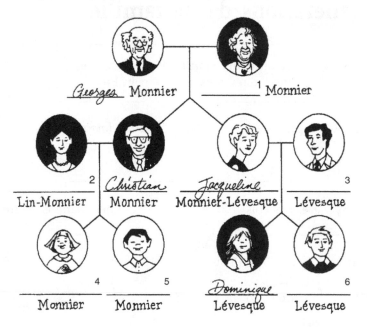

D. La famille de Dominique. Regardez la position de la petite Dominique Lévesque sur l'arbre généalogique, puis (*then*) répondez aux questions. Qui sont ces personnes par rapport à (*in relation to*) Dominique?

Vous entendez :   Qui est Jacqueline ?

Vous choisissez :   C'est la mère / la sœur / la tante de Dominique.

1. C'est la mère / la sœur / la tante de Dominique.

2. C'est le grand-père / l'oncle / le frère de Dominique.

3. C'est le grand-père / l'oncle / le frère de Dominique.

4. Ce sont les parents / les grands-parents / les cousins de Dominique.

5. Ce sont les sœurs / les cousins / les cousines de Dominique.

Chez les Gagnon

A. Un bel appartement. Écrivez le nom de chaque pièce sur l'image.

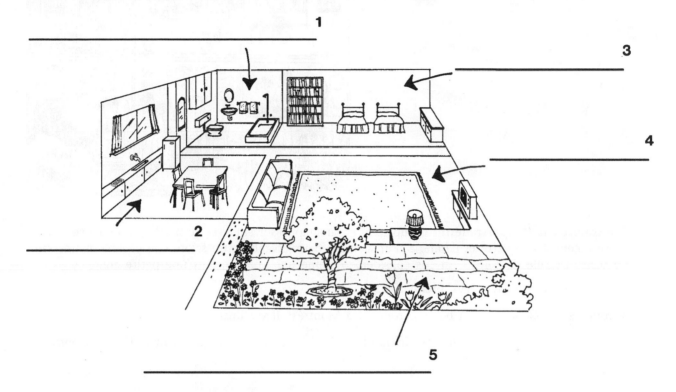

1

3

4

2

5

Maintenant, décrivez (*describe*) l'appartement.

6. Le salon est _____

7. Dans le salon, il y a _____

   mais il n'y a pas _____

8. Dans la cuisine, _____

9. La salle de bains a _____

10. Dans la chambre, il y a _____

B. Le décor d'une maison. Regardez de nouveau l'image de l'exercice A, et répondez aux questions.

Vous entendez : Où se trouve le canapé (sofa)?
Vous dites : Dans le séjour (salon).

1. ... 2. ... 3. ... 4. ... 5. ... 6. ...

C. Chez les Dubois. Regardez la maison et les membres de la famille. Écoutez chaque phrase, puis indiquez si elle est vraie (**V**) ou fausse (**F**).

Voici M. et Mme Dubois, leur (*their*) fils Jean-Louis, leur fille Micheline et M. et Mme Carnot, les parents de Mme Dubois.

1. V F   5. V F
2. V F   6. V F
3. V F   7. V F
4. V F   8. V F

D. Comment est l'appartement? Complétez le paragraphe suivant avec le mot logique. **Note :** Un appartement 4 ½ (quatre et demie) a normalement deux chambres, un salon, une cuisine et une salle de bains. La salle de bains n'est pas considérée comme une « pièce » dans une petite annonce (*ad*).

Vocabulaire : escalier, pièces, premier étage

Véronique et Michel ont un bel appartement à Montréal. Il y a quatre _____¹

et une salle de bains. Il faut monter (*climb*) l'_____² pour arriver à la porte

parce que l'appartement est au _____.³

Vocabulaire : bureau, chambre, corridor, cuisine

Il y a une _____,⁴ une salle de bains et un _____⁵

qui mène (*that leads*) aux chambres. Une _____⁶ sert de (*serves as a*)

_____⁷ à (*for*) Michel parce qu'il travaille à la maison.

Vocabulaire : arbre, balcon, rez-de-chaussée, sous-sol

Sur le _____,⁸ Véronique et Michel ont beaucoup de plantes–des fleurs

de toutes les couleurs et un très petit _____,⁹ un bonsaï. Au

_____¹⁰ de l'immeuble, il y a une machine à laver (*washing machine*) pour tous

les locataires (*tenants*), et au _____,¹¹ il y a une jolie terrasse.

Les déterminants possessifs

Expressing Possession

A. Avec qui? Récrivez (*Rewrite*) les phrases suivantes en faisant (*making*) les substitutions indiquées.

1. Nous parlons avec *notre sœur.*

   a. (grands-parents) _____

   b. (oncle) _____

   c. (enfant) _____

2. Toi, tu habites avec *ta mère?*

   a. (frères) _____

   b. (amie, Magalie) _____

   c. (mari) _____

3. J'étudie avec *mon professeur.*

   a. (amis, Luc et Céline) _____

   b. (amie, Jeanne) _____

   c. (sœur) _____

4. Vous dinez avec *vos amis.*

   a. (parents) _____

   b. (fils) (*s.*) _____

   c. (famille) _____

B. Sophie et Guy. Complétez les phrases de manière logique avec **son, sa, ses, leur** ou **leurs.**

1. Guy a une fille. C'est _____ fille.

2. Sophie a aussi une fille. C'est _____ fille.

3. Guy a un fils. C'est _____ fils.

4. Sophie a aussi un fils. C'est _____ fils.

5. Guy a des enfants. Ce sont _____ enfants.

6. Sophie a des enfants aussi. Ce sont _____ enfants.

7. Guy et Sophie sont mari et femme. _____ enfants sont Mirabelle et Cédric.

8. Voici le chien de Guy et Sophie. Bobino est _____ chien.

9. Et voilà l'histoire de Guy et de Sophie. C'est _____ histoire.

C. Votre vie à vous. Que (*What*) partagez-vous (*share*)? Dans chaque cas, mentionnez deux choses que la personne / les personnes partage(nt) et deux choses qu'elle(s) ne partage(nt) pas.

MODÈLE : Je partage ma cuisine, mes livres et mon auto, mais je ne partage pas mes chaussures, ma brosse à dents (*toothbrush*) ou mes vêtements.

1. Je partage _____

_____

_____

2. Ma famille et moi, nous partageons _____

_____

_____

_____

3. Mon ami(e) partage _____

_____

_____

_____

D. Qui arrive aujourd'hui? Réagissez (*React*) aux remarques de Sylvie en suivant (*by following*) le modèle.

Vous entendez : Voici la mère de mon père.
Vous dites : Ah! C'est ta grand-mère, alors.

1. ... 2. ... 3. ... 4. ... 5. ...

E. Deux cousins. Cet après-midi, Luc et Sophie jouent chez leur grand-mère. Regardez le dessin et répondez aux questions.

Vous entendez :   C'est la cravate de Luc ?
Vous dites :   Non, ce n'est pas sa cravate.

1. ...   2. ...   3. ...   4. ...   5. ...

LEÇON 2

 Le verbe *faire*

Expressing What You Are Doing or Making

A. En vacances. Les Ferretti sont au bord de la mer (*at the seaside*). Mme Ferretti écrit à une amie. Complétez le texte avec le verbe **faire,** puis répondez aux questions.

La vie ici au bord de la mer est très simple. Je _____[1] un peu de cuisine et les

enfants _____[2] la vaisselle. On ne _____[3] pas beaucoup de lessive et

nous _____[4] le ménage ensemble. C'est vite fait.

    Le matin, mon mari et moi _____[5] du jogging. L'après-midi, j'aime

_____[6] de longues promenades. Les enfants préfèrent _____[7] du

sport. Paul joue au tennis et Anne _____[8] de la voile. Tous les deux (*Both*)

_____[9] la connaissance de beaucoup d'autres jeunes (*young people*). C'est une vie bien

agréable.

10. Est-ce que Mme Ferretti est contente de ses vacances ? _____

11. Qui est sociable dans la famille ? _____

12. Et vous, que faites-vous au bord de la mer ? _____

_____

B. Que faites-vous? Complétez les phrases avec une expression avec **faire** à la forme correcte.

1. Quand vous conduisez (*drive*), vous _____ la route.

2. Ta machine à laver est au sous-sol, alors tu _____ au sous-sol.

3. Devant le cinéma, est-ce que vous _____ de temps en temps?

4. Vous allez en France? Vous _____ en été?

5. Nous avons un nouveau bateau (*boat*). Tu _____ avec nous samedi?

6. Vous _____ à Grenoble ou à Squaw Valley en hiver.

7. Tu désires perdre du poids (*lose weight*). Tu _____ tous les jours.

C. Et ces gens? Qu'est-ce qu'ils font? Regardez le dessin et répondez aux questions.

Geneviève	Mᵐᵉ Delorge	Robert	Marguerite

M. Delatour   M. Henri Mˡˡᵉ Gervais   Marie-Rose   M. Duval   Éric

Vous entendez: Qui fait un voyage?
Vous dites: C'est Marie-Rose.

1. ...   2. ...   3. ...   4. ...   5. ...   6. ...   7. ...   8. ...

D. Obligations. Écoutez la situation, et répondez à la question.

À comprendre: toujours dans l'évier (*still in the sink*), tu ne sors pas assez (*you don't go out enough*)

Expressions utiles: faire mes devoirs, la cuisine, le ménage, du sport, la vaisselle

Vous entendez: Tes amis arrivent et ton appartement est en désordre.
                    Qu'est-ce que tu as besoin de faire?
Vous dites: J'ai besoin de faire le ménage.

1. ...   2. ...   3. ...   4. ...

Quel temps fait-il ? Les saisons et le temps

Quel temps fait-il ? Décrivez le temps qu'il fait, et indiquez la saison.

MODÈLE : Il fait chaud et il fait beau. Nous sommes en été.

1. _____

_____

2. _____

_____

3. _____

_____

4. _____

_____

Le verbe *aller*

Talking About Your Plans and Destinations

A. Où est-ce qu'on va? Utilisez le verbe **aller** pour indiquer à un nouvel étudiant où on va dans diverses circonstances.

Vocabulaire possible: l'amphithéâtre, la bibliothèque, en boite de nuit, le café, le cinéma, la résidence, la faculté des sciences, le gymnase, le laboratoire de langues, la librairie, la maison, la cafétéria universitaire, en ville

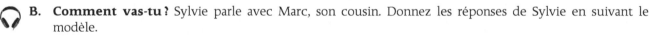

MODÈLE: Quand nous avons envie de manger, *nous allons à la cafétéria universitaire.*

1. Quand les jeunes ont envie de danser, _____

2. Quand les étudiants ont envie (*want*) d'étudier, _____

3. Quand nous avons besoin de stylos, _____

4. Quand on a soif, _____

5. Quand tu as envie de regarder la télé, _____

6. Quand tes amis et toi, vous avez envie d'exercice, _____

7. Quand j'ai envie de m'amuser (*have fun*), _____

 B. Comment vas-tu? Sylvie parle avec Marc, son cousin. Donnez les réponses de Sylvie en suivant le modèle.

Vous entendez: Salut, Sylvie! Comment vas-tu?
Vous dites: Je vais bien, merci.

1. ...   2. ...   3. ...   4. ...   5. ...

 C. Où va-t-on? Écoutez chaque remarque en regardant (*as you look at*) le dessin correspondant. Ensuite (*Then*), répondez à la question.

Vous entendez: – Gérard passe le samedi soir à regarder un bon film.
– Où va-t-il, alors?
Vous dites: Il va au cinéma.

1.    2.

3.    4.    5.

D. Qu'allez-vous faire? Dans chaque cas, répondez à la première question avec **aller** + infinitif, et répondez vous-même (*yourself*) à la deuxième question.

Vous entendez:	Aujourd'hui, Martine travaille. Et demain?
Vous dites:	Demain, elle va aussi travailler.
Vous entendez:	Et vous, vous allez travailler demain?
Vous dites:	Non, demain, je ne vais pas travailler.

1. ...   2. ...   3. ...   4. ...

E. Votre vie à vous. Indiquez quand vous allez faire les activités indiquées. Utilisez des expressions de temps, et expliquez vos réponses, si possible.

Expressions de temps: aujourd'hui, bientôt, ce matin, ce soir, cette fin de semaine, cet après-midi, dans trois jours (deux semaines, etc.), demain, en juin (juillet, etc.), la semaine prochaine, lundi (mardi, etc.), tout à l'heure, tout de suite

MODÈLE: téléphoner à votre sœur: →
Je vais téléphoner à ma sœur lundi parce que j'aime discuter avec elle. (Je ne vais pas téléphoner à ma sœur parce que je n'ai pas de sœur.)

1. danser: _____

_____

2. réussir à un examen: _____

_____

3. aller au cinéma: _____

_____

4. parler français: _____

_____

5. aller en cours: _____

_____

6. visiter la bibliothèque: _____

_____

Le blogue d'Émilie

Un mariage franco-marocain

A. Hassan, le blogueur. Mettez en ordre les termes suivants pour composer des phrases correctes.

1. Abdel / marocain / est

   _____

2. fiancée / Carole / française / sa / est / s'appelle / elle

   _____

3. va / mariage / participer à / interculturel / Hassan / un

   _____

4. préparer / repas de noces / le / va / qui

   _____

5. mettre / Hassan / sur son blogue / une vidéo / va / du mariage

   _____

B. La famille d'Abdel. Qui sont les membres de la famille d'Abdel? Complétez les phrases suivantes.

1. C'est le père de mon père. C'est mon _____

2. C'est la femme de mon frère. C'est ma _____

3. C'est le frère de mon père. C'est mon _____

4. C'est la deuxième femme de mon père. C'est ma _____

5. C'est la fille de la sœur de ma mère. C'est ma _____

C. La météo du jour du mariage. Utilisez les éléments suivants pour imaginer quel temps il va faire le jour du mariage d'Abdel et de Carole. Commencez chaque phrase par **Il va** (+ *infinitif*) pour faire des phrases au futur.

1. soleil : _____

2. froid : _____

3. mauvais : _____

4. vent : _____

5. chaud : _____

D. Les amis du blogue. Imaginez le logement des amis du blogue. Utilisez le vocabulaire suivant : **balcon, bureau, chambre, cuisine, escalier, étage, jardin, pièce, salle de bains, salon.**

1. La maison d'Hassan a _____

2. L'appartement de Léa a _____

3. À la résidence, la chambre d'Hector a _____

E. Vous répondez à Émilie. Expliquez vos projets pour l'avenir en choisissant les mots qui conviennent.

DE: _____

A: Émilie@canmail.ca

Bonjour / Salut, Émilie!

Je suis / Je ne suis pas comme ton ami Abdel. **J'ai envie / Je n'ai pas envie** de me marier.

Je veux / Je ne veux pas (*don't want*) avoir **un(e) / de mari / femme / famille.**

Je rêve / Je ne rêve pas de donner **un petit-fils / une petite-fille** à **mon père / ma mère.** Plus tard (*Later*), je veux habiter dans **une maison / un appartement.**

J'imagine **ma maison / mon appartement** avec **une / deux / trois** chambres. Mais pour moi, le plus important (*the most important thing*) c'est **la salle de bains / la cuisine / le bureau.** Et je veux absolument **une terrasse / un jardin** parce qu'**en automne / au printemps / en été,** j'aime manger dehors!

À bientôt!

Pause-culture

A. Les mariages interculturels. Complétez le premier mot de chacune de ces phrases en écrivant le déterminant possessif approprié.

1. M_____ beau-frère est franco-camerounais : il est du Cameroun et sa mère est française.

2. T_____ nièce est franco-algérienne : elle est de France et son père est algérien.

3. S_____ tante est franco-tunisienne : elle est de Tunisie mais sa mère est française.

4. L_____ enfants sont franco-suisses : ils sont de Suisse mais leurs parents sont français.

5. N_____ parents sont franco-sénégalais : notre père est français et notre mère est sénégalaise.

B. Le Maroc aujourd'hui. Relisez le **Reportage** dans votre manuel et choisissez la bonne réponse.

1. Le Roi Mohammed VI modernise le code de la famille _____.
   a. en 2003   b. en 2001   c. en 2005

2. Dans la société traditionnelle, la polygamie était (*was*) _____.
   a. interdite   b. autorisée   c. obligatoire

3. Une femme qui demande le divorce a la garde (*has custody*) des enfants _____.
   a. toujours   b. en priorité   c. rarement

4. Aujourd'hui, l'âge légal du mariage pour les femmes est _____.
   a. 15 ans   b. 18 ans   c. 20 ans

5. Pour une femme marocaine, servir son mari, c'est _____.
   a. de la soumission   b. une preuve de générosité   c. une façon d'établir son influence

LEÇON 3

 Les verbes en *-re*

Expressing Actions

A. Ah! Les verbes! Complétez le tableau suivant.

	PERDRE	RENDRE	ATTENDRE	VENDRE
je / j'				
tu				
nous				
vous				

B. Qu'est-ce qui se passe? Décrivez la scène en vous servant des verbes en **-re** et d'autres verbes que vous connaissez (*that you know*).

_____

_____

_____

_____

_____

_____

_____

_____

_____

_____

_____

C. Visite au musée (*museum*) d'Orsay. Complétez le texte avec les verbes donnés.

Maurice et Geoffroy vont _____¹ le musée d'Orsay. Les amis

_____² l'autobus pendant 20 minutes devant leur immeuble.

Maurice donne 1,50 euro au conducteur (*driver*), qui lui _____³

sa monnaie (*change*). Quand ils _____⁴ le conducteur annoncer

leur arrêt (*stop*), ils _____⁵ devant le musée.

attendre
descendre
entendre
rendre
visiter

Geoffroy ne veut pas _____⁶ une minute. Il va tout de suite

regarder les tableaux de Cézanne. Maurice pose toutes sortes de questions, mais

Geoffroy _____⁷ sans beaucoup réfléchir. Il rêve d'être artiste.

Après deux heures au musée, ils _____⁸ à Olivier, un

perdre
répondre
rendre visite

étudiant en médecine qui habite dans le quartier.

D. Une visite. Écoutez l'histoire de François en regardant les dessins. Mettez les dessins dans l'ordre chronologique selon (*according to*) l'histoire. Numérotez (*Number*) les dessins de 1 à 4.

À comprendre : coup de téléphone (*telephone call*), le voir (*to see him*), plus tard (*later*)

_____   _____   _____

E. François et Carine. Écoutez chaque question, et écrivez la réponse. Basez vos réponses sur les dessins de l'exercice D.

Vous entendez :   Sur le dessin numéro 1, qu'est-ce que François attend ?

Vous écrivez :   _____*Il attend*_____ un coup de téléphone.

1. _____ le téléphone.

2. Oui, _____ au téléphone.

3. _____ des fleurs.

4. _____ rue Meursault.

5. _____ à Carine.

6. Non, _____ leur temps.

Les nombres supérieurs à 60

A. Qu'en pensez-vous ? (*What do you think?*) Écrivez les nombres en toutes lettres.

MODÈLE : Ma grand-mère a _____*quatre-vingt-trois*_____ ans.

1. Dans un an, il y a _____ jours.

2. On est « vieux » quand on a _____ ans.

3. Il reste _____ jours de classe avant la fin (*end*) du semestre / trimestre.

4. Un prix raisonnable pour un livre scolaire est _____ dollars.

5. Le nombre qui précède quatre-vingts est _____.

6. Dans trois heures, il y a _____ minutes.

7. Vingt-trois plus soixante-deux font _____.

8. Le nombre juste après quatre-vingt-dix est _____.

B. Messages. Écoutez les messages que vous trouvez sur votre boite vocale (*voice mail*). Notez les numéros à rappeler (*call back*).

1. Claude : _____-_____-_____-_*91*_-_____

2. Ginette : _____-_____-_*68*_-_____-_____

3. Léonard : _____-_____-_*11*_-_____-_____

4. Mireille : _____-_____-_____-_____-_*66*_

C. Faites vos courses. Vous achetez les aliments suivants au supermarché. Dites les prix à haute voix (*aloud*). Commencez avec **Ça coute...**

6,71 euros Pâté de campagne au poivre vert
le kilo

1,90 euro Crème fraiche° AOC
« d'Isigny » 40 % m.g.
Le pot de 40 cl
Soit le litre 4,96 €

Crème fraiche d'Isigny

1,83 euro le kilo
Pommes de terre
CONTINENT
Variété Ratte,
origine France.
calibre 30/120g, cat. 1

1,67 euro
Limonade
artisanale
du pêcheur
La bouteille de 75 cl
Soit le litre 1,80 €

Limonade

1. ... 2. ... 3. ... 4. ...   °crème... *clotted cream*

LEÇON 4

 L'impératif

Giving Commands

A. Allons-y ! Mettez une légende (*caption*) avec un verbe à l'impératif sous chaque dessin.

Vocabulaire : aller au cinéma, diner ensemble, faire une promenade, jouer au tennis, prendre un verre

MODÈLE :

Dinons ensemble.

1. _____   2. _____

3. _____   4. _____

B. De bons conseils (*advice*). Donnez des conseils aux personnes suivantes en utilisant les suggestions. Utilisez la forme **tu, nous** ou **vous.**

MODÈLE : Il y a un bal ce soir, mais votre ami Georges ne sait pas danser. Quels conseils lui (*him*) donnez-vous ?

ne pas rester dans sa chambre : *Ne reste pas dans ta chambre !*

apprendre à danser : *Apprends à danser !*

aller regarder les autres : *Va regarder les autres !*

1. Vos parents sont en visite à l'université, et ils ont faim. Quels conseils leur (*them*) donnez-vous ?

ne pas diner à la cafétéria : _____

choisir un restaurant français : _____

ne pas aller chez McDonald's : _____

2. Votre ami a besoin d'une nouvelle voiture. Il n'a pas beaucoup d'argent (*money*), mais il aime impressionner les autres. Quels conseils lui donnez-vous ?

choisir une Volkswagen décapotable (*convertible*) : _____

_____

ne pas prendre le bus : _____

demander de l'argent à ses parents : _____

_____

3. Marielle et Solange ont envie de décorer leur chambre, mais Marielle adore le violet et Solange aime mieux le jaune. Quels conseils leur donnez-vous ?

ne pas changer de décor : _____

ne pas choisir un tapis rouge : _____

utiliser beaucoup de blanc : _____

être flexible : _____

C. Que dites-vous ? Que dites-vous dans chacune des situations suivantes ? Complétez la phrase avec une forme impérative du verbe **avoir** ou **être.**

MODÈLE : Vous avez envie de consoler votre ami(e) parce qu'il a fait une erreur en classe.

« N'_*aie*_ pas honte ! »

1. Votre ami et vous avez invité vos patrons (*bosses*) à diner chez vous, et vous êtes nerveux.

« _____ calmes. »

2. Vos amis ont faim mais le repas que vous préparez n'est pas prêt.

« _____ un peu de patience ! »

3. Votre chat Minou mange les biscuits sur la table.

« Minou ! _____ sage (*well-behaved*) ! »

4. Votre ami(e) ne veut pas gouter au caviar.

« N'_____ pas peur. C'est délicieux. »

5. Votre ami(e) et vous avez un peu peur de préparer un soufflé, mais vous voulez le faire.

« _____ du courage. »

D. Au marché en plein air (*open-air*). Écoutez les suggestions de vos amis, et répondez en vous basant sur (*basing your answers on*) le modèle.

> **À comprendre :** chèvre (*goat*)
>
> Vous entendez :   On fait le marché cet après-midi ?
> Vous dites :   Oui, faisons le marché !
>
> 1. ...   2. ...   3. ...   4. ...   5. ...   6. ...

E. Les bonnes manières. Vous êtes à table avec un(e) enfant. Dites-lui ce qu'il faut (= il est nécessaire de) faire ou ne pas faire.

> MODÈLE : ne pas jouer avec ton couteau →
>   Ne joue pas avec ton couteau !

1. attendre ton frère
2. prendre ta serviette
3. finir ta soupe
4. manger tes carottes
5. regarder ton assiette
6. être sage (*good lit., wise*)
7. ne pas manger de sucre
8. boire ton verre de lait
9. ne pas demander de dessert

L'heure

Telling Time

A. Quelle heure est-il ? Regardez les dessins suivants. Donnez l'heure et la partie du jour, puis décrivez ce que fait chaque personne.

Verbes utiles : écouter, jouer, manger, parler, regarder
Parties du jour : du matin, de l'après-midi, du soir

> MODÈLE : Il est sept heures du matin.
>   David mange un croissant.

David

Geneviève

Pierre

1. _____

_____

2. _____

_____

(continued)

3. _____

_____

4. _____

_____

5. _____

_____

B. **L'heure correcte.** Écoutez la situation et l'heure. Tracez les aiguilles des horloges. (*Draw the hands on the clocks.*)

Vous entendez : — Je prends l'apéritif. Quelle heure est-il ?
 — Il est six heures et demie.

Vous écrivez :

1.   2.   3.

4.   5.   6.

C. Demander l'heure. Dites l'heure à haute voix.

Vous voyez :

Vous entendez : Quelle heure est-il ?
Vous dites : Il est six heures moins cinq.

1.    2.    3.

4.    5.    6.

D. L'heure officielle. Regardez encore une fois les horloges de l'exercice C. Pour chaque horloge, écrivez l'heure officielle de l'après-midi ou du soir.

MODÈLE :

_17 h 55_

1. _____   2. _____   3. _____

4. _____   5. _____   6. _____

E. À l'heure, en avance ou en retard? Voici l'emploi du temps de Madeleine. Écoutez l'heure à laquelle (*at which*) elle arrive à chaque rendez-vous. Arrive-t-elle à l'heure, en avance ou en retard?

> Vous voyez: 8 h 30 cours d'anglais
> Vous entendez: Elle arrive à huit heures et quart.
> Vous dites: Elle arrive en avance.

1. 9 h 45 cours d'histoire
2. 12 h   déjeuner avec Marc
3. 1 h   labo de biologie
4. 3 h 15 cours d'art
5. 6 h 15 diner avec Céline
6. 9 h 30 cinéma

F. Caroline! Complétez le dialogue avec les mots appropriés.

Vocabulaire: bientôt, de bonne heure, en retard, midi, minuit, quelle heure est-il, tard, tôt

MAMAN: Tu es toujours _____,¹ Caro! Il est l'heure d'aller à l'école!

CAROLINE: Non... Je suis fatiguée, maman. Il est encore _____,² non?

MAMAN: Quoi? Non, il est très _____!³

CAROLINE: Mais, _____?⁴ Neuf heures? Dix heures?

MAMAN: Non. Il est _____,⁵ ma fille.

CAROLINE: Oh là! C'est terrible. Il est trop tard!

MAMAN: Demain matin, tu vas te réveiller (*to wake up*) _____,⁶ tu

m'entends? Et ce soir, tu vas dormir (*to sleep*) avant _____.⁷

Tu pars (*leave*) maintenant!

CAROLINE: D'accord, d'accord. Je vais _____⁸ partir!

PERSPECTIVES

Faire le bilan

A. Un peu de généalogie. Complétez l'arbre généalogique d'après (*according to*) les phrases suivantes.

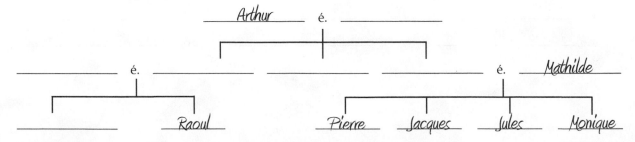

1. Le père de Monique s'appelle Geoffroy. Mathilde est sa femme.
2. Monique a une cousine qui s'appelle Chantal.
3. Catherine a quatre petits-fils et deux petites-filles.
4. La tante de Chantal et de Jules s'appelle Marie-Christine.
5. Marie-France est la fille de Catherine et d'Arthur.
6. Jacques est le neveu de Rémi.
7. Mathilde a deux belles-sœurs, Marie-Christine et Marie-France.
8. Marie-Christine a un frère, Geoffroy, et un beau-frère, Rémi.
9. Rémi et Marie-France ont un fils et une fille.
10. Geoffroy est l'oncle de Raoul.

B. Réactions. Faites une phrase avec les éléments donnés et un adjectif approprié.

Adjectifs possibles : courageux, drôle, fatigué, impatient, paresseux, poli, timide, travailleur

MODÈLE : mes parents / faire le marché ensemble →
Quand mes parents font le marché ensemble, ils sont impatients.

1. nous / faire les devoirs _____

   _____

2. je / faire des courses _____

   _____

3. je / faire la connaissance d'un professeur _____

   _____

4. mon père (ma mère) / faire la cuisine _____

   _____

5. mes amis / faire une promenade _____

   _____

C. Votre vie à vous. Nommez cinq personnes–des membres de votre famille ou des amis–et faites un commentaire sur chacune (*each one*).

MODÈLE : Ma cousine Mary Ellen habite en Californie avec son mari et ses trois enfants.

1. _____

   _____

2. _____

   _____

3. _____

   _____

4. _____

   _____

5. _____

   _____

D. Voici Mauricia ! Dans cet article tiré du (*taken from the*) magazine *20 Ans*, on présente une Française d'outre-mer (*from overseas*) qui habite à Arcachon, en France. Lisez-le (*Read it*), puis répondez aux questions avec des phrases complètes.

À comprendre : calepin (*notebook*), croise (*meets*), mannequin (*fashion model*), pensionnat (*boarding school*), pique (*gets*)

Nom : Francis
Prénom : Mauricia
Née à : Sainte-Lucie
Agence : Zen
Âge : 21 ans
Taille : 1,76 m
Yeux : noirs
Cheveux : noirs
Signe : Taureau

À 15 ans, elle quitte Rémire-Montjoly en Guyane, ses parents et ses trois sœurs chéries pour finir ses études dans un pensionnat d'Arcachon. C'est en vacances là-bas qu'elle croise le directeur d'un magazine féminin. Vous êtes mannequin ? Non, pourquoi ? Mister Goodluck lui ouvre son calepin. Elle y pique quelques adresses d'agences.

1. Quel est le nom de famille de Mauricia ? _____

2. Dans quel pays habite sa famille ? _____

3. Ils sont combien dans sa famille ? _____

   _____

4. Pourquoi est-elle en France ? _____

   _____

5. Qu'est-ce que le directeur du magazine féminin propose à Mauricia ? Il lui propose de / d' _____

   _____

E. À quelle heure ? Qu'est-ce que vous faites aux heures suivantes ? Inventez une réponse si vous n'êtes pas sûr / sure.

   MODÈLES : 7 h 30 →
   À sept heures et demie du matin, je déjeune à la cafétéria universitaire.

   23 h 50 →
   À minuit moins dix, je regarde la télévision.

1. 9 h 45

   _____

2. 12 h 30

   _____

3. 14 h 30

   _____

4. 17 h

_____

5. 20 h 15

_____

F. Selon les données (*data*) les plus récentes. Dans les phrases suivantes, les quantités sont écrites en toutes lettres (*spelled out*). Écrivez-les en chiffres (*numbers*) entre parenthèses.

    MODÈLE : Entre 2008 et 2009, la production d'œufs au Canada a augmenté de quatre-millions-sept-cent-soixante-sept-mille (___*4 767 000*___) douzaines.

1. En 2010, il y avait deux-cent-soixante-sept-mille-quatre-cent-quinze (_____)

    familles en Nouvelle-Écosse, dont (*of which*) quarante-cinq-mille-deux-cent-quatre-vingt-dix

    (_____) étaient monoparentales.

2. En 2009, il y avait huit-millions-cent-onze-mille-quatre-cents (_____)

    abonnés (*subscribers*) à la télévision par câble et trois-millions-neuf-cent-quatre-vingt-neuf-mille-sept-cents (_____) abonnés à la télévision numérique (*digital*) par câble.

3. De 2009 à 2010, le salaire horaire moyen (*average hourly wage*) des employés est passé de vingt-et-un dollars et quatre-vingt-dix-sept cents (_____) à vingt-deux dollars et

    quarante neuf cents (_____).

4. En 2010, il y avait trente-deux-mille-trois-cent-quatre-vingt (_____)

    locuteurs (*speakers*) d'inuktitut au Canada, dont (*of which*) cinq-cent-quatre-vingt-quinze

    (_____) vivaient à Terre-Neuve-et-Labrador.

Prononciation

A. L'intonation. Intonation refers to the rise and fall of the voice in an utterance. It conveys the emotion and intention of the speaker. In French declarative sentences (that is, sentences conveying facts), the intonation rises within each breath group. It falls at the end of the sentence, within the final breath group. In exclamations and commands, intonation starts rather high at the beginning and falls toward the end.

Répétez les phrases suivantes.

1. Je m'appelle Marcel Martin.
2. Ma sœur s'appelle Évelyne.
3. Il y a beaucoup de monde chez nous.
4. Quelle famille charmante !
5. Que tu es gentil !
6. Écoutez bien !

B. L'intonation interrogative. In a question calling for a *yes* or *no* answer, French intonation rises at the end. In an information question, intonation begins at a high level and descends at the end.

Répétez les phrases suivantes.

1. Ça va?
2. C'est ta mère?
3. Tu viens?
4. As-tu envie de danser?

5. Comment allez-vous?
6. Quand arrive-t-on?
7. Qu'est-ce que c'est?
8. Pourquoi ne manges-tu pas?

C. La lettre *r*. Whereas the English *r* sound is made with the tongue, the French **r** is generally guttural, produced in the back of the mouth: **Robert, rhinocéros.**

Répétez les expressions suivantes. Vous les entendrez deux fois.

1. cours / sur / cher / soir
2. mardi / heureux / bureau / soirée
3. jardin / exercice / pardon / merci
4. rose / rouge / rue / russe
5. nombre / France / trois / quatre

D. La lettre *l*. The French **l** is produced in the front of the mouth, with the tongue firmly pressed against the back of the upper teeth: **le lac, la librairie.**

Répétez les expressions suivantes. Vous les entendrez deux fois.

1. livres / mademoiselle / calme / bleu / avril
2. un film à la faculté
3. Lisez-le lundi.
4. Salut! Allons-y! (*Let's go!*)
5. Elle va aller au bal.

# À l'écoute !

Quelle animation! Sandrine relit à voix haute (*rereads aloud*) la lettre qu'elle va envoyer (*to send*) à son amie. Écoutez sa lettre, puis choisissez les réponses aux questions suivantes.

À comprendre : comme (*as, since*), hier (*yesterday*), on a fait (*we did*)

1. Comment s'appelle la femme de Raphaël?
   a. Alice
   b. Danielle

2. Qui est Frédéric?
   a. le cousin de Sandrine
   b. l'oncle de Sandrine

3. Et ce matin, qu'est-ce qu'on fait?
   a. le ménage
   b. la cuisine

4. Quel temps fait-il aujourd'hui?
   a. Il fait chaud.
   b. Il fait froid.

5. Avec qui est-ce que Frédéric va arriver?
   a. avec Tatie Danielle
   b. avec une jeune fille

Par écrit

Purpose: Describing a place

Audience: Your classmates and instructor

Goal: Write a description of a home

Steps

1. Start by brainstorming: What is "home" for you? Jot down adjectives that describe it, its furnishings, its real or ideal inhabitants, and what you do there.
2. Choose the general tone you wish to adopt: A detached or objective tone would result from a simple, factual description, and a more emotional tone would result from your focusing on your feelings. An emotional tone might include such words as **aimer, adorer,** and **détester.**
3. Settle on a vantage point. Will you move through a number of rooms and convey what you see there? Will you describe your home from one fixed point, such as the living room or the garden?
4. Organize your ideas and create an outline.
5. Write your first draft. Take a break, then reread it for organization and consistency.
6. Have a partner check your work.
7. Prepare your final draft, taking into account your partner's most helpful remarks. Check the draft for spelling, punctuation, and grammar. Focus especially on your use of possessive determiners and on the verbs **faire** and **aller.**

Journal intime

Dessinez votre arbre généalogique. Puis choisissez trois ou quatre membres de votre famille et décrivez l'aspect physique de chaque personne.

MODÈLE : Paul est mon petit frère. Il a dix-sept ans. Il est grand et brun, et il a les cheveux longs et les yeux verts. Ses amis aiment bien Paul parce qu'il est drôle et sympathique...

CHAPITRE 5

À table !

LEÇON 1

STUDY HINTS: PRACTISING FRENCH OUTSIDE OF CLASS

By itself, the time you spend in class each week will not allow you to gain a deep or lasting knowledge of French. Once you have completed the activities in your Workbook/Laboratory Manual, how else can you practise French?

- Most importantly, take advantage of and create opportunities to *speak French with others*. Language is a social tool: It withers and fades in isolation.
- Hold a *regular conversation hour*–perhaps at a café–with other students in your class.
- *Practise* your French *with native speakers*. Is there an International House on your campus? a French Table at lunch or dinner? Are there French-speaking professors or students? Try out a few phrases every chance you get.
- Explore the myriad *French resources on the Internet,* including chat rooms, Web pages, streaming audio, podcasts, and virtual museums.
- Make a habit of *viewing French-language films:* at the movies or on DVD or the Internet, at the library or at home. Organize **soirées de cinéma** with classmates!
- Check local bookstores, newsstands, libraries, and record stores for *French-language publications and music.*
- Listen to *French-language radio broadcasts* or *podcasts* and watch *French-language television programs.* You may find them difficult at first, but if you persevere, you will be surprised at how quickly your understanding grows. Contact your local cable company or French consulate for a list of French-language programs in your area.

 Les repas de la journée

A. Les catégories. Classez les aliments suivants dans les catégories appropriées. (Les catégories sont à la page suivante.)

du lait	un gâteau	de l'eau
une mousse au chocolat	un hamburger	une tarte
des haricots verts	du vin	un bifteck
une pomme	du thé et du café	du sucre
de la laitue	une banane	du jambon
des pommes de terre	une poire	une fraise
de la bière	du poulet	du porc
une salade verte	du sel	une orange

1. FRUITS	3. VIANDE	5. BOISSONS
_____	_____	_____
_____	_____	_____
_____	_____	_____
_____	_____	_____
_____		

2. LÉGUMES	4. CONDIMENTS	6. DESSERTS
_____	_____	_____
_____	_____	_____
_____	_____	_____
_____		

B. Définitions. Complétez chaque phrase avec le terme défini.

1. Un pain long et typiquement français, c'est une _____ .

2. Un fruit ou un légume rouge qu'on utilise dans une sauce pour les spaghettis,

   c'est une _____ .

3. Une boisson populaire en Amérique du Nord pour le déjeuner, c'est le _____ .

4. La viande rouge utilisée pour un bifteck ou pour un rôti (*roast*), c'est du _____ .

5. Une boisson comme le coca-cola qui a des bulles (*bubbles*), c'est une _____ .

6. Un aliment qui vient (*comes*) de l'océan, c'est un _____ .

7. La poutine et le poulet-frites sont deux _____ canadiens populaires.

C. Devinettes (*Riddles*). Écoutez les descriptions, puis répondez.

À comprendre : confiture (*jam*), nature (*without anything on them*)

Vous entendez :   Ce sont des fruits rouges ou verts. On les mange nature, ou on en fait des
                   tartes. Rambour et Granny Smith sont des variétés de ce fruit. Qu'est-ce
                   que c'est ?

Vous dites :   Ce sont des pommes.

1. ...   2. ...   3. ...   4. ...   5. ...

D. Trouvez l'intrus (*intruder*). Écoutez le narrateur, et indiquez l'aliment qui *ne va pas* avec les autres.

À comprendre : tasse (*cup*), vous commandez (*you order*)

> Vous entendez :   Vous choisissez des fruits.
> Vous entendez :   a. les croissants   b. les pommes   c. les bananes
> Vous choisissez :   ⓐ les croissants

1. a   b   c   4. a   b   c

2. a   b   c   5. a   b   c

3. a   b   c

Exprimer ses préférences : le verbe *préférer*

A. Ah ! Les verbes ! Complétez le tableau.

	PRÉFÉRER	ESPÉRER	RÉPÉTER
tu			
Éric			
Éric et toi, vous			
nous			
les professeurs			

B. Des projets de voyage. Complétez chaque phrase avec la forme correcte du verbe qui convient.

Verbes : célébrer, considérer, espérer (2), préférer

Ma famille et moi, nous _____¹ visiter Venise l'année prochaine, parce que ma

femme adore les pâtes (*pasta*). Les enfants _____² la pizza. Moi, je

_____³ ça important d'étudier l'italien avant (*before*) notre départ. Demain, ma

femme et moi, nous _____⁴ notre anniversaire de mariage, et je vais offrir à ma

femme les billets d'avion (*plane tickets*) pour aller à Venise. J' _____⁵ qu'elle va être

contente.

Le verbe *acheter*

Les préparatifs du repas. Complétez les phrases suivantes avec la forme du verbe **acheter** qui convient.

1. Jules et toi, vous allez inviter Ido. Vous _____ un poulet et des pommes de terre.

2. Est-ce que tu _____ des poireaux pour la soupe? Nous allons rentrer tard ce soir alors nous _____ une pizza.

3. Ma camarade de chambre part pour l'Angleterre. Elle (nég.) _____ de thé pour mettre dans sa valise!

4. Mes parents vont aller faire une randonnée dans les Rocheuses. Ils _____ des fruits secs et des sandwichs.

5. Tu vas à la Martinique? Est-ce que tu _____ des bananes?

À table !

A. **Au restaurant.** Vous êtes au restaurant. Voici votre couvert. Que dites-vous à la serveuse?

MODÈLE : Excusez-moi, madame, je n'ai pas de couteau.

1. Excusez-moi, madame,

_____

2. Excusez-moi, madame,

_____

3. Excusez-moi, madame,

_____

4. Excusez-moi, madame,

_____

B. Qu'est-ce qu'on utilise? Écoutez la question, et répondez avec une expression de la liste suivante.

Expressions utiles: avec un couteau, avec une cuillère, avec une fourchette, dans une assiette, dans une bouteille, dans une tasse

> Vous entendez: Avec quoi est-ce qu'on coupe (*cut*) une tarte?
> Vous dites: Avec un couteau.

1. ...   2. ...   3. ...   4. ...   5. ...

C. Qu'est-ce qui n'est pas sur la table? Regardez les dessins, écoutez la description et complétez la description.

Vocabulaire: beurre, fourchette, gâteau, poivre, sucre, verres

> Vous entendez: C'est le déjeuner. Voici le pain, mais il n'y a pas de...
> Vous dites: Il n'y a pas de beurre.

1.

2.

3.

4.

5.

D. Votre vie à vous. Répondez aux questions suivantes avec des phrases complètes.

1. Qu'est-ce que vous avez sur la table chez vous quand vous dinez? _____

_____

_____

2. Avez-vous une nappe sur votre table? Pourquoi (pas)? _____

_____

3. Dans quoi mangez-vous vos spaghettis d'habitude? _____

_____

4. Chez vous, avez-vous une carafe d'eau sur la table pendant (*during*) le repas? une autre boisson?

Expliquez. _____

_____

LEÇON 2

Au supermarché

A. Les courses. Une amie vous demande de faire les courses. Regardez la liste, et indiquez les rayons (*aisles*) du magasin où vous allez trouver ces aliments.

MODÈLE : 500 g de jambon → à la charcuterie

1. du fromage _____

2. deux baguettes _____

3. 500 g de viande hachée (*ground*) _____

4. une boite de haricots verts _____

5. une douzaine (*dozen*) de homards _____

6. du pâté _____

7. un croissant chaud _____

8. du lait _____

9. des conserves _____

10. du beurre d'arachide _____

B. **Analogies.** Suivez le modèle.

    MODÈLE : le beurre : le couteau = le sucre : _____*la cuillère*_____

1. le poisson : la poissonnerie   = le pain : _____

2. la baguette : le pain   = l'éclair : _____

3. le champagne : la boisson   = le camembert : _____

4. le bifteck : la viande   = les haricots verts : _____

5. le poulet : la viande   = le vin : _____

6. choisir : le choix   = boire : _____

7. la viande : la faim   = l'eau minérale : _____

8. la soupe : la cuillère   = le bifteck : _____

C. **Dans quel magasin... ?** Vous faites des courses dans une petite ville française avec Karen, une amie américaine. Répondez à ses questions.

À comprendre : millefeuilles (*type of pastry*), petits-fours (*type of pastry*)

Expressions utiles : la boucherie, la boulangerie, la charcuterie, l'épicerie, la pâtisserie, la poissonnerie

    Vous entendez :   Où est-ce que j'achète des baguettes et des petits pains ?
    Vous dites :   Eh bien, à la boulangerie !

1. ...   2. ...   3. ...   4. ...   5. ...

D. **Votre vie à vous.** Répondez aux questions suivantes avec des phrases complètes.

1. Comme dessert, préférez-vous la tarte aux pommes ou les éclairs au chocolat ? Pourquoi ?

    _____

    _____

2. Est-ce que vous préférez le saumon, la sole, la truite (*trout*) ou les fruits de mer (crevettes,

    huitres, homard, etc.) ? Pourquoi ? _____

    _____

3. Mangez-vous souvent de l'ail et des ognons ? Pourquoi ou pourquoi pas ? _____

    _____

4. Qu'est-ce que vous aimez mieux pour un diner en famille : un rôti de veau, des côtes de porc

    ou des saucisses ? Pourquoi ? _____

    _____

5. Où préférez-vous faire vos courses : dans de petits magasins d'alimentation ou dans un

    supermarché ? Pourquoi ? _____

    _____

(continued)

E. Les bonnes manières. Complétez les phrases suivantes pour demander poliment (*politely*).

1. Vous voulez acheter des pommes de terre au marché.

   Vous dites : « _____ avoir un demi-kilo de pommes

   de terre, _____ ? »

2. Vous parlez au serveur dans un restaurant.

   Vous dites : « _____ le pot-au-feu, s'il vous plaît. »

3. Un homme vous remercie (*thanks you*) pour un service.

   Vous dites : « _____ »

4. Votre copain vous remercie pour un service.

   Vous dites : « _____ »

Le passé composé avec l'auxiliaire *avoir*

Talking About the Past

A. Ah ! Les verbes ! Conjuguez les verbes au passé composé.

	TRAVAILLER	RÉUSSIR	VENDRE
j'			
tu			
on			
nous			
vous			
les copains			

B. Formes. Donnez le participe passé des verbes suivants.

1. acheter _____
2. être _____
3. répondre _____
4. vouloir _____
5. cuisiner _____
6. faire _____

7. avoir _____
8. devoir _____
9. choisir _____
10. pleuvoir _____
11. pouvoir _____
12. finir _____

C. **Un souper extraordinaire.** Nathalie et Luc parlent à leurs copains de leur souper au restaurant Chez Paquerette. Utilisez le passé composé des verbes appropriés.

Nous _____[1] quinze jours à l'avance (*ahead of time*) parce que

le restaurant est extrêmement populaire. Luc _____[2] une très

bonne idée : il _____[3] au maitre d'hôtel (*maitre d'*) de nous

donner une table sur la terrasse. C'était (*It was*) très romantique ! Nous

_____[4] seulement cinq minutes, puis le serveur a apporté la

carte. Nous _____[5] notre entrée et notre plat principal.

J' _____[6] par une délicieuse soupe aux légumes, mais Luc

_____[7] prendre du pâté de campagne.

> attendre
> avoir
> choisir
> commencer
> demander
> réserver
> préférer

  Puis on _____[8] de la viande : un rôti de porc pour moi et

un bifteck pour Luc. Le serveur _____[9] très gentil : il a

recommandé un excellent vin rouge et nous _____[10] toute la

bouteille ! Ce soir-là, le chef _____[11] un dessert spécial, une

tarte au citron, et tous les clients du restaurant _____[12] leur

repas par ce dessert merveilleux. Quel souper extraordinaire !

> boire
> être
> faire
> finir
> prendre

D. **Votre vie à vous.** Utilisez les expressions données et dites ce que vous avez fait ou n'avez pas fait pendant la fin de semaine dernière. **Attention :** Regardez le modèle. Les articles indéfinis et partitifs changent après le négatif.

MODÈLE : manger de la pizza → J'ai mangé de la pizza. (Je n'ai pas mangé de pizza.)

1. accepter une invitation _____

2. boire du lait _____

3. prendre de l'aspirine _____

4. avoir peur _____

5. porter un costume de bain _____

6. faire le ménage _____

7. regarder la télévision _____

Nommez trois autres activités que vous avez faites la fin de semaine dernière.

Verbes possibles : acheter, boire, diner, écouter, faire, jouer, manger, porter, quitter, regarder

_____

_____

_____

E. Quelle est la question? Écrivez une question logique pour la réponse donnée.

MODÈLE : Quand _____as-tu diné au restaurant_____ ?

J'ai diné au restaurant la semaine dernière.

1. Avec qui _____ ?

   J'ai diné avec deux amis.

2. Où _____ ?

   Nous avons pris un café au petit bistro du coin (*neighbourhood*) après le diner.

3. À quelle heure _____ ?

   J'ai dû appeler un taxi à minuit.

4. Pourquoi _____ ?

   Parce que nous n'aimons pas prendre le métro après 11 h du soir.

F. **Au supermarché.** Annette répond aux questions d'une amie au téléphone. Écrivez les réponses.

– Oui, dans le journal (*newspaper*). _____[1] une publicité (*ad*) pour un

nouveau supermarché près de chez moi, et Jeff et moi, _____[2] nos courses

là-bas (*there*) cet après-midi.

– Oui, _____[3] par acheter du pâté de campagne et deux baguettes.

– Non, _____[4] trop de gâteaux! On a pris des pommes, des poires et des

bananes.

– Non, pas vraiment, _____[5] de difficulté à trouver les aliments que nous

aimons.

– Oui, _____[6] à acheter beaucoup de choses pour pas très cher.

– Mes parents aussi _____[7] très contents de ce nouveau supermarché.

G. **La journée de Bernard.** Écoutez l'histoire suivante, et numérotez les dessins de 1 à 4.

A. _____   B. _____   C. _____   D. _____

L'expression impersonnelle *il faut*

Expressing Obligation and Necessity

A. Qu'est-ce qu'il faut ? Répondez aux questions suivantes avec l'expression **il faut** et des substantifs.

> MODÈLE : Qu'est-ce qu'il faut pour faire du camping ?
> Il faut une tente et un sac de couchage pour faire du camping.

1. Qu'est-ce qu'il faut pour faire du ski alpin ?

   _____

   _____

2. Qu'est-ce qu'il faut pour faire de l'équitation ?

   _____

   _____

3. Qu'est-ce qu'il ne faut pas pour aller à la plage ?

   _____

   _____

4. Qu'est-ce qu'il faut pour faire une randonnée en montagne ?

   _____

   _____

B. Que faut-il faire ? Qu'est-ce qu'il ne faut pas faire ? Écoutez les situations, et utilisez une des expressions suggérées pour dire ce qu'il faut faire ou ce qu'il ne faut pas faire.

Expressions suggérées : aller au lit, boire un coca-cola, manger un sandwich, aller nager (*to go for a swim*), répondre, rester dans la maison

> Vous entendez : On a soif.
> Vous choisissez : boire un coca-cola
> Vous dites : Il faut boire un coca-cola.

1. ...   2. ...   3. ...   4. ...   5. ...

Le blogue d'Émilie

Miam-miam !

A. La cuisine et la culture. Complétez les phrases suivantes avec un des verbes suggérés : célébrer, considérer, préférer, suggérer.

1. Dans toutes les cultures, les gens _____ les grandes fêtes avec un repas spécial.

2. Quand on fait la cuisine ensemble, Hassan _____ souvent des plats marocains.

3. Léa _____ que les Américains cuisent trop leur viande. Nous les Français, dit-elle,

   nous _____ le bifteck saignant (*rare*).

B. Recettes. Classer les ingrédients suivants dans la bonne recette. Complétez chaque liste avec d'autres ingrédients appropriés.

bleuets, brocolis, épinards, ognons, oranges, pommes, pommes de terre, raisins secs, sucre

salade de fruits	cari aux légumes	tarte aux bleuets
_____	_____	_____
_____	_____	_____
_____	_____	_____
_____	_____	_____
_____	_____	_____

C. Les blogueurs à table. Choisissez la bonne réponse.

1. Le matin, les blogueurs prennent le **déjeuner / diner.**
2. Vers 13 h, ils achètent des sandwichs pour leur **repas / gouter.**
3. L'après-midi, ils pensent au **déjeuner / à la collation.**
4. Le samedi soir, ils aiment **souper / diner** avec des amis.
5. Le dimanche à midi, c'est le jour du **déjeuner / diner** en famille.

D. Vous répondez à Émilie. Expliquez vos habitudes alimentaires à Émilie en complétant les phrases de ce courriel en ajoutant les aliments appropriés.

DE: _____

À: Émilie@canmail.ca

Salut, Émilie!

Pour moi, manger est une nécessité et un plaisir.

Le matin, je commence la journée avec _____ et _____.

Au déjeuner, je mange généralement _____ et _____.

Vers quatre heures de l'après-midi, je prends un gouter, comme les enfants! Je mange

_____ ou _____. Puis pour le diner, je prends généralement

_____ et _____.

Pendant la semaine, je ne bois jamais d'alcool. Je préfère boire _____ ou

_____. Mais la fin de semaine, je ne refuse pas de boire _____.

Voilà mon régime (*diet*)!

À bientôt!

Pause-culture

A. Qu'est-ce qu'il faut faire? Complétez les phrases avec *il faut* et une des expressions suggérées.

gouter les plats typiques / l'essayer / manger comme les Français

1. Avant d'adopter un nouveau plat, _____

2. Pour découvrir la cuisine d'un pays, _____

3. Quand on est en France, _____

B. Les courses. Complétez les phrases suivantes avec le verbe *acheter*.

1. On _____ des tripes à la boucherie.

2. J' _____ un camembert, dit Laurence.

3. Les Français _____ parfois des escargots.

4. Et vous, vous _____ souvent des plats exotiques?

C. Les spécialités françaises. Relisez le **Reportage** dans votre manuel, puis indiquez si les phrases suivantes sont vraies (**V**) ou fausses (**F**).

1. V F En France, on adore les cuisses de grenouilles!

2. V F En France, on mange du chat.

3. V F Les Français apprécient le lapin.

4. V F La baguette et le camembert sont des classiques français.

5. V F Le steak-frites est une spécialité française.

LEÇON 3

 # Les articles partitifs

Expressing Quantity

A. À table! Article défini ou partitif?

1. – Adèle, qu'est-ce que tu manges?

– _____ᵃ fromage.

– Mais tu n'aimes pas _____ᵇ fromage. Tu détestes _____ᶜ fromage!

– C'est vrai, mais _____ᵈ fromage français est exceptionnel.

2. – Que désirez-vous, madame?

– _____ᵃ vin rouge, s'il vous plait, et _____ᵇ café pour monsieur.

– Désirez-vous _____ᶜ sucre?

– Non, merci, je n'aime pas _____ᵈ café avec _____ᵉ sucre.

3. – Est-ce qu'il y a _____ᵃ bifteck à la cafétéria universitaire ce soir?

– Ah! _____ᵇ bifteck, ça n'existe pas à la cafétéria universitaire, mais il y a _____ᶜ pommes de terre, _____ᵈ jambon et _____ᵉ pain.

B. Conséquences. Complétez les phrases suivantes en utilisant une expression de quantité: **assez de, beaucoup de, peu de, trop de, un peu de.**

MODÈLE: On perd du poids si on mange ___*peu de*___ desserts.

1. Les végétariens mangent _____ légumes.

2. Si tu es diabétique, tu manges _____ sucre.

3. Si vous avez très soif, vous buvez _____ eau.

4. On grossit (*gains weight*) si on mange _____ beurre.

5. Un plat n'est pas bon si on met (*put*) _____ sel.

C. On fait la cuisine. Choisissez les ingrédients nécessaires.

> MODÈLE : Pour faire un ragout de bœuf (*beef stew*), on utilise
> des carottes, du vin rouge et de la viande.
> Normalement, on n'utilise pas de poisson.

1. Pour faire une soupe, on utilise _____

_____

_____

2. Pour faire un sandwich, on utilise _____

_____

_____

3. Pour faire une omelette, on utilise _____

_____

_____

4. Pour faire un gâteau, on utilise _____

_____

_____

D. Morowa fait le marché. Écoutez la recommandation des marchands (*merchants*), et donnez les
réponses de Morowa. Suivez le modèle.

À comprendre : formidable (*fantastic*), frais (*fresh*)

Vous entendez :	Le vin rouge est excellent.
Vous dites :	Bon, alors, du vin rouge, s'il vous plait.

1. ... 2. ... 3. ... 4. ... 5. ... 6. ...

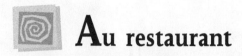 # Au restaurant

A. Votre carte. Vous écrivez la carte d'un restaurant. Classez les plats selon les catégories indiquées.

brie	escargots de Bourgogne	roquefort
camembert	crème glacée	rôti de porc
cocktail de crevettes	mousse au chocolat	sole meunière
côte de porc	soupe aux pois	steak-frites
crème caramel	tourtière	tarte aux fraises
eau minérale	poulet à la crème	vin rouge / blanc / rosé

```
        ENTRÉES                      PLATS PRINCIPAUX                    FROMAGES

    _____           _____           _____
    _____           _____           _____
    _____           _____           _____
                              _____
                              _____
        DESSERTS              _____              BOISSONS
    _____                                             _____
    _____                                             _____
    _____
    _____
```

B. Qui est au restaurant? Écoutez les descriptions et identifiez ces personnes, selon le modèle. C'est **un client, une cliente, un serveur** ou **une serveuse**?

À comprendre: apprécient (*appreciate, like*)

Vous entendez: Mᵐᵉ Gilles prend sa place à table. Qui est-ce?
Vous dites: C'est une cliente.

1. ...   2. ...   3. ...   4. ...   5. ...   6. ...

C. La Maison de Jacques. Lisez la carte, puis écoutez et répondez.

À comprendre : ananas (*pineapple*), au régime (*on a diet*), choux (*cabbage*), farci (*stuffed*), givré (*frozen sorbet served in a citrus rind*), moules (*mussels*)

La Maison de Jacques vous propose...

Le menu à 15 euros*	Le menu à 20 euros*
L'entrée	**L'entrée**
(choisissez <u>une entrée</u>)	(choisissez <u>une entrée</u>)
La soupe de légumes	Les escargots (6)
Les moules marinières	La soupe de légumes
	Les moules marinières
Le plat principal	
(choisissez <u>un plat</u>)	**Le plat principal**
L'omelette (au choix)	(choisissez <u>un plat</u>)
Le hamburger	Le veau à la crème
	Le jambon aux choux
Le dessert	Le poulet farci
Les fruits de saison	Le hamburger
Les ananas au sirop	L'omelette maison
La glace ~ 3 boules	
au choix	**Le dessert**
	Les fruits de saison
Vin de la maison /	Le fromage au choix
eau minérale /	La glace ~ 3 boules
café /	au choix
thé	Le mystère
	Le citron / l'orange givré(e)
	Vin de la maison /
	eau minérale /
	café /
	thé

*Le service de 15 % est compris

Vous dinez à La Maison de Jacques avec deux amis. Écoutez la serveuse et les réponses de vos camarades. Ensuite, indiquez votre choix.

1. ...   2. ...   3. ...   4. ...   5. ...   6. ...

Les verbes *prendre* et *boire*

Talking About Food and Drink

A. Ah! Les verbes! Complétez le tableau.

PRÉSENT	PRENDRE	BOIRE
je		
tu		
mon père		
Jean et moi		
vous		
les enfants		

PASSÉ COMPOSÉ	PRENDRE	BOIRE
j'		
nous		

B. Que dit Georges? Utilisez le verbe **prendre**.

Mots possibles: l'autobus, l'avion, le déjeuner, une photo, ma valise, un verre

    MODÈLE: « Je prends une photo. »

1. « Nous _____

_____ . »

2. « Ils _____

_____ . »

3. « Ils _____

_____ . »

4. « Je _____

_____ . »

5. « Il _____

_____ ! »

C. Voyages, boissons. Complétez les paragraphes suivants avec la forme correcte des verbes à droite.

Claudine _____[1] beaucoup quand elle voyage parce

qu'elle essaie (*tries*) de _____[2] la langue du pays

qu'elle visite. Quand elle _____[3] une boisson dans

un café ou quand elle _____[4] le train, elle

_____[5] du vocabulaire. Pour elle, voyager, c'est apprendre.

apprendre
comprendre
prendre

    Les amis français de Paul _____[6] du Perrier^{MC} aux repas.

Mais Paul ne _____[7] pas pourquoi. « C'est mauvais ! »

dit-il (*he says*). Mais les Français ne _____[8] pas pourquoi

Paul _____[9] du lait avec ses repas. « En France, dit son

ami Jacques, nous, les adultes, ne _____[10] pas beaucoup

de lait. C'est la boisson des enfants. »

boire
comprendre

D. La bonne boisson. Complétez les phrases suivantes avec le verbe **boire** et une expression de la liste. Ajoutez (*Add*) une explication.

Boissons : de la bière, des boissons froides, du café, du champagne, du chocolat chaud, du lait, du thé, du vin chaud

MODÈLE : Au déjeuner, nous buvons du café parce que nous avons sommeil.

1. En été, je _____

_____

2. Au diner, nous _____

_____

3. Le premier janvier, il y a des gens (*people*) qui _____

_____

4. En hiver, les enfants _____

_____

5. À l'Action de grâce,° ma famille _____

_____

E. Rendez-vous. Complétez ces phrases avec le présent du verbe entre parenthèses.

1. Rémi, tu (boire) _____ du vin ou du champagne ?

2. Rémi ne (boire) _____ pas de vin.

3. Émilie réfléchit : « Je (prendre) _____ un fruit ou une mousse au chocolat ? »

4. Juliette et Tanguy, vous (prendre) _____ un bifteck ?

5. Rémi et Juliette ne (boire) _____ jamais (*never*) d'alcool. Ils (prendre) _____

toujours (*always*) un dessert.

_____

°**L'Action de grâce** is the French name for Thanksgiving in Canada.

F. Chez Madeleine. Thérèse et Jean-Michel dinent au restaurant. Regardez le menu à prix fixe.

Écoutez la conversation. Marquez les aliments que Thérèse ne prend jamais (*never has*).

_____ le poisson _____ les pommes de terre _____ le vin

_____ le pâté _____ les fraises _____ l'eau minérale

_____ le fromage _____ le chocolat _____ le veau (*veal*)

G. Le repas de Thérèse. Regardez le menu. Écoutez les questions, et donnez les réponses de Thérèse.

Vous entendez :   Bonsoir, mademoiselle. Vous buvez du vin ce soir ?
Vous dites :   Non, merci. Je prends une eau minérale.
Vous entendez :   Comme hors-d'œuvre, vous prenez les œufs mayonnaise ou les sardines
à l'huile ?
Vous dites :   Je prends les œufs, s'il vous plait.

1. ...   2. ...   3. ...   4. ...

H. Qu'est-ce qu'on apprend ? Ajoutez la préposition **à** dans les blancs où il est nécessaire.

Attention : Dans certains cas, la préposition n'est pas nécessaire.

MODÈLES : J'apprends __*à*__ faire la cuisine française.

J'apprends _____ les secrets de la gastronomie.

Le prof apprend __*à*__ la classe __*à*__ faire une salade niçoise.

Le prof apprend _____ une nouvelle recette __*à*__ la classe.

1. Tu apprends _____ faire attention au professeur ?

2. Les étudiants apprennent _____ les nuances de la bonne cuisine quand ils écoutent le prof.

3. J'apprends _____ beaucoup sur la gastronomie française.

4. Le prof apprend _____ l'art de la nouvelle cuisine _____ ses étudiants.

5. Vous apprenez _____ faire un gâteau au chocolat délicieux !

6. Nous apprenons _____ nos amis _____ faire un repas français.

LEÇON 4

 Le déterminant interrogatif *quel*

Asking About Choices

A. **Un restaurant extraordinaire.** Vous aimez beaucoup le restaurant où vous dinez. Faites des exclamations en utilisant la forme correcte du déterminant **quel.**

MODÈLE : _____*Quelle*_____ carte intéressante !

1. _____ longue liste de vins !

2. _____ décor élégant !

3. _____ serveurs professionnels !

4. _____ crevettes délicieuses !

5. _____ mousse au chocolat !

6. _____ repas formidable !

B. **Questions.** Vous faites la connaissance d'un(e) camarade. Préparez huit questions à lui poser. Attention aux accords masculins ou féminins.

MODÈLES : couleur préférée → Quelle est ta couleur préférée ?
CD préférés → Quels sont tes CD préférés ?

Suggestions : actrice favorite, boissons préférées, chansons préférées, cours favori, films favoris, livre favori, repas préféré, saison favorite

1. _____

2. _____

3. _____

4. _____

5. _____

6. _____

7. _____

8. _____

C. Déjeuner à deux. Vous déjeunez avec quelqu'un (*someone*) qui ne fait pas très attention. Réagissez (*React*) à ses remarques, en choisissant la forme correcte de l'adjectif **quel.**

À comprendre : *Quel* était anciennement (*formerly*) considéré un adjectif.

Vous entendez :	Tu veux (*want*) aller dans ce restaurant ?
Vous entendez et choisissez :	Mais, (quel) quelle quels quelles restaurant ?

1. quel   quelle   quels   quelles   4. quel   quelle   quels   quelles

2. quel   quelle   quels   quelles   5. quel   quelle   quels   quelles

3. quel   quelle   quels   quelles

D. La curiosité. Écoutez les phrases suivantes, et posez la question correspondante. Suivez les modèles.

Vous entendez :	Vous ne savez (*know*) pas quel jour nous sommes aujourd'hui.
Vous dites :	Quel jour sommes-nous aujourd'hui ?

Vous entendez :	Vous voulez (*want*) savoir quels films votre camarade préfère.
Vous dites :	Quels films préfères-tu ?

1. ...   2. ...   3. ...   4. ...   5. ...

Les déterminants démonstratifs

Pointing Out People and Things

A. Choses à transformer. Vous n'êtes pas content(e) de votre livraison d'épiceries. Voici une liste de choses à transformer. Utilisez le déterminant démonstratif qui convient.

MODÈLE : __*ce*__ gâteau

1. _____ orange   6. _____ biscuits

2. _____ fromage   7. _____ café

3. _____ pizza   8. _____ carottes

4. _____ ognon   9. _____ poisson

5. _____ lait   10. _____ tarte

B. **Un caractère indépendant.** Vous ne prenez jamais ce qu'on vous offre! Répondez aux questions selon le modèle.

Vous entendez : Tu as envie de ce sandwich?
Vous dites : Non, donne-moi plutôt (*instead*) cette tarte!

1.    2.

3.    4.

5.

PERSPECTIVES

Faire le bilan

A. **La nourriture et les boissons.** Complétez le dialogue.

1. FATIMA : qu'est-ce que vous / prendre / pour / diner / hier soir?

_____

2. JOËL : on / prendre / jambon / et / salade

_____

3. FATIMA : manger / vous / assez / fruits / ce matin?

_____

4. JOËL : oui, nous / manger / poires / et / pommes

_____

5. FATIMA : prendre / vous / beaucoup / vin / ce midi?

_____

6. JOËL : non / nous / ne pas boire / vin

_____

7. FATIMA : nous, nous / boire / eau minérale

_____

8.　JOËL :　qui / faire / cuisine / chez vous ?

_____

9.　FATIMA :　hélas (*alas*) / être / souvent / moi

_____

B.　Un snob. Loïc est assez snob. Il préfère tout ce qui (*everything that*) est vieux et classique. Il aime les lignes simples et élégantes. Exprimez son point de vue.

Vocabulaire : hôtel, maison, tableau (*m.*) (*painting*)

  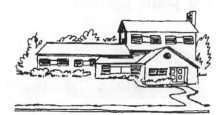

MODÈLE :　J'aime ___*cette maison-ci*___, mais je n'aime pas ___*cette maison-là*___.

1.　_____ sont trop modernes. Mais

_____ sont superbes.

Hôtel Moderne　　　　　Hôtel Georges V

2.　_____ n'est pas confortable, mais

_____ a l'air très agréable.

C. Miam-miam! Vous allez au supermarché pour acheter les ingrédients nécessaires pour faire la recette (*recipe*) suivante. Faites une liste des ingrédients. (N'oubliez pas l'article partitif.)

_____*du pain*_____   _____

_____   _____

_____   _____

_____

Le pain perdu

1 verre de lait   ½ verre de sucre

Fouette[1] les œufs avec le sucre...

...puis ajoute le lait.

Laisse fondre[2] une noix de beurre dans la poêle.

Trempe[3] une à une les tranches de pain...

...et fais-les dorer[4] sur les 2 faces.

Saupoudrées de[5] sucre, accompagnées de confiture, c'est un délicieux gouter.

[1]*Beat*   [2]*Laisse... Melt*   [3]*Dip*   [4]*fais... brown them*   [5]*Saupoudrées... Dusted with*

Prononciation

Les consonnes françaises. In both English and French, a given consonant can represent more than one sound.

- In French, the letter **s** is pronounced [z] when it occurs between vowels, but [s] in other contexts. Listen for the difference: **musique, chaise; snob, idéaliste.**
- The letter **c** is pronounced [k] before consonants, at the end of some words, and before the vowels **a, o,** and **u: action, avec, calme, conformiste, cubiste.** It is pronounced [s] before the letters **e, i,** and **y: centre, cinéma, Nancy.**
- The letter **g** is pronounced [g] before consonants, **a, o,** and **u: agréable, garçon, golf, guide.** In other contexts, it is pronounced [ʒ]: **géant, girafe, gymnaste.**

Répétez les expressions suivantes.

1. excusez / visiter / télévision / salut / sport / sociologie
2. crêpe / flic / canadien / comment / culinaire / célibataire / cité / cyclisme
3. grand-mère / gâteau / gourmand / guitare / gentil / hygiène / gymnastique

  # À l'écoute !

Des vacances gastronomiques. À la radio française, vous entendez une annonce pour des vacances originales. Écoutez cette annonce, puis indiquez quand a lieu chaque activité.

1. On apprend à préparer le repas _____ .

2. On va choisir les légumes, le poisson

   et la viande _____ .

3. On apprend comment on fait les produits

   de la région _____ .

4. On mange _____ .

a. vers 6 h 30
b. au retour du (*after returning from the*) marché
c. vers une heure de l'après-midi
d. après le repas

 # Par écrit

Purpose: Writing about daily habits

Audience: Someone you do not know

Goal: Write a passage describing your eating habits. Use the following questions as a guide:

PARAGRAPHE 1
Combien de repas par jour prenez-vous? En général, mangez-vous bien ou mal? Expliquez.

PARAGRAPHE 2
Que prenez-vous au déjeuner?

PARAGRAPHE 3
Où mangez-vous à midi? Prenez-vous un repas complet au dîner?

PARAGRAPHE 4

Mangez-vous pendant l'après-midi ? Qu'est-ce que vous mangez ?

PARAGRAPHE 5

Qui prépare le souper chez vous ? Passez-vous beaucoup de temps à table ?

PARAGRAPHE 6

Quand invitez-vous des amis à souper chez vous ? À quelle occasion préparez-vous un repas spécial ?

Steps

1. Jot down brief answers to the questions.
2. Look over your answers, then create a topic sentence to sum up the main point of your paragraph.
3. Write a first draft, take a break, then check it for organization and style. Have a classmate critique your draft, and incorporate his or her most important suggestions into your final draft.
4. Check your final draft for spelling, punctuation, and grammar, particularly the use of partitive articles. Underline the topic sentence in each paragraph before you hand in your composition.

 # Journal intime

Décrivez ce que vous avez mangé hier.

- Où et avec qui avez-vous mangé ?
- Quels plats avez-vous choisis ? Quelle(s) boisson(s) ?

Et en général :

- Quels plats est-ce que vous évitez (*avoid*) ? Pourquoi ?
- Prenez-vous des plats différents en hiver et en été ?

  MODÈLE : En général, je prends le déjeuner au café Bari près de chez moi, quelquefois avec mon amie Rosa...

Vive les vacances !

LEÇON 1

 En vacances

A. Activités sportives. Dans chaque catégorie, nommez au moins deux sports que vous aimez ou que vous voulez pratiquer.

Vocabulaire suggéré : l'alpinisme, le baseball, le basketball, faire du bateau, faire du cheval, faire une randonnée, le soccer, le football, le jogging, nager, patiner, la pêche, la planche à voile, la plongée sous-marine, le ski (nautique, alpin, de fond), le tennis, le vélo

MODÈLE : Sports qu'on pratique dans la rue : →
le vélo, le jogging

1. Sports qui ne nécessitent pas d'équipement : _____

   _____

2. Sports qu'on pratique à la montagne : _____

   _____

3. Sports qu'on pratique dans la mer, un lac ou un fleuve : _____

   _____

4. Sports qu'on pratique sur un terrain (*field, court*) spécial : _____

   _____

5. Autres sports d'été : _____

   _____

6. Autres sports d'hiver : _____

   _____

B. Choisir ses vacances. Complétez les phrases suivantes avec une des nouvelles expressions verbales.

MODÈLE : Si on aime la montagne, on peut ____*faire de l'alpinisme.*____

1. Si vous aimez dormir (*to sleep*) en plein air, vous pouvez _____

2. Si vous avez besoin de repos (*rest*), vous pouvez _____

3. Pour passer des vacances sportives, on peut _____

4. Si vous aimez la mer, vous pouvez _____

5. En hiver, on peut _____

6. Si on veut voir la campagne française, on peut _____

C. Que fait Chantal en vacances ? Répondez à chaque question en regardant les dessins.

Vous entendez : Que fait Chantal sur le fleuve ?
Vous dites : Elle fait du bateau.

1.   2.   3.

4.   5.

D. Votre vie à vous. Pensez à vos vacances préférées, et répondez aux questions avec des phrases complètes.

1. Qu'est-ce que vous aimez faire dans un lac ? _____

_____

2. Qu'est-ce que vous aimez faire en montagne ? _____

_____

3. À la campagne, préférez-vous faire du vélo ou une promenade à pied (*on foot*) ? _____

_____

4. De quoi avez-vous besoin quand vous faites de l'équitation ? _____

_____

5. Pour vous, c'est quoi, les vacances idéales ? _____

_____

Le passé composé avec l'auxiliaire *être*

Talking About the Past

A. Ah! Les verbes! Complétez le tableau suivant en mettant les verbes au passé composé.

	ARRIVER	PARTIR	RENTRER
Marie-Anne, tu			
Hassan et moi			
vous, madame			
les visiteurs			

B. Qu'est-ce qui s'est passé? Faites des phrases logiques (affirmatives ou négatives) au passé composé. **Rappel:** Le participe passé s'accorde (*agrees*) avec le sujet quand le verbe est conjugué avec **être**.

> MODÈLE: Vendredi, nous avons eu un examen de biologie très difficile. Jeudi, nous: aller au cinéma / rentrer du laboratoire à onze heures du soir →
> Jeudi, nous ne sommes pas allés au cinéma. Nous sommes rentrés du laboratoire à onze heures du soir.

1. Il a plu à verse (*It rained cats and dogs*) dimanche après-midi. Mes amies: aller à la piscine / rester à la / maison / sortir dans le jardin _____

_____

_____

_____

2. Martine est allée en Afrique. Elle: passer par Dakar / rester une semaine à Marrakech / aller à Rome _____

_____

_____

3. Gabrielle Roy est une célèbre romancière manitobaine. Elle: naitre / en 1909 / mourir / en 1983 / devenir actrice _____

_____

_____

Maintenant, votre vie à vous. Moi, je: naitre avant... / entrer à l'école primaire à cinq ans / devenir étudiant(e) à cette école en... _____

_____

_____

C. Un cinéaste québécois. Denys Arcand est un cinéaste (*film director*) québécois. Reconstituez quelques moments importants de sa carrière en utilisant les verbes **naitre, devenir, partir, rentrer** et **venir** dans les phrases suivantes. N'oubliez pas l'accord du participe passé.

Denys Arcand _____¹ au Québec en 1941.

Il _____² cinéaste avec l'Office national du film en 1963, où il a produit plusieurs documentaires importants.

Il _____³ de l'Office national du film et dans les années 1970 et 1980, Arcand a réalisé de longs métrages qui _____⁴ des classiques du cinéma canadien tels que *Le Déclin de l'empire américain* (1986) et *Jésus de Montréal* (1989).

En 1993, il s'est lancé dans un autre domaine du cinéma avec son premier long métrage en anglais, *Love and Human Remains* (*Amours et restes humains*).

En 2004, Arcand _____⁵ au Canada, après les Oscars, avec les prix du meilleur film de langue étrangère et du meilleur scénario original pour *Les Invasions barbares*.

En 2007, Denys Arcand _____⁶ au festival du film international de Toronto pour promouvoir son plus récent film, *L'Âge des ténèbres*.

D. E.T.–L'Extraterrestre. Mettez les verbes au passé composé. Utilisez **être** ou **avoir** comme auxiliaire, selon le cas.

E.T. (naitre) _____¹ il y a très longtemps dans une galaxie très loin d'ici.

Il (avoir) _____² une dispute avec son père, alors il

(partir) _____³ à l'âge de 15 ans pour une autre ville de sa planète.

Il (aller) _____⁴ dans une université scientifique et il

(apprendre) _____⁵ l'astronomie et la psychologie. Après quelques années,

il (revenir) _____⁶ dans la ville de ses parents et il

(continuer) _____⁷ ses études. Il (habiter) _____⁸ dans

cette ville pendant dix ans, et puis il (obtenir) _____⁹ un travail comme

astronaute. Il (partir) _____¹⁰ de sa ville natale (*native*) pour aller au Centre

des Voyages Intergalactiques. On (choisir) _____¹¹ E.T. pour un voyage sur

la Terre (*Earth*) et quand il (arriver) _____,¹² ses problèmes

(commencer) _____.¹³ Pendant le temps qu'il

(passer) _____¹⁴ sur la Terre, il (désirer) _____¹⁵ de temps

en temps téléphoner chez lui, mais il (ne pas pouvoir) _____¹⁶ le faire (*to do it*).

Enfin, il (réussir) _____¹⁷ et ses amis (venir) _____¹⁸ le

chercher (*pick him up*). Il (quitter) _____¹⁹ la Terre pour toujours.

E. Un premier voyage. Maryvonne, qui a douze ans, voyage seule pour la première fois. Écoutez les directives de son père, et marquez les activités qu'il mentionne.

> Arrêtez le CD et lisez les possibilités. Ensuite, écoutez.

À comprendre : je viens te chercher (*I'll come pick you up*)

_____ aller sur le quai (*platform*)   _____ changer de train à Grenoble

_____ acheter un billet   _____ rencontrer des amis

_____ prendre sa valise   _____ aller voir tante Lucie

_____ monter dans le train   _____ rentrer dans deux semaines

_____ prendre le déjeuner   _____ faire une randonnée

_____ descendre à Lyon

Trois jours plus tard, Maryvonne écrit une carte postale à son père. Elle raconte son voyage *au passé*. Complétez sa carte postale.

CARTE POSTALE

Cher Papa,

Oui, à la gare° je suis allée sur le quai. Je / J' _____ *¹ ma valise.*

Je / J' _____ *² dans le train. Je / J'* _____ ³

à Lyon. Je / J' _____ *⁴ nos amis. Je / J'* _____ ⁵

voir tante Lucie. Et maintenant, Papa, j'ai envie de rentrer. Est-ce que tu peux

venir me chercher ?

Gros bisous,

Maryvonne

°*station*

F. Une fin de semaine en ville. Racontez la fin de semaine de Marceline au passé composé.

> Vous entendez :   Marceline achète son billet.
> Vous dites :   Marceline a acheté son billet.
>
> Vous entendez :   Son train arrive.
> Vous dites :   Son train est arrivé.

1. ...   2. ...   3. ...   4. ...   5. ...   6. ...   7. ...   8. ...

LEÇON 2

 Quelques verbes irréguliers en *-ir*

Expressing Actions

A. Ah! Les verbes! Complétez le tableau suivant.

	MES COPAINS	TU	NOUS	MARINA
dormir				
obtenir				
sentir				
servir				
sortir				
venir				

B. Où est-ce qu'on mange? Complétez les histoires suivantes, puis répondez aux questions.

Dimanche soir (dormir, sentir, servir, sortir)

Après une longue fin de semaine, Line est très fatiguée. À six heures elle _____[1]

déjà. Charles téléphone et demande si elle veut _____.[2] Il a envie d'aller dans un

restaurant où on _____[3] de la pizza napolitaine. Au restaurant, Line

_____[4] l'odeur de la pizza, et elle n'a plus sommeil.

- Est-ce que Line préfère dormir ou manger? _____

- Et vous? _____

Au déjeuner (dormir, partir, sentir, servir)

Le matin nous _____[5] souvent jusqu'à sept heures et demie. À la cafétéria on

_____[6] le déjeuner de sept à huit heures. Quand nous entrons dans la salle à

manger, nous _____[7] l'odeur du café. On mange bien, et puis on

_____[8] en cours.

- À quelle heure ces personnes doivent-elles quitter leur chambre le matin?

_____

- Et vous? _____

C. Mystères. Donnez une réponse logique à chaque question en utilisant **venir de** et une des expressions suggérées.

Suggestions : boire une bouteille d'eau, dîner, dormir douze heures, faire de l'aérobic, passer un an au Mexique, vendre votre entreprise à une multinationale

MODÈLE : Pourquoi est-ce que tu n'as pas faim? →
Je viens de dîner.

1. Pourquoi Christelle n'a-t-elle pas soif?

_____

2. Pourquoi est-ce qu'Amir et toi, vous avez le visage (*face*) tout rouge?

_____

3. Pourquoi les cousines d'Yves parlent-elles si bien l'espagnol?

_____

4. Est-ce que vous savez pourquoi nous sommes si riches?

_____

5. Pourquoi est-ce que je n'ai pas sommeil?

_____

D. J'aimerais savoir... Écoutez la phrase, et changez-la en utilisant le nouveau sujet.

Vous entendez : Jeanne sort-elle ce soir?
Vous voyez : vous
Vous dites : Sortez-vous ce soir?

1. Jacqueline
2. les enfants
3. la famille
4. je
5. vous

E. Venir, devenir, obtenir et revenir. Refaites la phrase que vous entendez avec le sujet que vous voyez.

Vous entendez : Venez-vous à Paris en été?
Vous voyez : ils
Vous dites : Viennent-ils à Paris en été?

1. nous
2. vous
3. tu
4. je
5. il
6. ils

F. Qui est le plus aventureux ? Complétez les phrases avec **partir, quitter** ou **sortir** selon le sens.

Michèle   Édouard   Jean-Pierre

Michèle et Édouard...

1. _____ de la maison avec beaucoup de valises.

2. _____ la Belgique pour aller en vacances.

3. _____ pour l'Afrique où ils vont faire un safari-photo.

Jean-Pierre...

4. _____ seulement (*only*) pour aller à la plage.

5. ne _____ pas la plage.

6. va _____ à la fin de la journée.

Le blogue d'Émilie

Partir en vacances !

A. Émilie, l'été dernier. Mettez les verbes entre parenthèses au passé composé.

1. Je / J' (passer) _____ mes vacances à la Nouvelle-Orléans.

2. Je / J' (quitter) _____ Paris pour deux semaines.

3. Mon amie manitobaine, Debby, (sortir) _____ un soir avec moi.

4. Nous (aller) _____ à un concert de jazz.

5. Je / J' (sentir) _____ que les États-Unis étaient un pays ami.

B. La géographie d'Émilie. Complétez les phrases en mettant les verbes entre parenthèses au présent.

1. Je (revenir) _____ de Louisiane ; maintenant, je veux aller en Acadie.

2. Je (partir) _____ bientôt (*soon*) pour Genève.

3. Je (devenir) _____ une grande voyageuse !

4. À Marrakech, mon copain et moi, nous (sortir) _____ en boite

    de nuit (*nightclubs*).

5. Nous (dormir) _____ le jour et nous dansons la nuit !

C. Quelques questions aux amis du blogue. Transformez ces phrases interrogatives selon le modèle.

MODÈLE : Hector, tu as aimé l'ile de la Réunion ? → Hector, tu n'as pas aimé l'ile de la Réunion ?

1. Hector, tu es resté deux semaines à la Réunion ?

    _____

2. Juliette, tu as nagé dans l'océan Indien pendant tes vacances ?

    _____

3. Léa, l'été dernier, tu as eu des invités chez toi ?

    _____

4. Émilie, tes parents ont loué leur villa à des Chinois l'été dernier ?

    _____

5. Mes amis, vous avez fini de faire vos projets de voyage pour l'été prochain ?

    _____

D. Le passé récent des blogueurs. Mettez ces phrases au passé récent en utilisant **venir de.**

MODÈLE : Juliette (perdre) _____ ses clés dans le métro. → Juliette

_____*vient de perdre*_____ ses clés dans le métro.

1. Émilie (écrire) _____ un message sur son blogue pour raconter son échange

    d'appartement.

2. Hassan, qu'est-ce que tu (répondre) _____ à Émilie ?

3. Hector et moi, nous (lire) _____ un article sur la Coupe du monde de soccer.

4. Léa et Juliette (quitter) _____ la Suisse pour l'Angleterre.

5. Hassan et toi, vous (passer) _____ quinze jours à la campagne.

E. Vous répondez à Émilie. Parlez de vos vacances avec Émilie en complétant les phrases de ce courriel.

DE: _____

À: Émilie@canmail.ca

Bonjour, Émilie, comment ça va?

J'adore parler des vacances!

L'été dernier, je suis parti(e) _____. J'ai visité _____.

Je suis allé(e) à _____ et je suis passé(e) par _____.

J'ai fait _____ et aussi _____.

Quel beau voyage!

Je rêve de prendre une année sabbatique (*take a year off*) et de faire un tour du monde quand j'aurai

mon diplôme (*when I graduate*). J'espère pouvoir visiter _____, _____

et _____.

Plus tard, je vais essayer un échange d'appartement. Cette formule a l'air _____.

À bientôt, Émilie!

Pause-culture

A. Le territoire français. Regardez la carte de France à la fin de votre livre. Ces informations sont-elles vraies (**V**) ou fausses (**F**)?

1. V   F   La Bretagne est dans l'Ouest (*west*) de la France.

2. V   F   Les Alpes sont des montagnes (*mountains*).

3. V   F   La Corse est une île italienne.

4. V   F   La Côte d'Azur est dans le Sud de la France.

5. V   F   Le Massif central est dans le Nord de la France.

B. Le tour ou la tour de Montréal. Relisez le reportage dans votre livre puis choisissez les réponses correctes pour compléter les phrases.

1. On a construit (*built*) _____ tour de Montréal en 1976.
   a. le   b. un   c. la

2. _____ tour de Montréal est un évènement sportif très populaire à Montréal.
   a. le   b. un   c. la

3. Les participants parcourent plus de _____ dans la ville.
   a. cinq-cents mètres   b. cinquante kilomètres   c. cinq-cents kilomètres

4. Environ _____ personnes acceptent d'aider gratuitement pendant le tour.
   a. mille   b. dix-mille   c. un million

5. Le vélo est _____ de transport écologique.
   a. une façon   b. une manière   c. un moyen

LEÇON 3

Les verbes *vouloir, pouvoir* et *devoir*

Expressing Desire, Ability, and Obligation

A. Ah! Les verbes! Conjuguez les verbes *devoir, vouloir* et *pouvoir* au présent.

	DEVOIR	VOULOIR	POUVOIR
je			
il			
nous			
vous			

B. Préférences. Complétez chaque phrase avec les formes correctes de **vouloir** et de **devoir**. Attention au sens!

MODÈLE: Les étudiants ___*doivent*___ étudier, mais ils ___*veulent*___ sortir.

La fin de semaine

1. Notre professeur _____ travailler, mais il _____ voyager.

2. Mes amis et moi _____ rester ici, mais nous _____ partir en vacances.

3. Mes amis _____ faire la sieste (*take a nap*), mais ils _____ étudier.

4. Je _____ faire le ménage, mais je _____ faire une promenade.

5. Mon ami _____ bien manger des crevettes, mais il ne _____ pas parce qu'il est allergique aux fruits de mer (*seafood*).

(continued)

L'après-midi

6. Nous _____ aller à la bibliothèque, mais nous _____

   prendre un café.

7. Les étudiants _____ finir leurs devoirs, mais ils _____

   regarder la télé.

8. Le professeur _____ préparer ses cours, mais il _____

   rentrer à la maison.

C. On ne peut pas! Dites ce que les personnes suivantes *ne peuvent pas* faire.

MODÈLE : Marie et Sophie n'ont pas de voiture. →
Elles ne peuvent pas habiter à la campagne.

boire du café   inviter un(e) ami(e) au restaurant
faire du jogging   manger du pain
faire du ski   prendre un dessert
habiter à la campagne

1. Georges est allergique à la farine de blé (*wheat flour*). Il _____

   _____

2. Il fait moins 7 °C aujourd'hui. Nous _____

   _____

3. Madeleine a la jambe cassée (*a broken leg*). Elle _____

   _____

4. Je n'ai pas d'argent. Je _____

   _____

5. Mes parents sont allergiques à la caféine. Ils _____

   _____

6. Le sucre vous rend malade (*makes you sick*). Vous _____

   _____

D. Probabilités. Écoutez la phrase, et donnez une explication. Utilisez le verbe **devoir.**

À comprendre : très fréquenté (*very busy*)

Expressions utiles : avoir faim, être au régime (*on a diet*), être fatigué(e), être formidable, être impatient(e), être malade

Vous entendez :   Marie n'est pas en classe.
Vous dites :   Elle doit être malade.

1. ...   2. ...   3. ...   4. ...   5. ...

E. Dîner à la cafétéria. D'abord, regardez le dessin. Ensuite, écoutez le passage, et marquez les réponses aux questions suivantes.

1. Qui n'a pas d'argent aujourd'hui?   Richard   Marlène   Louise
2. Qui peut payer son déjeuner?   Richard   Marlène   Louise
3. Qui doit moins manger?   Richard   Marlène   Louise
4. Qui veut prendre des gâteaux?   Richard   Marlène   Louise

F. Que dites-vous? Écrivez l'expression qui convient pour chaque situation.

Vocabulaire:

De rien.	Je veux dire	Merci. C'est très gentil.
Est-ce que je pourrais	Je voudrais	S'il vous plaît
Il n'y a pas de quoi, monsieur.	Je vous en prie, madame.	Tu dois

1. Vous aidez une vieille dame et elle dit «Merci beaucoup».

   Vous dites: « _____ »

2. Votre ami vous donne (*gives you*) un bon livre.

   Vous dites: « _____ »

3. Vous essayez d'expliquer à votre prof pourquoi vous ne venez pas en classe.

   Vous dites: « _____ que je suis malade.»

4. Un ami a emprunté (*borrowed*) 10 dollars à votre mère et maintenant elle a besoin de cet argent.

   Vous dites: « _____ 10 dollars à ma mère. Peux-tu les lui rendre

   (*pay her back*)?»

1. ...   2. ...   3. ...   4. ...   5. ...

Des années importantes

A. Leçon d'histoire. Écrivez les années en toutes lettres. Imitez le modèle.

MODÈLE: Louis XIV monte sur (*takes*) le trône de France en 1643. → *mille-six-cent-quarante-trois*

1. La Première Guerre mondiale (*First World War*) finit en 1918.

   _____

2. La Confédération du Canada a été établie en 1867.

   _____

3. La Constitution canadienne a été rapatriée en 1982.

   _____

(*continued*)

4. La France vend la Louisiane aux États-Unis en 1803.

_____

5. La guerre de Sécession (*Civil War*) aux États-Unis commence en 1861.

_____

6. Gutenberg invente l'imprimerie (*printing press*) en 1436.

_____

B. Un peu d'histoire européenne. Indiquez la date que vous entendez.

Vous entendez :	La victoire de Charlemagne sur les Saxons, c'est en sept-cent-quatre-vingt-cinq. C'est en sept-cent-quatre-vingt-cinq.
Vous choisissez :	la victoire de Charlemagne sur les Saxons ☐785☐ 885

1. la fondation de l'université de Paris   1142   1120

2. la première croisade (*Crusade*)   1096   1076

3. la mort (*death*) de Jeanne d'Arc   1431   1471

LEÇON 4

Les prépositions devant les noms de lieu

Expressing Location

A. Test de géographie. Connaissez-vous votre géographie ?

MODÈLES : Pour faire du ski sans quitter le Canada, on va _____*dans les Rocheuses*_____.

          Les voitures Peugeot viennent _____*de France*_____.

Afrique	Colombie-Britannique	Japon
Allemagne	Chine	Madrid
Amérique du Nord	France	Moscou
Amérique du Sud		Manitoba

1. Le Mexique est _____

2. On a inventé la Volkswagen _____

3. Les voitures Nissan viennent _____

4. On mange beaucoup de riz _____

5. Le théâtre Bolchoï se trouve _____

6. Le musée du Prado est _____

7. Nous buvons du café qui vient _____

8. David Suzuki est né _____

9. La Côte d'Ivoire est _____

10. Les grands vins canadiens viennent _____

B. Des annonces. Lisez ces annonces publiées dans un magazine pour étudiants, *Le Monde de l'éducation*, puis complétez les phrases et répondez à la question personnelle.

À comprendre : chaleureuse (*warm*), joignez (*combine*), prestations (*services*), sans peine (*without effort*), soie (*silk*)

Stages et loisirs

Prof. organise voyage en aout 13 Chine-Tibet-Népal et H.-Kong, circuit complet, bonnes prestations.
Tél : 01-43-40-66-84, soir.

Le Maroc en bus, 21 jours aout, 1.200 € tt comp., camping style cool. Doc. à Foyer rural, 52000 Euffigneix.
Tél : 01-25-32-31-46, soir.

Voyage en Chine, Route de la soie, 1 mois, juillet, aout, 2.775 € TC, M. Chen, 60 bd Magenta, 75010 Paris.

Corse Porticcio, loue été, F3, dans villa calme, 500 m de la plage
Tél : 01-93-20-18-14 ou 01-93-63-42-22, le soir.

VACANCES ANGLAISES POUR JEUNES
Joignez l'utile à l'agréable. Améliorez votre anglais sans peine dans l'ambiance chaleureuse de notre maison. Cours particuliers et sorties variées.
FAMILY INTERNATIONAL
11 Ashwell Road
Whissendine, OAKHAM
Leics LE 15 7EN. G. B.
Tél : 19 44 66 479 219.

---

1. On peut passer 21 jours en aout _____ .

2. Le voyage sur la route de la soie _____ coute 2 775 euros.

3. Le professeur organise un voyage _____ ,

   _____ , _____ et _____ .

4. On peut louer une villa _____ .

5. **Votre vie à vous.** Quelle annonce trouvez-vous intéressante ? Pourquoi ?

   _____

   _____

   _____

C. Voyages d'affaires. M. Auteuil est représentant (*sales rep.*) pour une entreprise internationale. Il habite à Paris mais voyage beaucoup. Racontez ses voyages en vous basant sur son calendrier.

septembre						
lundi	mardi	mercredi	jeudi	vendredi	samedi	dimanche
				1	*2*	*3*
4	*5* *Rio* ————————	*6*	*7* →	*8*	*9*	*10*
11	*12* *Marseille*	*13* *Italie*	*14* *Allemagne* —	*15* →	*16*	*17*
18	*19*	*20* *Japon* ——	*21*	*22*	*23*	*24*
25 ———————→	*26*	*27*	*28*	*29* *Angleterre* —→	*30*	

MODÈLES : Mardi le cinq, il va _____ *à Rio* _____ .

Vendredi le huit, il rentre ___ *du Brésil et arrive à Paris* ___ .

1. Mardi le douze, il est _____ .

2. Mercredi le treize, il arrive _____ .

3. Jeudi le quatorze, il part _____ et il va

_____ .

4. Samedi le seize, il rentre _____ .

5. Mercredi le vingt, il voyage _____ où il passe une semaine.

6. Mardi le vingt-six, il revient _____ .

7. Vendredi le vingt-neuf, il quitte pour aller _____ .

D. Voyages de rêve. Écoutez les projets de voyage suivants, puis donnez la destination de ces gens.

Destinations : l'Australie, la Belgique, le Canada, la Chine, le Mexique, New York, la Tunisie

Vous entendez : Sylvie veut voir des ruines mayas et aztèques en Amérique. Où va-t-elle ?
Vous dites : Elle va au Mexique.

1. … 2. … 3. … 4. … 5. … 6. …

E. Le retour. Écoutez la description et dites d'où arrive chaque personne.

À comprendre : on y fabrique (*are made there*), téléviseurs (*television sets*)

Cybèle	Monique	Gérard	Florence	Joseph

Vous entendez :   Cybèle arrive d'Amérique du Sud. On parle portugais dans le pays qu'elle a visité. À Rio, une ville importante, on célèbre le carnaval du Mardi gras au mois de février. D'où arrive Cybèle ?

Vous dites :   Elle arrive du Brésil.

1. ...   2. ...   3. ...   4. ...

PERSPECTIVES

Faire le bilan

A. Votre vie à vous. Racontez neuf évènements (*events*) de votre vie.

Verbes suggérés : aller, apprendre, boire, devenir, entrer, faire, mourir, naître, partir, quitter, recevoir, sortir, tomber, venir, voyager

MODÈLES : J'ai voyagé en Californie pour la première fois avec ma famille en 2003.

Ma petite sœur est née le 4 juillet.

Avant l'âge de 10 ans :

1. _____

2. _____

3. _____

À l'école secondaire :

4. _____

5. _____

6. _____

(continued)

La semaine dernière :

7. _____

8. _____

9. _____

B. Épisodes de l'histoire de France. Lisez ce texte, puis faites l'exercice.

La Révolution française commence le 14 juillet *mille-sept-cent-quatre-vingt-neuf* quand le peuple de Paris prend la Bastille. Louis XVI est guillotiné en *mille-sept-cent-quatre-vingt-treize*.

Napoléon Bonaparte devient empereur en *mille-huit-cent-quatre*, mais après sa défaite à la bataille de Waterloo en *mille-huit-cent-quinze*, Louis XVIII monte sur le trône. Son frère Charles X, devient roi (*king*) mais il s'échappe (*escapes*) en Angleterre pendant la Révolution de *mille-huit-cent-trente*.

Le règne (*reign*) de Louis-Philippe finit en *mille-huit-cent-quarante-huit* avec une autre révolution. Le peuple proclame la Seconde République. Mais le 2 décembre *mille-huit-cent-cinquante-et-un*, Louis-Napoléon Bonaparte prépare un coup d'état.

Après la guerre avec la Prusse, en *mille-huit-cent-soixante-dix*, le peuple proclame la Troisième République, qui va continuer jusqu'en *mille-neuf-cent-quarante*, au début de la Deuxième Guerre mondiale. *Mille-neuf-cent-cinquante-huit* marque le début (*beginning*) de la Cinquième République en France.

Écrivez en chiffres les dix dates données dans le texte. Complétez aussi l'évènement correspondant, en mettant le verbe au passé composé.

1. _____*1789*_____ La Révolution française _____*a commencé*_____ (commencer).

2. _____ Louis XVI _____ (être) guillotiné.

3. _____ Napoléon Bonaparte _____ (devenir) empereur.

4. _____ Louis XVIII _____ (monter) sur le trône.

5. _____ Charles X _____ (aller) en Angleterre.

6. _____ Le peuple _____ (proclamer) la Seconde République.

7. _____ Louis-Napoléon _____ (préparer) un coup d'état.

8. _____ Le peuple _____ (proclamer) la Troisième République.

9. _____ La Troisième République _____ (tomber) avec le

début de la Deuxième Guerre mondiale.

10. _____ La Cinquième République _____ (commencer).

C. Maintenant, votre vie à vous. Répondez aux questions suivantes.

1. Où êtes-vous né(e)? D'où venez-vous? _____
_____

2. Qu'est-ce que vous avez mangé pour le déjeuner ce matin? _____
_____

3. En général, combien d'heures dormez-vous par nuit? _____
_____

4. Combien d'heures avez-vous dormies la nuit dernière? _____
_____

5. Où avez-vous passé les dernières vacances d'hiver? _____
_____

6. Qu'est-ce que vous avez fait en vacances? _____
_____

7. Achetez-vous beaucoup d'équipement de sport? Qu'avez-vous acheté l'an dernier? _____
_____

D. Qu'est-ce qu'on fait? Complétez les phrases avec la forme correcte du verbe indiqué.

pouvoir

1. —Est-ce que vous _____ skier cet après-midi?

   —Non, pas cet après-midi, mais demain nous _____ .

2. —Est-ce que tu _____ aller au cinéma ce soir?

   —Non, je ne _____ pas.

3. Je _____ aider mon ami à faire la cuisine, et il
   _____ regarder la télé.

vouloir

4. —Est-ce que vous _____ danser?

   —Oui, je _____ bien.

5. —Est-ce que tu _____ apprendre le français?

   —Oui, et mon amie Sonia _____ apprendre le chinois.

6. Nous ne _____ pas faire le ménage, mais nos parents ne
   _____ pas avoir des enfants paresseux. Alors, nous le faisons.

(continued)

devoir

7. Tu _____ faire tes devoirs, je _____

   travailler et Maurice _____ faire les courses.

8. Les professeurs _____ corriger (*correct*) les examens.

9. – Qu'est-ce que vous _____ faire à l'université?

   – Nous _____ réussir aux examens.

E. Votre vie à vous. Répondez aux questions suivantes de façon personnelle.

1. Où est-ce que vous devez aller pour manger une bonne pizza?

   _____

2. Voulez-vous de la viande sur votre pizza? Qu'est-ce que vous voulez d'autre?

   _____

   _____

3. Pouvez-vous manger de la pizza tous les jours ou est-ce que vous avez besoin de

   variété culinaire?

   _____

Prononciation

Les consonnes finales. Final consonants are generally not pronounced in French. To distinguish singular and plural nouns, for example, it is necessary to listen to the article: **le parapluie, les parapluies; la tente, les tentes.** However, there are a few final consonants that are usually pronounced:

- Final **c: avec, bec, parc**
- Final **f: bœuf, neuf, soif**
- Final **l: bal, mal, mil**
- Final **r: pair, par, pour**

Be aware that there are several common words in which final **c** is not pronounced: **banc, blanc, porc, tabac.** Keep in mind, as well, that final **-er** is sometimes pronounced like French **air,** but often pronounced like **é: fier,** but **chanter, danser, parler.**

Répétez les expressions suivantes. Vous les entendrez deux fois.

1. parc / public / Québec / sac / banc / blanc / porc / tabac
2. chef / neuf / œuf / soif / bœuf / fief
3. alcool / bal / col / bol / mal / pull
4. air / fier / mer / pour / bronzer / nager / quitter / voyager

À l'écoute !

Des vacances originales. Les vacances d'été approchent et Mme Dumas, qui a des enfants, vient d'entendre une annonce à la radio qui l'a beaucoup intéressée. Écoutez cette annonce, puis complétez les phrases suivantes à l'aide des éléments qui conviennent.

À comprendre : formation (*training*), du vélo de montagne (*mountain biking*)

1. *Colosympa* organise des vacances réservées aux jeunes de 14 à _____ .
   a. 17 ans   b. 18 ans   c. 19 ans

2. Ce concept de vacances mêle (*mixes*) sport, nature et _____ .
   a. Internet   b. peinture   c. littérature

3. Ce village de vacances est _____ .
   a. à la campagne   b. à la montagne   c. au bord de la mer

4. On peut faire du radeau, du vélo de montagne, de la voile et _____ .
   a. du camping   b. la cuisine   c. des randonnées

 # Par écrit

Purpose: Narrating in the past

Audience: Friends

Goal: Write a story about a disastrous vacation (**des vacances désastreuses**) that you experienced, or invent such a situation.

Steps

1. Write an outline for your story.

   - Set the scene. Tell who went with you and where you went.
   - Describe the complications that beset you.
   - Explain what you and your companions did in these adverse circumstances.
   - Tell how the vacation ended and how the difficulties were resolved.

2. Complete the outline, fill in any details, and write the first draft.
3. Have a classmate reread the draft to see if what you've written is clear.
4. Finally, make any changes suggested by your classmate that seem germane and check the draft for spelling, punctuation, and grammar. Focus especially on your use of the **passé composé.**

Journal intime

Avant d'écrire dans votre journal, lisez la question suivante et cochez (✓) les réponses correctes.

Qu'est-ce que vous avez fait l'été passé?

J'ai... / Je suis...

_____ travaillé

_____ allé(e) (où?)

_____ passé beaucoup de temps avec des amis

_____ fait des études

_____ beaucoup regardé la télévision

_____ beaucoup nagé

_____ (autre) _____

Maintenant, décrivez brièvement (*briefly*) ce que vous avez fait l'été passé.

- Où êtes-vous allé(e)?
- Qu'est-ce que vous avez fait?
- Avec qui?
- Qu'est-ce que vous avez appris, acheté, vu, etc.?

    MODÈLE: L'été passé, j'ai travaillé comme animatrice (*counsellor*) dans un camp de vacances pour enfants handicapés...

RÉVISEZ ! CHAPITRES 4–6

A. Révision de verbes. Complétez les phrases avec la forme correcte du présent des verbes indiqués.

Nous _____[1] (habiter) dans la banlieue d'Ottawa. Mon père _____[2] (travailler) en ville où il _____[3] (vendre) des produits pharmaceutiques. Ma mère, qui est informaticienne, _____[4] (avoir) son bureau à la maison. Mon frère Pierre et moi _____[5] (aller) à la même université. Nous _____[6] (réussir) bien dans nos études. Nous _____[7] (voyager) ensemble et _____[8] (prendre) le train tous les jours. Pierre _____[9] (vouloir) acheter une voiture, mais moi, je _____[10] (préférer) les transports en commun. Chez nous, les tâches ménagères (*household chores*) _____[11] (être) bien partagées. Quand maman le _____[12] (pouvoir), elle _____[13] (faire) les courses et, au retour du travail, c'_____[14] (être) mon père qui _____[15] (faire) la cuisine. La fin de semaine, Pierre et moi _____[16] (faire) le ménage.

B. À Paris. Louise et Madeleine discutent des prix dans un grand magasin à Paris. Écrivez les prix que vous entendez.

1. pull (chandail) en laine _____ € (euros)

2. chaussures de ski _____ € (euros)

3. anorak _____ € (euros)

4. robe en soie _____ € (euros)

5. robe en taffetas _____ € (euros)

C. Remèdes. Les personnes suivantes ont des petits problèmes. Proposez une solution logique.

MODÈLE : La maison de Mme Lecoq est complètement en désordre après sa soirée de samedi dernier. Qu'est-ce qu'elle doit faire ? → Elle doit faire le ménage.

1. Deux amies ont préparé un dîner délicieux. Maintenant, leur cuisine est remplie (*full*)

d'assiettes et de tasses sales (*dirty*). Qu'est-ce qu'elles doivent faire ? _____

_____

2. Vous avez besoin de faire un peu d'exercice physique, mais vous n'avez pas d'équipement.

Qu'est-ce que vous pouvez faire ? _____

_____

3. Vos parents sont curieux parce que vous avez un nouveau petit ami / une nouvelle petite amie.

Qu'est-ce qu'ils veulent ? _____

_____

4. Vous avez des devoirs à faire pour votre cours d'anglais de demain. Mais il est 9 h du soir. Qu'est-ce que vous devez faire? Qu'est-ce que vous voulez faire? _____

_____

_____

5. Vous avez perdu votre sac à dos et votre portefeuille (*wallet*) avec cinquante dollars. Qu'est-ce que vous pouvez faire? Qu'est-ce que vous allez faire? _____

_____

_____

D. Donnez des ordres. Faites des suggestions logiques à l'aide des expressions données.

Expressions suggérées: boire du café, déjeuner avec nous, faire du ski, ne pas faire de piquenique, jouer au tennis, prendre l'autobus

MODÈLE: Il est midi (tu) → Dine avec nous!

1. Il neige. (nous) _____

2. Il fait du soleil. (tu) _____

3. Il pleut. (vous) _____

4. Il est 7 h du matin et vous avez sommeil. (vous) _____

5. La voiture est au garage. (nous) _____

E. Les bonnes manières. Vous êtes à table avec un(e) enfant. Dites-lui ce qu'il faut (= il est nécessaire de) faire ou ne pas faire.

MODÈLE: ne pas jouer avec ton couteau →
Ne joue pas avec ton couteau!

1.	attendre ton frère	4.	manger tes carottes	7.	ne pas manger de sucre
2.	prendre ta serviette	5.	regarder ton assiette	8.	avaler ton verre
3.	finir ta soupe	6.	être sage (*be good*)	9.	ne pas demander de dessert

F. Au restaurant rapide. Écoutez attentivement le dialogue suivant, puis écrivez les expressions qui manquent (*are missing*).

LE SERVEUR: _____,[1] mademoiselle?

CORINNE: _____[2] et une petite

_____[3] niçoise, _____.[4]

LE SERVEUR: _____?[5]

CORINNE: Non, attendez... _____[6] aussi un café crème.

LE SERVEUR: C'est pour emporter (*to take out*) ou _____?[7]

CORINNE: Pour emporter. _____?[8]

LE SERVEUR: Ça fait _____.[9] Merci, mademoiselle.

CORINNE: _____.[10] Au revoir!

Maintenant, écoutez les propos du serveur, et répondez à la place de Corinne.

1. ... 2. ... 3. ... 4. ...

G. Entendu au magasin. Complétez les phrases suivantes à l'aide d'un déterminant démonstratif (**ce, cet, cette** ou **ces**).

À la boulangerie :

« _____¹ boulangerie est célèbre. _____² pain est merveilleux et _____³ croissants sont excellents. J'adore _____⁴ gâteaux. Regarde _____⁵ éclair au chocolat ! »

À l'épicerie :

« Moi, j'aime _____⁶ légumes et _____⁷ fruits. Regarde _____⁸ orange ! Elle est superbe. _____⁹ salade semble (*seems*) être parfaite (*perfect*). _____¹⁰ œufs sont très frais. Mais pourquoi est-ce que _____¹¹ œuf n'est pas brun ? »

À la boucherie :

– Je vais prendre _____¹² rôti de bœuf et _____¹³ saucisses.

– Vous voulez un peu de _____¹⁴ pâté ?

– Non, merci. Je préfère _____¹⁵ côtes de porc.

H. Un tour des iles francophones. Mettez l'histoire suivante au passé composé.

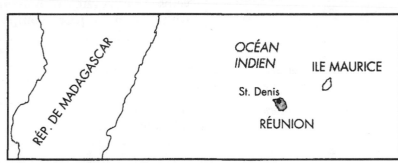

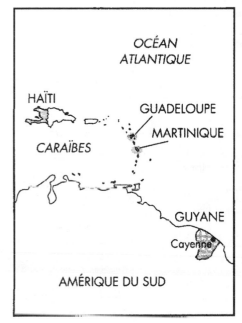

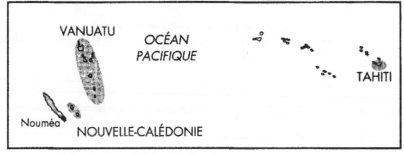

Un jour de septembre, nous _____¹ Toronto pour aller à la Guadeloupe. Après, nous _____² à la Martinique. Nous _____³ les plages de ces iles si reposantes (*so relaxing*) ! Après une semaine, nous _____⁴ pour la Réunion, une petite ile à l'est de Madagascar, dans l'océan Indien.

aller
partir
quitter
trouver

Puis, on _____⁵ pour Tahiti où on _____⁶   bronzer
faire
deux semaines magnifiques. Moi, je / j' _____⁷ du bateau à voile;   partir
mes amis _____⁸ sur les plages. On _____⁹   passer
pouvoir
voir des fleurs splendides et visiter les villages que le célèbre peintre Gauguin a tant

(*so much*) aimés.

Moi, je / j' _____¹⁰ de visiter la Nouvelle-Calédonie. Mais   décider
descendre
mes amis _____¹¹ à Tahiti. À la fin du voyage, nous   rentrer
rester
_____¹² ensemble au Canada. Quand nous

_____¹³ de l'avion à Toronto, j'étais triste de

voir les couleurs sombres de cette ville mais très heureux de revoir ma famille.

I. **Une fin de semaine à la campagne.** Racontez au passé composé la fin de semaine
de votre amie Zineb.

> Pay special attention to whether
> verbs are conjugated with **avoir** or
> with **être** in the **passé composé**.

Vous entendez :   Zineb achète une tente.
Vous dites :   Zineb a acheté une tente.

Vous entendez :   Ses amis arrivent.
Vous dites :   Ses amis sont arrivés.

1. ...   2. ...   3. ...   4. ...   5. ...   6. ...   7. ...   8. ...

J. **Le drapeau canadien.** Relisez votre manuel et répondez aux questions.

1. En quelle année a-t-on adopté l'unifolié ?
2. En quelle année est-ce que l'on a adopté le fleurdelisé ?
3. Qu'est-ce qui a inspiré le fleurdelisé ?

CHAPITRE 7

En route !

LEÇON 1

 À l'aéroport / À la gare / En route !

A. Analogies. Complétez selon le modèle.

MODÈLE : acheter un billet : au guichet = _____*faire le plein*_____ : à une station-service

1. un voyage : voyager = _____ : voler (*to fly*)

2. un aéroport : un avion = _____ : un train

3. un agent : une agente de bord = un passager : _____

4. un bateau : l'eau = _____ : l'air

5. un conducteur : le train = _____ : l'avion

6. piloter : un avion = conduire (*to drive*) : _____

7. un avion : l'air = une voiture : _____

B. Thierry et Serge partent pour la Suisse.
Racontez leur départ. Utilisez les mots de la liste.

Vocabulaire : billets, guichet, ski, valises

Thierry et Serge sont au _____[1] pour acheter des _____[2] Leurs

_____[3] sont par terre. Ils vont en Suisse pour faire du _____[4]

(continued)

Vocabulaire : gare, passagers, quai

Le train est déjà à la _____.⁵ Serge et Thierry attendent sur le _____.⁶

Pour l'instant, ils sont les seuls _____.⁷

Vocabulaire : compartiment, plein, wagon

Ils ont réservé des places dans un _____.⁸ Leur _____⁹ est

_____.¹⁰

C. **À l'aéroport international.** Trouvez le numéro du vol sur le tableau, et écrivez les informations que vous entendez.

Vous entendez : Le vol numéro quatre-vingt-treize arrive du *Maroc* à *dix-sept heures quinze*.
Vous écrivez : Maroc / 17 h 15

N° DU VOL	ARRIVE DE/DU/DES	HEURE D'ARRIVÉE
61	_____	*9 h 40*
74	_____	*13 h 30*
79	_____	_____
81	*Russie*	
88	_____	*12 h*
93	*Maroc*	*17 h 15*
99	*Mexique*	

D. Le voyage de Sabine. Écoutez l'histoire en regardant les dessins. Mettez les dessins en ordre en les numérotant (*numbering them*) de 1 à 6.

À comprendre : affaires à emporter (*things to carry*), atterrir (*to land*), débarquer (*to deplane*), douane (*customs*), manquer (*to miss*)

Sabine est étudiante en sociologie à Rouen. L'été passé, elle a fait un voyage d'études en Côte d'Ivoire.

a. _1_

b. _____

c. _____

d. _____

e. _____

f. _____

E. Et vous ? Réfléchissez à un voyage en train ou en avion que vous avez fait récemment (*recently*), et donnez votre propre (*your own*) réponse aux questions suivantes. Vous n'entendrez pas (*You will not hear*) de réponses suggérées.

> Vous entendez :   Pourquoi as-tu fait ce voyage ?
> Vous voyez :   J'ai fait... pour...
> Vous dites :   J'ai fait ce voyage pour voir ma famille.

1. J'ai voyagé...
2. J'ai pris...
3. J'ai choisi...
4. Oui, j'ai emporté... (Non, je n'ai pas emporté...)
5. À mon arrivée, j'ai (je suis)...
6. J'ai loué...

F. Votre vie à vous. Pensez à un voyage que vous voulez faire et répondez aux questions suivantes.

1. Où voulez-vous voyager ? _____

2. Quel mode de transport voulez-vous utiliser ? Si vous voulez voyager en avion, voulez-vous prendre un billet première classe ou classe économique ?

   _____

   _____

3. Quelle sorte de bagages allez-vous prendre ? Pourquoi ? _____

   _____

4. Est-ce que vous allez louer une voiture, une moto ou un vélo pendant vos vacances ? Où voulez-vous aller avec ce mode de transport ?

   _____

   _____

⊚ Les points cardinaux

A. Le Canada. Connaissez-vous (*Do you know*) la géographie du Canada ? Nommez une ville ou une province qui se trouve...

1. ... au nord de Regina : _____

2. ... dans le sud de l'Alberta : _____

3. ... à l'extrême est du Canada : _____

4. ... à l'ouest du Québec : _____

5. ... au sud du Nunavut : _____

6. ... dans le nord de l'Ontario : _____

7. ... dans le sud du Nouveau-Brunswick : _____

8. ... à l'ouest de Vancouver : _____

B. L'Europe. Consultez la carte d'Europe à la fin de votre livre, et puis indiquez où sont situés les pays.

Vocabulaire : au nord, au nord-est, à l'est, au sud-est, au sud, au sud-ouest, à l'ouest, au nord-ouest

MODÈLE : La Biélorussie est _____*au sud-est*_____ de la Lituanie.

1. La France est _____ de l'Angleterre.

2. La Norvège est _____ du Danemark.

3. La Grèce est _____ de la Turquie.

4. La Pologne est _____ de la République tchèque.

5. L'Allemagne est _____ de la Belgique.

6. L'Italie est _____ de la Grèce.

7. La Hongrie est _____ de l'Ukraine.

8. La Belgique est _____ de l'Angleterre.

LEÇON 2

 # Le verbe *conduire*

Expressing Actions

A. Ah! Les verbes! Complétez le tableau suivant.

	CONDUIRE	TRADUIRE	CONSTRUIRE
je			
tu			
nous, les étudiants			
vous, Madame Gian			
les professeurs			

B. Moyens de transport. Écoutez la description, et donnez le nom du véhicule.

Vous entendez :   Jean-Pierre peut transporter au maximum un passager. Quel véhicule est-ce qu'il conduit?

Vous dites :   Il conduit une moto.

1. ...   2. ...   3. ...   4. ...

C. Activités diverses. Complétez les phrases avec le présent du verbe qui convient.

MODÈLE :   Nous _____*traduisons*_____ (construire, traduire) cet article en japonais.

1. Mon amie Cornelia va partout (*everywhere*) à pied. Elle ne _____

   (conduire, détruire) pas sa voiture.

2. Les Riesel? Oui, ils _____ (construire, réduire) une nouvelle maison.

3. Notre professeur _____ (détruire, traduire) des poèmes de Senghor.

4. Léa et moi, nous _____ (conduire, détruire) notre voiture prudemment.

5. Les armées _____ (construire, détruire) beaucoup de villes pendant les

   guerres.

6. On _____ (réduire, traduire) généralement ses dépenses (*expenditures*)

   quand on perd son travail.

7. Je _____ (conduire, aller) à l'université en voiture.

 # Depuis et pendant

Expressing How Long, How Long Ago, and Since When

A. À Chamonix. Mariane et Fanny font connaissance pendant les vacances. Utilisez **depuis, pendant** ou **il y a.**

MARIANE :   _____¹ quand es-tu ici à Chamonix?

FANNY :   Je suis ici _____² trois heures. J'ai envie de faire de l'alpinisme

   _____³ les trois jours que je vais être ici. Tu es ici

   _____⁴ longtemps?

MARIANE: J'ai pris le train de Lyon _____[5] une semaine. _____[6]

six jours, je visite toutes les curiosités de la région : la mer de Glace (*Ice*), le mont Blanc.

Et _____[7] mon arrivée, je goute à tous les bons plats de la région.

FANNY: Est-ce qu'il fait toujours si beau _____[8] le mois de juin ?

MARIANE: D'habitude, oui. Mais il a neigé en montagne _____[9] deux semaines.

B. Votre vie à vous. Décrivez votre travail pour le cours de français. Complétez les phrases avec l'heure, la durée (*duration*), etc., selon le cas.

1. J'étudie le français depuis _____

2. J'ai commencé mes devoirs il y a _____

3. Je fais cet exercice depuis _____

4. Hier, j'ai fait mes devoirs pendant _____

C. Nouveaux intérêts. Écoutez la conversation entre Bernard et Sophie.

Un soir, à l'hôtel, Bernard Meunier parle avec une jeune femme, Sophie Morin...

Après les vacances. Sophie décrit ses vacances à une copine. Écoutez les questions de sa copine et complétez par écrit les phrases suivantes.

1. Je suis de retour _____ quelques (*a few*) jours seulement.

2. _____ mon retour, je pense à mon nouvel ami Bernard...

3. _____ mes vacances, j'ai passé beaucoup de temps avec Bernard.

4. Nous avons parlé pour la première fois _____ deux semaines.

5. Ce soir-là, nous avons discuté _____ des heures.

Le blogue d'Émilie

Mon nouveau vélo

A. Émilie à Winnipeg. Choisissez l'expression qui convient.

1. **Depuis combien de temps / Pendant combien de temps** Émilie rêve-t-elle d'un vélo ?

2. **Depuis combien de temps / Pendant combien de temps** Émilie a-t-elle rêvé d'un vélo ?

3. Juliette habite Winnipeg depuis le 1ᵉʳ juillet 2011. **Depuis quand / Depuis combien de temps** habite-t-elle Winnipeg ?

4. Juliette et Émilie sont amies **depuis / il y a** plusieurs années.

5. **Il y a / Pendant** deux ans, Émilie ne connaissait pas (*didn't know*) Hassan.

B. En route, Émilie! Complétez les phrases avec les prépositions **en** ou **à**.

1. Depuis plusieurs mois, Émilie fait l'aller-retour entre Winnipeg et Regina _____ train.

2. À Winnipeg, elle se déplace (*gets around*) _____ bus.

3. Elle n'a pas beaucoup d'argent : elle ne peut pas se déplacer _____ taxi.

4. Elle fait des kilomètres _____ pied dans Winnipeg.

5. Et maintenant, elle va en cours et elle fait ses courses _____ vélo.

C. Quelques questions aux amis du blogue. Écrivez la question en utilisant la réponse donnée. Employez le pronom **tu.**

1. – Hector, _____?

   – Non, j'achète toujours mes billets de train sur Internet. C'est très facile.

2. – Hassan, _____?

   – Non, je n'aime pas prendre l'avion : j'ai trop peur !

3. – Émilie, _____?

   – Dans un compartiment couchette, il y a six couchettes.

4. – Hector, _____?

   – Non, je ne prends pas le train pour partir la fin de semaine. Je prends ma voiture.

5. Juliette, _____?

   – Oui, quand je suis en vacances, je voyage souvent en bateau.

D. Les amis du blogue en route! Complétez les phrases suivantes avec le présent du verbe **conduire.**

1. Au Maroc, Hassan _____ le camion de son oncle.

2. Dans les rues de Versailles, Léa et Juliette _____ prudemment (*carefully*).

3. Hector, tu _____ à Paris ?

4. Léa dit souvent : « Je _____ trop vite ! »

5. Juliette et moi, nous _____ doucement (*slowly*) pour admirer le paysage (*scenery*).

E. Vous répondez à Émilie. Expliquez quels sont vos moyens de transport habituels en complétant les phrases de ce courriel.

DE: _____

À: Émilie@canmail.ca

Bonjour, Émilie, il est bien ton blogue ! Bravo !

Moi, dans ma ville, je ne prends jamais _____. Je vais en

cours _____. Le soir, si je sors seul(e), je prends

toujours _____. Pour un rendez-vous important, je

prends _____.

Quand je vais voir (*see*) mes parents à (*name of city*) _____, je prends

_____.

Je conduis mais je n'ai pas de _____. J'ai seulement un vélo ! Comme toi !

À bientôt, Émilie !

Pause-culture

A. La France des transports. Complétez le paragraphe suivant en utilisant les expressions proposées : **métro, pistes cyclables, polluant, train, vélo.**

À Paris, tout le monde prend le _____.¹ C'est le moyen de transport le plus

populaire. Dans le métro et dans les bus, il n'y a pas de première classe, mais dans le

_____,² on peut voyager en première ou en deuxième classe.

Les jeunes adorent rouler à _____.³ C'est agréable : à Paris, il y a des kilomètres

de _____.⁴ Et ce n'est pas _____!⁵

B. Le train pas cher. Relisez le **Reportage** dans votre manuel, puis complétez les phrases suivantes.

1. On peut voyager de Paris à Londres en trois heures par _____.

2. _____, c'est l'abréviation de la Société nationale des chemins de fer français.

3. Avec les billets **« Découverte à deux »,** on a _____ % de réduction.

4. On achète les billets _____ directement sur Internet.

5. Avec la **« Carte InterRail Global Pass »,** on peut voyager dans 30 pays d' _____.

LEÇON 3

 ## Les adverbes affirmatifs et négatifs

Expressing Negation

A. Mais non! Aidez Roger à contredire (*to contradict*) son ami Bernard en complétant les phrases.

MODÈLE: BERNARD: Marie aime *beaucoup* l'opéra.

ROGER: Mais non, *elle n'aime pas du tout l'opéra*

1. BERNARD: Maurice est *toujours* à l'heure.

    ROGER: Mais non, _____

2. BERNARD: Henri est *déjà* allé en Italie.

    ROGER: Mais non, _____

3. BERNARD: Il part *souvent* en vacances.

    ROGER: Mais non, _____

4. BERNARD: Sa femme *ne* part *jamais* avec lui.

    ROGER: Mais si, _____

5. BERNARD: Henri travaille *encore* chez Renault.

    ROGER: Mais non, _____

6. BERNARD: Sa fille est *déjà* mariée.

    ROGER: Mais non, _____

7. BERNARD: Son fils *n'*est *plus* à l'université.

    ROGER: Mais si, _____

B. À l'agence de voyages. Pauvre Yves! Il a toujours moins de chance que les autres. Écrivez son rôle dans le dialogue en utilisant **ne... que.**

MODÈLE: MARC: Chouette! (*Cool!*) J'ai mille dollars à dépenser cet été.

YVES: Moi, je *n'ai que deux-cents dollars.*

MARC: J'ai six semaines de vacances cette année.

YVES: Moi, je _____ 1

MARC: Il y a une douzaine d'endroits que je vais visiter.

YVES: _____ 2

MARC: Je peux choisir entre six grands hôtels dans plusieurs villes européennes.

YVES: _____ 3

MARC: Je vais partir pour trois semaines au soleil.

YVES: _____ 4

C. Paul et Richard. Écoutez la description de Paul et comparez-le à son frère Richard, qui est son opposé.

À comprendre : en ballon (*in a hot-air balloon*)

Vous entendez :	Paul a déjà un diplôme.
Vous dites :	Richard n'a pas encore de diplôme.
Vous entendez :	Paul a encore de l'argent.
Vous dites :	Richard n'a plus d'argent.

1. ... 2. ... 3. ... 4. ... 5. ... 6. ...

D. Limites. Écoutez les phrases suivantes, et remplacez l'expression **seulement** par **ne... que**.

Vous entendez :	Nous avons seulement deux heures ici.
Vous dites :	Nous n'avons que deux heures ici.
Vous entendez :	J'achète seulement un billet.
Vous dites :	Je n'achète qu'un billet.

1. ... 2. ... 3. ... 4. ...

Les pronoms indéfinis et négatifs

Expressing Negation

A. Après les vacances. On parle d'une personne ou d'une chose ? Complétez.

MODÈLE :   *Rien n'* _____ est facile à la douane (*customs*).

   Personne n' _____ est tombé malade (*sick*).

1. _____ est rentré avant dimanche dernier.

2. _____ a coûté plus de soixante-dix euros.

3. _____ va avec la chemise que j'ai achetée à Alger.

4. _____ a aimé le restaurant à Auxerre.

5. _____ a pris le TGV (train à grande vitesse).

6. _____ reste de toutes mes économies (*savings*).

B. Un esprit (*spirit*) de contradiction. Jean-Louis est de mauvaise humeur. Il n'a rien de bon à dire (*to say*). Répondez à sa place (au négatif !).

MODÈLE :   Avez-vous parlé à quelqu'un d'intéressant ce matin ? →
   Non, je n'ai parlé à personne d'intéressant.

1. Est-ce qu'il y a quelque chose de bon au cinéma ?

_____

2. Êtes-vous allé au cinéma avec quelqu'un d'amusant ?

_____

(continued)

3. Avez-vous mangé quelque chose de délicieux au restaurant?

_____

4. Est-ce que quelqu'un comprend vos problèmes?

_____

C. Voir tout en noir. Écoutez chaque question posée par des amis, et répondez à la forme négative.

> Use **rien, personne,** or **jamais** as your answer.

Vous entendez :	Qu'est-ce que tu as fait samedi soir?
Vous dites :	Rien.
Vous entendez :	Vas-tu parfois danser le week-end (la fin de semaine)?
Vous dites :	Non, jamais.
Vous entendez :	Qui t'a invité(e) (*invited you*) à dîner cette semaine?
Vous dites :	Personne.

1. ...   2. ...   3. ...   4. ...   5. ...   6. ...

D. À minuit. Regardez le dessin, et écoutez chaque question. Répondez avec **ne... personne** ou **ne... rien.**

Vous entendez :	Est-ce qu'il y a quelqu'un sur le quai?
Vous dites :	Non, il n'y a personne sur le quai.

1. ...   2. ...   3. ...   4. ...   5. ...

E. Un pessimiste. Donnez les réactions d'une personne pessimiste.

> Use **personne de / d'** + adjective or **rien de / d'** + adjective in your answer.

Vous entendez :	Il y a quelque chose d'amusant à faire.
Vous dites :	Non, il n'y a rien d'amusant à faire.
Vous entendez :	Quelqu'un d'intéressant est ici.
Vous dites :	Il n'y a personne d'intéressant ici.

1. ...   2. ...   3. ...   4. ...

LEÇON 4

 L'imparfait

Describing the Past

A. Ah! Les verbes! Conjuguez les verbes suivants à l'imparfait.

	ÊTRE	ÉTUDIER	LIRE	METTRE
je / j'				
tu				
vous				
ils				

B. Qu'est-ce qu'on faisait? Le professeur est arrivé cinq minutes en retard. Que faisaient les étudiants quand il est entré dans la salle de classe?

MODÈLE : (regarder la carte) → Paul et Paule ____*regardaient la carte.*____

1. (finir son travail) Françoise _____

2. (dormir) François _____

3. (écrire au tableau) Pierre et Annick _____

4. (lire le journal) Michel et Déo _____

5. (sortir) Patrice _____

6. (penser partir) Nous _____

7. (prendre sa place) Abena _____

8. (mettre ses affaires [*things*] sous sa chaise) Morowa _____

C. «Quand j'avais ton âge... » Complétez les phrases du grand-père.

MODÈLE : Quand j'avais ton âge, je ____*réussissais*____ (réussir) à mes examens.

(continued)

Quand j'avais ton âge,

1. mon père _____ (travailler) douze heures par jour.

2. ma mère _____ (commencer) à faire le ménage à sept heures du matin.

3. nous _____ (ne pas avoir) beaucoup d'argent...

4. mais nous _____ (être) heureux.

5. on _____ (aller) à l'école à pied.

6. on _____ (manger) en famille.

D. Créez une atmosphère. Vous êtes romancier / romancière (*novelist*), et vous commencez un nouveau livre. Vous avez déjà composé le texte suivant. Mettez les verbes à l'imparfait pour décrire le début de l'histoire au passé.

Il _____[1] huit heures du matin. De ma
fenêtre, je / j' _____[2] voir (*see*) le kiosque de
la rue de la République. Les rues _____[3] pleines
de gens° qui _____[4] au travail. Un groupe
d'hommes _____[5] l'autobus.

aller
attendre
être (2)
pouvoir

Un autre groupe _____[6] dans la
station de métro. Près d'une cabine téléphonique, un homme
_____[7] le journal et une jeune femme
_____[8] des enveloppes à la boite aux lettres.

descendre
lire
mettre

À la terrasse du café, les serveurs _____[9]
du café et des croissants. Il _____[10]
chaud. Je / J' _____[11] content(e).

être
faire
servir

Mais vous n'êtes toujours pas satisfait(e). Essayez encore une fois. Créez une atmosphère sombre et mystérieuse. Commencez par : « Il était onze heures du soir... » Adaptez l'histoire à la nouvelle heure. Utilisez une autre feuille.

E. L'enfance de ma grand-mère. Écoutez Mme Chabot, et indiquez sur la liste qui suit (*that follows*) les activités qu'elle mentionne.

À comprendre : je leur racontais (*I used to tell them*), je m'occupais de (*I used to take care of*)

Before you start, review the
À comprendre vocabulary.
Then turn to the next page
and listen to the passage.

_____

°**Les gens** (*people*) refers to an indeterminate number of people (**Ces gens-là sont très polis.**). If the number of people can be counted, **les personnes** is used (**Il y avait dix personnes dans la salle.**). One person is always **une personne.**

Ma grand-mère...

_____ parlait avec des amis   _____ s'occupait de ses frères et sœurs

_____ allait à l'école   _____ jouait dans la rue

_____ n'avait pas beaucoup d'argent   _____ plantait des fleurs dans le jardin

_____ aidait ses parents   _____ lisait le soir

_____ habitait à la campagne   _____ écoutait la radio

_____ faisait le ménage

 F. **Mon enfance.** Regardez un moment les dessins suivants. Vous êtes un musicien célèbre. Vous répondez aux questions d'un journaliste. Basez vos réponses sur les dessins.

Vous voyez (*see*):

Vous entendez: En été, vous alliez à la montagne ou à la plage?
Vous dites: En été, j'allais à la plage.

1.   2.

3.   4.

   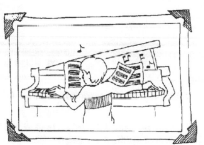

5.

G. Quand vous aviez treize ans... Écoutez la question et la réponse d'une étudiante. Ensuite, répondez vous-même.

Vous entendez : Aviez-vous beaucoup d'amis ? – Non, je n'avais pas beaucoup d'amis, mais mes amis étaient très sympa. – Et vous ?

Vous dites : Moi, oui, j'avais beaucoup d'amis.

1. ...   2. ...   3. ...   4. ...

H. Et encore. Donnez plus de détails sur votre vie quand vous aviez treize ans. Décrivez ce que vous faisiez à l'école, quelles étaient vos matières préférées à l'école, ce que vous faisiez après l'école, qui étaient vos amis, combien de devoirs vous aviez, si vous étiez membre d'un club, ce que vous faisiez la fin de semaine, etc.

Quand j'avais treize ans, j'allais à l'école à _____ heures du matin...

_____

_____

_____

_____

_____

_____

Les pronoms *y* et *en*

Speaking Succinctly

A. Problèmes de maths. Lisez les trois problèmes suivants, tirés d'un manuel scolaire français. Soulignez le pronom **en** chaque fois qu'il apparait (*appears*). Ensuite, répondez aux questions.

Addition et soustraction

Quel énoncé[1] ?

$$120 - (35 + 48)$$

Lequel[2] des 3 énoncés ci-dessous correspond à cette écriture ? _____

1. ☐ • En partant à l'école, José a 120 billes.[3] Le matin, il en perd 35 ; l'après-midi, il en gagne 48.
Combien de billes lui reste-t-il à la fin de la journée ?

2. ☐ • Céline a 35 bonbons. Elle en achète 120, puis en donne 48 à sa petite sœur.
Combien lui en reste-t-il ?

3. ☐ • Maman a fait du shopping. Elle a dépensé[4] 48 euros pour une robe et 35 euros pour un chemisier. Avant de partir, elle avait un billet de 100 euros et un billet de 20 euros.
Combien lui en reste-t-il à la fin de la journée ?

[1]*statement*
[2]*Which one*
[3]*marbles*
[4]*a... spent*

B. Votre vie à vous. Répondez en utilisant le pronom **y.**

> MODÈLE : Qu'est-ce que vous mettez dans votre café? →
> J'y mets un peu de crème. (Je n'y mets rien.)

1. Avez-vous soupé au restaurant universitaire hier soir?

   _____

2. Êtes-vous déjà allé(e) au Mali?

   _____

3. Que faites-vous dans votre chambre?

   _____

4. Répondez-vous immédiatement aux textos de vos amis?

   _____

5. Pensez-vous à l'argent quand vous faites vos projets de vacances?

   _____

6. Que mettez-vous sur votre bureau?

   _____

7. Combien de temps passez-vous chez vos amis chaque semaine?

   _____

C. Conversations. Complétez avec **y** ou **en.**

Une visite au grand magasin

MARIANE : J' _____[1] suis allée seulement pour faire du lèche-vitrine (*window shopping*), mais j'ai trouvé des parfums extraordinaires dans le rayon (*department*) parfumerie. Il y _____[2] avait qui étaient sensationnels.

STÉPHANIE : Tu _____[3] as acheté?

MARIANE : Non, c'était bien trop cher. Mais j'espère _____[4] retourner avec mon père : peut-être qu'il va m' _____[5] acheter. C'est bientôt mon anniversaire.

En route pour la bibliothèque

RAOUL : Tiens, tu veux venir avec moi à la bibliothèque?

PIERRE : Pourquoi est-ce que tu _____[6] vas? Tu as du travail?

RAOUL : J' _____[7] ai un peu, mais je veux aussi prendre quelques romans policiers pour les vacances. Mado m'a dit qu'il y _____[8] a des nouveaux.

PIERRE : J' _____[9] ai trois ou quatre à la maison. Je te les passe. Comme ça, tu n'auras pas besoin (*will not need*) de les rendre la semaine prochaine. Tu as le temps de venir chez moi?

RAOUL : Oui. Merci. Allons-_____[10] tout de suite.

D. Des touristes extraterrestres. Imaginez que vous accompagnez des extraterrestres qui visitent une ville française. Répondez à leurs questions.

Verbes suggérés : acheter, écouter, étudier, manger

Vous entendez : Qu'est-ce qu'on fait dans une boulangerie ?
Vous dites : Eh bien, on y achète du pain.

1. … 2. … 3. … 4. … 5. …

E. Carine découvre sa ville. La semaine dernière, Carine a décidé d'explorer sa ville. Écoutez l'histoire, et cochez (✔) tous les endroits qu'elle a visités.

_____ le musée   _____ le jardin public

_____ la mairie   _____ la piscine

_____ le jardin zoologique   _____ le marché en plein air

_____ le vieux cimetière (*cemetery*)   _____ la banlieue

_____ la pâtisserie   _____ le restaurant

PERSPECTIVES

Faire le bilan

A. Associations. À quels autres mots associez-vous les mots suivants ?

MODÈLE : le professeur : les étudiants, la salle de classe, les livres

1. l'avion : _____, _____, _____

2. conduire : _____, _____, _____

3. le wagon : _____, _____, _____

4. le passager : _____, _____, _____

B. Votre vie à vous. Répondez aux questions suivantes en faisant des phrases complètes et en employant **depuis, pendant** et **il y a.**

1. Depuis quand est-ce que vous allez à l'université ?

_____

2. Quand est-ce que vous avez commencé à étudier le français ?

_____

3. Vous pratiquez votre français pendant combien de minutes (ou d'heures) chaque jour ?

_____

4. Depuis quand est-ce que vous habitez dans cette ville?

_____

5. Pendant combien de temps avez-vous fait vos devoirs hier?

_____

C. Questionnaire. Complétez chaque phrase avec **quelque chose de** ou **quelqu'un de** + adjectif masculin singulier.

MODÈLE: Je voudrais manger quelque chose de délicieux.

1. Je voudrais épouser (*to marry*) _____

2. Je voudrais boire _____

3. Je voudrais faire _____

4. Je voudrais parler avec _____

5. Je voudrais danser avec _____

6. Je voudrais voir _____

7. Je voudrais apprendre _____

8. Je voudrais devenir _____

D. Votre vie à vous. Donnez votre réponse, en utilisant les nouvelles expressions du chapitre.

1. Avez-vous déjà piloté un avion? _____

_____

2. Prenez-vous toujours un avion pour venir en cours? _____

_____

3. Qui de votre famille n'a jamais été dans une voiture? _____

_____

4. Habitez-vous encore chez vos parents? _____

_____

5. Est ce qu'il y a quelque chose d'intéressant dans cet exercice? _____

_____

E. Un récit. La mère de Monique lui raconte la période de l'après-guerre (*postwar period*) à Clermont-Ferrand (Auvergne). Choisissez un des verbes de la liste à droite pour compléter chaque phrase à l'imparfait.

J' _____[1] encore très jeune;

j' _____[2] seulement sept ans, mais mes souvenirs de

cette époque-là sont encore très vifs (*vivid*). Mon père

n' _____[3] pas à la maison; il _____[4]

dans l'armée. Il nous _____[5] beaucoup.

J' _____[6] ses lettres avec impatience. Heureusement,

après la Libération, il rentrerait (*would come back*) chez nous.

> attendre
> avoir
> écrire
> être (2)
> habiter

La vie _____[7] difficile. Il n'y

_____[8] pas toujours assez à manger. Nous

_____[9] certaines choses au marché noir à des prix

exorbitants. Heureusement, les fermiers (*farmers*) _____[10]

peu à peu à vendre leurs produits au marché de la ville. Aux repas, nous

_____[11] de nouveau (*once again*) du beurre, de la

viande et du poisson.

> acheter
> avoir
> commencer
> être
> manger

Les habitants des villes _____[12] de nouveau dans

les usines (*factories*) qui _____[13] des choses ordinaires–

choses qui ne / n' _____[14] pas de rapport avec

(*had no relation to*) la guerre: vêtements, meubles, pneus (*tires*) de voitures

privées. Ils _____[15] des salaires corrects (*decent*). La fin

de semaine, nous _____[16] sortir à la campagne en

toute liberté. Nous _____[17] des piqueniques et nous

_____[18] avec nos amis.

> avoir
> fabriquer (*to make*)
> faire
> gagner
> jouer
> pouvoir
> travailler

Prononciation

Révision d'orthographe. (*Spelling review.*) Répétez les lettres de l'alphabet et les mots correspondants.

a	abricot	**h**	haricot	**o**	omelette	**u**	ustensile
b	baguette	**i**	italien	**p**	pain	**v**	viande
c	carotte	**j**	jambon	**q**	quiche	**w**	whisky
d	dessert	**k**	kaki	**r**	raisin	**x**	xérès (*sherry*)
e	escargot	**l**	lait	**s**	salade	**y**	yaourt
f	fondue	**m**	marron	**t**	tarte	**z**	zeste
g	gâteau	**n**	noisette				

Les accents. Épelez (*Spell*) et prononcez les mots suivants. Attention aux accents.

Vous entendez :	hôtel
Vous dites :	H-O accent circonflexe-T-E-L, hôtel
Vous entendez :	étagère
Vous dites :	E accent aigu-T-A-G-E accent grave-R-E, étagère

1. voilà
2. théâtre
3. où
4. français
5. Noël

À l'écoute !

Un service de la SNCF. Vous allez entendre une publicité pour la SNCF (Société nationale des chemins de fer français). Écoutez attentivement, puis indiquez ce qui correspond au concept auto / train.

À comprendre : en forme (*in good shape*)

Avec le concept auto / train...

1. on arrive _____.
   a. fatigué   b. en forme

2. on conduit _____.
   a. trop longtemps   b. peu

3. on est _____.
   a. en sécurité   b. en danger

4. on arrive _____.
   a. à l'heure   b. en retard

5. les vacances commencent _____.
   a. bien   b. mal

 **Par écrit**

Purpose: Narrating in the past

Audience: Instructor or classmates

Goal: Write a three-paragraph story in the past. Choose one of the following genres: **reportage ou fait divers** (*miscellaneous small news item*), **autobiographie,** or **biographie.**

Steps

1. Make an outline of your story. The introduction should describe the main characters, the setting, the time, and the circumstances. In the second paragraph, bring in a complication that changes the state of affairs. In the third paragraph, tell how the situation was resolved. End with a conclusion that summarizes what, if anything, was learned from the experience.
2. Write the rough draft, making sure it contains all the information just mentioned.
3. Take a break, then check your work. Refine the details and descriptions.
4. Have a partner read your story to see if what you have written is interesting, clear, and organized. Make any necessary changes.
5. Finally, reread the composition for spelling, punctuation, and grammar. Focus especially on your use of the past tenses.

 Journal intime

Décrivez un voyage que vous avez fait.

- Où êtes-vous allé(e)?
- Avec qui?
- À quel moment?
- Pour quelles raisons?
- Qu'est-ce que vous avez fait de mémorable?
- Qu'avez-vous appris?
- Mentionnez aussi deux ou trois endroits que vous avez envie de visiter et expliquez pourquoi.

    MODÈLE: L'année dernière, j'ai visité la Polynésie française avec ma famille. Nous sommes partis en février...

Le monde multimédia

LEÇON 1

 Les appareils électroniques

A. Les nouvelles technologies. Identifiez les dessins suivants, puis répondez à la question.

MODÈLE : un appareil photo numérique

 1. _____

 2. _____

ou _____

 3. _____

 4. _____

(continued)

Votre vie à vous. Quelles formes de communication utilisez-vous le plus? Concentrez-vous sur deux ou trois de ces formes de communication, et indiquez pourquoi vous les utilisez et ce que vous en pensez (*what you think of them*).

MODÈLE : J'utilise souvent Internet pour faire des recherches (*research*) pour mes devoirs.

_____

_____

_____

_____

 B. **Internet.** Vous utilisez beaucoup Internet. Indiquez vos préférences en répondant aux questions. Vous n'entendrez pas de réponses suggérées.

À comprendre : achat (*purchase*), envoyer (*to send*), lire (*to read*), recevoir (*to receive*)

Vous entendez : Préférez-vous consulter la météo ou réserver une chambre d'hôtel?
Vous dites : Je préfère consulter la météo.

1. ...   2. ...   3. ...   4. ...   5. ...

 # Les médias et la communication

A. **Communications.** Associez chaque mot avec sa définition.

1. _____ L'endroit où on achète des timbres.

2. _____ L'endroit où on trouve des magazines.

3. _____ Avec cet appareil mobile, on peut téléphoner, utiliser des applis et accéder à Internet.

4. _____ On cherche un numéro de téléphone dans ce livre.

5. _____ L'action qu'on fait pour téléphoner.

6. _____ On en a au moins deux (*People have at least two of them*)? Au Canada, plus si on a le réseau cablé.

7. _____ Avec cet appareil mobile, on peut lire des romans, échanger des textos et accéder à Internet.

8. _____ C'est dans cet objet qu'on poste les lettres.

9. _____ On regarde cette partie du journal si on cherche du travail.

a. les petites annonces
b. l'annuaire
c. composer le numéro
d. la boite aux lettres
e. le kiosque à journaux
f. les chaines
g. la poste
h. la tablette
i. le téléphone multimédia

 B. **La communication.** Écoutez la description des activités. Pour chaque activité, indiquez le dessin correspondant, et répondez à la question.

> Before you start, review the vocabulary you need to name the items in the sketches.

Vous entendez :	Je veux acheter *L'actualité.* Où est-ce que je vais ?
Vous choisissez :	a.  ⓑ 

Vous dites :   Tu vas au kiosque.

1. a.    b.    2. a.    b.

3. a.   b.    4. a.    b.

5. a.    b.    6. a.    b.

C. Votre vie à vous. Utilisez le vocabulaire des nouvelles technologies, des médias et de la communication pour répondre aux questions suivantes.

1. As-tu déjà reçu une carte postale ? Quand ? De qui ?

_____

_____

2. Quelle émission de téléréalité regardez-vous régulièrement ? Pourquoi ?

_____

_____

3. Quelle partie du journal aimez-vous le mieux ? La une (*front page*) ? Les bandes dessinées (*comics*) ? L'Éditorial ? Les petites annonces ? Pourquoi ?

_____

_____

(continued)

4. Quand vous téléphonez d'une cabine téléphonique, déposez-vous de la monnaie dans le téléphone, utilisez-vous une télécarte ou une carte de crédit?

_____

_____

LEÇON 2

 Les verbes *voir, croire* et *recevoir*

Expressing Observations and Beliefs

A. Ah! Les verbes! Écrivez la forme correcte de chaque verbe.

	VOIR	CROIRE	REVOIR	RECEVOIR
présent	je / j'	tu	tout le monde	Paul et moi
présent	Annie et moi	je / j'	tu	personne
imparfait	ton frère et toi	mes amis	je / j'	ton frère et toi
imparfait	tu	Paul et moi	ton frère et toi	tu
passé composé	ta sœur	elle	Annie et moi	je / j'
passé composé	tu	tout le monde	il	mes amies

B. Question d'identité. Conjuguez **croire** et **voir** au présent dans les phrases suivantes.

– Je _____¹ que j'ai oublié mon passeport dans la chambre. Est-ce que tu

_____² mon sac?

– Non. As-tu ta carte d'identité?

– Je ne _____³ pas. (Elle cherche.) Non, je ne la _____⁴ pas dans

mon sac. Tu _____⁵ qu'on doit retourner à l'hôtel?

– Non. Quand on te _____⁶ et qu'on entend ton accent, on comprend tout de

suite que tu es québécoise.

C. Une rencontre fantastique. Écoutez l'histoire en regardant le dessin.

À comprendre: corps (*body*), étoiles (*stars*), jumelles (*binoculars*), s'approcher (*coming close*), yeux (*eyes*)

Un soir, dans son chalet de montagne, Jean-Paul a une expérience terrifiante.

Maintenant, écoutez les questions. Choisissez la réponse correcte dans l'histoire de Jean-Paul.

1. a. Les étoiles et les planètes.

   b. Des jumelles.

   c. Des extraterrestres.

2. a. Un avion.

   b. Des fenêtres.

   c. Deux créatures.

3. a. Oui, il en croit ses yeux.

   b. Non, il n'en croit pas ses yeux.

   c. Ce sont des voisins qui descendent.

4. a. Les extraterrestres.

   b. Les voisins.

   c. Les étoiles.

5. a. Oui, toujours.

   b. Non, généralement pas.

   c. Ses parents ont raconté certaines histoires.

6. a. Non, probablement pas.

   b. Oui, on va croire son histoire.

   c. Oui, cela (*that*) arrive souvent.

D. Mots croisés. Complétez les mots croisés avec les termes suivants.

Vocabulaire : BIEN, C'EST-À-DIRE QUE, CROYONS AU, CROIENT EN, EUH, REVOIR, VOYONS

HORIZONTALEMENT

4. Beaucoup de religions _____ Dieu (*God*).

5. Eh _____, qu'est-ce que tu veux faire maintenant?

6. Tu es très jolie; _____ je pense que tu ressembles à Marilyn Monroe.

VERTICALEMENT

1. _____, mon ami. C'est impossible!

2. Nous _____ père Noël, n'est-ce pas?

3. Au _____.

7. _____, je ne sais pas.

Les pronoms d'objet direct

Speaking Succinctly

A. J'ai entendu... Pendant une soirée élégante, vous entendez ces bribes (*bits*) de conversation. De quoi parle-t-on? Choisissez deux possibilités pour chaque pronom.

Possibilités:

ce nouveau film	le ménage
cet exercice	mon livre de chimie
Guy	ses amis
la nouvelle étudiante	ses parents
la pièce de théâtre (*play*)	tes shorts
Laurent	ton pyjama

MODÈLE: On essaie de **le** comprendre, mais ce n'est pas facile.

<u>   *Laurent*   </u> ou <u>   *mon livre de chimie*   </u>

1. Paul ne **les** écoute jamais.

   _____ ou _____

2. Nous ne voulons pas **le** faire ce soir.

   _____ ou _____

3. Je **les** ai mis dans ta commode.

   _____ ou _____

4. Tout le monde **l'**adore, mais moi, je ne **l'**aime pas beaucoup.

   _____ ou _____

5. Mes amis **la** trouvent assez intéressante.

   _____ ou _____

B. Beaucoup d'anniversaires! Distribuez ces cadeaux à qui vous voulez. (Attention à la préposition!)

le monsieur

la dame

les enfants

l'étudiant

Wolfgang

MODÈLE: Ces shorts Adidas^MC? →
Je les donne aux enfants.

1. Ces rouges (*m.*) à lèvres (*lipsticks*)? _____

2. Cet argent? _____

3. Ces bonbons (*m.pl.*)? _____

4. Cette cravate? _____

5. Ces anciens livres de classe? _____

6. Ce parfum? _____

7. Ces notes de cours? _____

8. Cette vieille chaussure? _____

C. Conversations. Remplacez chaque blanc avec un des pronoms entre parenthèses. Soyez logique.

Une question de gout

FLORETTE: Pourquoi veux-tu sortir avec André?

PÉNÉLOPE: Parce que je _____[1] (la, le) trouve sympathique. Mais aussi parce qu'il

_____[2] (m', t') écoute et qu'il _____[3] (me, te) comprend.

FLORETTE: Et toi, tu _____[4] (le, me) comprends? Moi, je

_____[5] (le, vous) trouve souvent bizarre.

PÉNÉLOPE: C'est vrai. Il _____[6] (la, me) surprend (*surprises*) parfois, mais je

_____[7] (la, le) trouve charmant quand même (*anyway*).

FLORETTE: Je _____[8] (me, te) souhaite bonne chance, Pénélope.

(*continued*)

Maman est curieuse

MAMAN : Avez-vous des nouvelles de tante Mariette ?

LES JUMEAUX (*twins*) : Elle _____^{9} (nous, t') a appelés de Londres la semaine passée.

MAMAN : Est-ce qu'elle _____^{10} (l', vous) a invités à venir à Londres

cet été ?

LES JUMEAUX : Non, mais nous _____^{11} (l', les) avons vue (*saw*) à Noël et

nous espérons _____^{12} (la, le) revoir au printemps.

D. Personnes et objets. Écoutez les phrases, et choisissez la lettre qui correspond à l'objet ou à la personne.

Vous entendez : Je les écoute tous les jours.

Vous choisissez : (a.) les informations   b. ma mère

1. a. ma voiture   b. mes devoirs

2. a. les cartes postales   b. la dissertation de sciences po (*essay for political science*)

3. a. la télé   b. le portable

4. a. les timbres   b. le journal

5. a. mon piano   b. mes petits chats

6. a. notre voisine   b. notre voisin

E. Ma patronne. Éric parle du travail qu'il est obligé de faire au bureau. Complétez les phrases d'Éric, selon le modèle.

Vous entendez : Elle me dit d'écrire ces lettres...
Vous dites : ...et je les écris.

1. ...   2. ...   3. ...   4. ...

F. Votre vie à vous. Répondez aux questions suivantes en phrases complètes. Utilisez un pronom d'objet direct dans votre réponse.

1. Consultez-vous souvent l'annuaire ? Pourquoi (pas) ?

_____

_____

2. Lisez-vous les petites annonces sur Internet de temps en temps ? Qu'est-ce que vous y cherchez ?

_____

_____

Le blogue d'Émilie

Ordinateur, mon amour !

A. Émilie et la technologie. Complétez les phrases suivantes avec le terme approprié.

1. C'est une sorte de journal intime en ligne : c'est un _____ .

2. Avec ce type de message, qu'on écrit sur son ordinateur, on communique presque (*almost*) en temps réel. C'est un _____ .

3. Avec cette machine, Émilie peut regarder ses films préférés. C'est un

   _____ .

4. Avec son téléphone cellulaire, Émilie envoie des messages écrits. Ce sont des

   _____ .

5. Pour son ordinateur, elle a choisi une connexion très rapide. C'est une connection

   _____ .

B. Les problèmes techniques d'Émilie. Mettez les verbes entre parenthèses à l'imparfait.

1. Il y a quelques années, j'(avoir) _____ un modem dans mon ordinateur.

2. Généralement, je (commencer) _____ la journée avec des problèmes techniques.

3. Je ne (pouvoir) _____ pas lire mes courriels : ils (être) _____

   bloqués.

4. Je (consulter) _____ le manuel technique, mais je n'y (comprendre)

   _____ rien !

5. Je (téléphoner) _____ constamment à mon fournisseur d'accès pour avoir de

   l'aide. J'(attendre) _____ parfois une heure avant de pouvoir avoir une

   connexion Internet.

C. Les amis du blogue et leurs gadgets technologiques. Remplacez les groupes de mots en italique par le pronom d'objet direct qui convient.

1. Hector collectionne *les gadgets technologiques.*

   _____

2. Hassan n'a pas la permission d'utiliser *l'ordinateur d'Alexis.*

   _____

3. Juliette a oublié *son appareil photo numérique* dans le train.

   _____

(continued)

4. Émilie, est-ce que tu vas acheter *le nouveau caméscope de Sony*?

    _____

5. Léa, tu vas regarder *l'émission de France 2 sur la Polynésie française*?

    _____

D. Vous répondez à Émilie. Expliquez quels sont *vos moyens de communication* habituels en complétant les phrases de ce courriel.

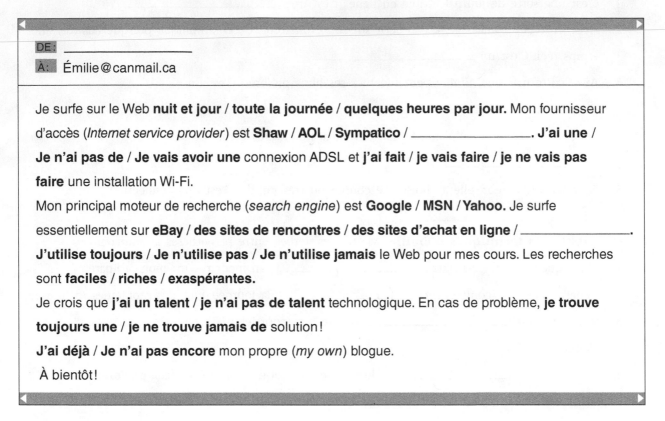

DE: _____

À: Émilie@canmail.ca

Je surfe sur le Web **nuit et jour** / **toute la journée** / **quelques heures par jour.** Mon fournisseur d'accès (*Internet service provider*) est **Shaw** / **AOL** / **Sympatico** / _____. **J'ai une** / **Je n'ai pas de** / **Je vais avoir une** connexion ADSL et **j'ai fait** / **je vais faire** / **je ne vais pas faire** une installation Wi-Fi.

Mon principal moteur de recherche (*search engine*) est **Google** / **MSN** / **Yahoo.** Je surfe essentiellement sur **eBay** / **des sites de rencontres** / **des sites d'achat en ligne** / _____. **J'utilise toujours** / **Je n'utilise pas** / **Je n'utilise jamais** le Web pour mes cours. Les recherches sont **faciles** / **riches** / **exaspérantes.**

Je crois que **j'ai un talent** / **je n'ai pas de talent** technologique. En cas de problème, **je trouve toujours une** / **je ne trouve jamais de** solution!

J'ai déjà / **Je n'ai pas encore** mon propre (*my own*) blogue.

À bientôt!

Pause-culture

A. **La France des nouvelles technologies.** Quels autres termes associez-vous aux cinq termes suivants ? Utilisez la liste ci-dessous.

Vocabulaire : appareil photo numérique, boite vocale, câble, caméscope, courriel, imprimante photo, iPod^{MC}, lecteur de DVD, ordinateur, SMS, texto

1. télévision numérique, _____

2. blogue, _____

3. photo numérique, _____

4. téléphone cellulaire, _____

5. baladeur, _____

B. **Le réseautage social.** Relisez le **Reportage** dans votre manuel, puis utilisez la liste ci-dessous pour compléter les phrases suivantes. N'oubliez pas de faire les changements nécessaires.

mur, compte, tablette, trombinoscope, cyberintimidation, utilisateurs

1. Avez-vous un _____ Facebook ?

2. En français, Facebook veut dire _____ .

3. Les adultes sont moins victimes de _____ .

4. Au Québec, il y avait presque 1 000 000 d' _____ de Facebook en 2008.

5. On ne peut pas tout publier sur son _____ .

6. Utilises-tu une _____ en classe ?

LEÇON 3

 # **Q**uelques verbes de communication

A. **Ah ! Les verbes !** Conjuguez les verbes suivants.

	DIRE	LIRE	ÉCRIRE	METTRE	DÉCRIRE
présent	je / j'	mes copains	nous	tu	ta sœur
présent	ta sœur	je / j'	mes copains	nous	tu
imparfait	vous	ta sœur	nous	je / j'	mes copains
imparfait	mes copains	nous	je / j'	tu	ta sœur
participe passé					

B. Correspondances. Complétez chaque phrase avec la forme appropriée d'un des verbes indiqués, puis répondez à la question. Utilisez **écrire, lire, décrire, mettre.**

En France, c'est une tradition d' _____¹ à tous ses amis au début du mois de

janvier pour leur souhaiter (*to wish them*) une bonne année. On _____² ses

activités de l'année et on envoie ses meilleurs vœux (*best wishes*). Il y a des personnes qui

_____³ tout en détail, et d'autres qui signent des cartes et

_____⁴ ces cartes à la poste.

Aujourd'hui, au Canada, les traditions évoluent vite. On n' _____⁵ plus de

cartes de vœux (*greeting cards*). Plutôt (*rather*), on envoie des cartes de vœux numériques. On ne

_____⁶ pas ses activités récentes mais on choisit une carte avec ou sans son,

avec ou sans animation.

Votre vie à vous. Avez-vous déjà envoyé ou reçu une carte numérique? Comment était-elle?

_____

 C. L'art de communiquer. Écoutez les questions suivantes, et donnez une réponse logique. Faites attention aux mots de vocabulaire sur le dessin.

Vous entendez :   Le matin, qu'est-ce que le vendeur dit à son client?
Vous dites :   Il dit bonjour.

1. …   2. …   3. …   4. …   5. …

D. Votre vie à vous. Répondez en phrases complètes.

1. Qu'avez-vous lu depuis hier? Un SMS? Un journal? Des petites annonces? Un roman? Un magazine? Pourquoi? Pendant combien de temps avez-vous lu? _____

   _____

   _____

2. Qu'avez-vous écrit depuis hier? Un courriel? Une lettre? Une carte postale? Une télécopie (*fax*)? Un texto? À qui l'avez-vous écrit(e)? Pourquoi? _____

   _____

   _____

3. Avez-vous dit quelque chose d'impoli depuis la semaine dernière? À qui? Pourquoi? _____

   _____

   _____

4. Qu'est-ce que vous avez mis comme vêtements samedi dernier? _____

   _____

   _____

Les pronoms d'objet indirect

Speaking Succinctly

A. Test de logique. De quoi est-ce qu'on parle?

1. _____ le russe
2. _____ la voiture
3. _____ son devoir
4. _____ à sa tante en France
5. _____ sa lettre
6. _____ à son père
7. _____ le journal intime de sa sœur
8. _____ à son petit frère
9. _____ à son ennemi
10. _____ à son meilleur ami

a. Marc ne le parle pas.
b. Marc lui prête de l'argent.
c. Marc lui emprunte de l'argent.
d. Marc l'emprunte à son père.
e. Marc ne le prête pas.
f. Marc lui envoie une lettre.
g. Marc l'envoie par courrier.
h. Marc lui lit des histoires le soir.
i. Marc ne lui parle pas.
j. Marc le lit tous les soirs!

B. Cadeaux! Jouez le rôle d'un philanthrope anonyme et distribuez vos cadeaux. Utilisez un pronom d'objet indirect.

Suggestions: des CD français, des skis, la clé de ma voiture, mon numéro de téléphone, un téléviseur, un livre de cuisine diététique, un roman d'aventures, un voyage en Sibérie, une douzaine d'huitres, une nouvelle robe, une semaine de vacances, 50 millions de dollars

MODÈLE : À votre professeur de français ? → Je lui donne 50 millions de dollars.

1. Aux enfants d'un champion de ski ? _____

_____

2. À votre copain/copine ? _____

_____

3. À votre grand-mère ? _____

_____

4. Au recteur (*president*) de l'université ? _____

_____

5. À une très bonne amie ? _____

_____

6. À vos camarades de classe ? _____

_____

7. À un ami sportif ? _____

_____

8. Aux gens qui préparent les repas au restaurant universitaire ? _____

_____

C. Entrevue. Vous allez interroger les gens suivants. Qu'est-ce que vous allez leur **demander / dire / confesser / expliquer**? Utilisez un pronom complément d'objet indirect.

MODÈLE : à Brad Pitt →
Je vais lui demander s'il veut danser.
ou Je vais lui demander son âge.

1. à Angelina Jolie et à Kate Moss _____

2. au Premier ministre canadien _____

3. à votre prof de français _____

4. à votre équipe sportive favorite _____

5. à un lauréat du prix Nobel de physique _____

D. Que faire pour papa à Noël? Papa est assez critique, alors sa famille évite (*avoids*) certaines choses. Mettez les phrases suivantes au négatif pour dire ce qu'on ne lui donne pas.

1. L'année dernière, Marguerite lui a donné du vin blanc.

   _____

2. Michel lui a acheté un CD de musique folk.

   _____

3. Cette année, je vais lui donner une chemise en polyester.

   _____

4. Maman va lui faire un rôti de porc pour le souper.

   _____

E. À qui est-ce qu'il donne...? Marc quitte son travail. Avant de partir, il donne ou prête certains articles à ses collègues. Écoutez la description, et indiquez l'objet que chaque personne reçoit (*receives*).

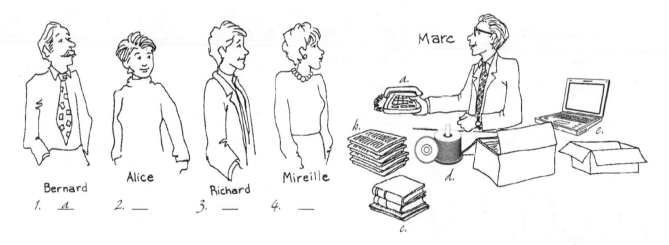

1. *a*   2. ___   3. ___   4. ___

Maintenant, répondez aux questions posées, selon les réponses que vous avez données.

1. ...   2. ...   3. ...   4. ...

F. Ordinateur à vendre. Écoutez l'histoire de Sonya et son ordinateur. Répondez selon le modèle.

Vous entendez : Sonya a mis une petite annonce dans le journal.
— Où est-ce qu'elle a mis la petite annonce?
Vous dites : Elle l'a mise dans le journal.

1. ...   2. ...   3. ...   4. ...   5. ...

G. Votre vie à vous. Répondez aux questions avec un pronom d'objet direct ou indirect, selon le cas.

1. Aimez-vous *vos cours* ce semestre?

   _____

2. Téléphonez-vous souvent *à vos parents*?

   _____

3. Avez-vous déjà écrit une lettre *à votre députée fédérale* (*member of Parliament*)?

   _____

4. Voulez-vous voir *votre professeur* hors de (*outside of*) la classe?

   _____

5. Qu'avez-vous prêté *à votre ami(e)* récemment?

   _____

H. Le réfléchi et l'échange. Ajoutez le pronom réfléchi qui complète ces situations d'échange ou d'action réfléchie.

1. Je _____ regarde dans le miroir et je me rase.

2. Nous _____ connaissons depuis longtemps.

3. Il faut qu'il _____ repose.

4. Est-ce que vous _____ écrivez des textos?

5. Les membres du groupe _____ consultent par Skype^MC.

LEÇON 4

Les verbes *savoir* et *connaitre*

Saying What and Whom You Know

A. Les experts sur Paris. Utilisez le verbe **savoir** ou **connaitre**.

Utilisez le présent

1. Jean _____ où acheter une télécarte.

2. Nous ne _____ pas son numéro de téléphone.

3. Mon père _____ un bon restaurant pas cher.

4. _____ -vous où se trouve la Sorbonne?

5. Est-ce que tu _____ les jardins du Luxembourg?

Utilisez l'imparfait

6. Vous _____ une dame qui habitait à côté de moi?

7. Je ne _____ pas où trouver un taxi.

8. Nous ne _____ personne dans cet arrondissement.

9. _____ -tu où est la gare?

10. Elles _____ les rues du Quartier latin.

Utilisez le passé composé

1. Tu _____ régler le problème, merci.

2. Tes grands-parents, _____ -ils _____ la Deuxième Guerre mondiale?

B. Questionnaire. Savez-vous ou connaissez-vous?

   MODÈLES: votre adresse → Oui, je la sais.
   Frank Abbot → Non, je ne le connais pas.

1. votre nom _____

2. jouer au tennis _____

3. Suzanne Riesel _____

4. les pièces de Shakespeare _____

5. la date d'aujourd'hui _____

6. quelle autoroute il faut utiliser pour aller dans le sud _____

7. la ville de Venise _____

8. la théorie de la relativité _____

9. compter (*to count*) en espagnol _____

10. les plages de la Côte d'Azur _____

C. Confusion. Vous rentrez chez vous après une longue absence et un vol transatlantique. Vous êtes un peu désorienté(e). Écoutez les remarques de vos amis, et choisissez **a** ou **b.**

   Vous entendez: Quel est le numéro de ton portable (cellulaire)?

   Vous choisissez: (a.) Je ne sais pas.   b. Je ne connais pas.

1. a. Je ne le sais pas.   b. Je ne le connais pas.

2. a. Je ne sais pas.   b. Je ne connais pas.

3. a. Je ne le sais pas.   b. Je ne le connais pas.

4. a. Je ne sais pas.   b. Je ne connais pas.

D. Les Jones visitent Paris. Regardez ce couple de touristes américains et répondez aux questions en vous basant sur leur apparence.

Vous entendez :	Est-ce que les Jones savent où est le musée d'Orsay ?
Vous dites :	Non, ils ne savent pas où il est.

1. ...   2. ...   3. ...   4. ...   5. ...

 # Le passé composé et l'imparfait

Describing Past Events

A. Votre vie à vous. Racontez en cinq phrases, quelques-unes (*several*) de vos activités d'hier. Utilisez le passé composé et les mots **après, d'abord, enfin, ensuite** et **puis.**

Activités possibles : acheter, aller, appeler, dire, écouter, écrire, jouer, lire, mettre, payer, poster, prendre, rendre, rentrer, traverser, voir, téléphoner, surfer le Web, télécharger

1. _____

2. _____

3. _____

4. _____

5. _____

B. Boucle d'or et les trois ours. (*Goldilocks and the Three Bears.*) Complétez l'histoire en mettant les verbes au passé composé ou à l'imparfait.

Il était une fois (*Once upon a time, there were*) trois ours qui _____[1] (habiter) une

petite maison dans la forêt. Un jour, la maman ourse _____[2] (préparer) du gruau

(*porridge*), mais parce qu'il _____[3] (être) trop chaud, les ours

_____[4] (décider) d'aller faire une promenade.

Pendant leur absence, une jeune fille, qui _____[5] (s'appeler) Boucle d'or et qui

_____[6] (faire) aussi une promenade, _____[7] (voir) la maison et

_____[8] (entrer).

Elle _____⁹ (être) fatiguée et elle _____¹⁰ (essayer) les chaises des trois ours. Comme elle _____¹¹ (avoir) très faim, elle _____¹² (gouter) le gruau du papa ours, mais il était trop chaud. Le gruau de la maman ourse _____¹³ (être) trop froid, mais le gruau du bébé ourson (*bear cub*) était parfait, et Boucle d'or _____¹⁴ (dévorer) tout ce qu'il y avait dans le bol.

Parce qu'elle _____¹⁵ (avoir) sommeil, Boucle d'or _____¹⁶ (monter) au premier étage. Elle _____¹⁷ (essayer) le lit du papa ours, qui était trop dur (*hard*). Le lit de la maman ourse _____¹⁸ (être) trop mou (*soft*). Mais le lit du bébé ourson était parfait, et elle _____¹⁹ (fermer [*to shut*]) les yeux tout de suite.

Pendant qu'elle _____²⁰ (dormir), les ours _____²¹ (rentrer). Le papa ours _____²² (voir) que quelqu'un s'était assis (*had sat*) sur sa chaise. Le bébé ourson _____²³ (dire) que quelqu'un avait mangé tout son gruau. Les ours _____²⁴ (monter) au premier étage où Boucle d'or _____²⁵ (dormir). Ils _____²⁶ (voir) Boucle d'or et _____²⁷ (crier). Boucle d'or s'est échappée (*escaped*) très vite dans la forêt.

C. Le premier jour de mes vacances. Écoutez l'histoire suivante. Mettez-la au passé.

Vendredi, je *quitte* le travail à midi, parce que *j'ai* des courses à faire. Je *descends* dans les rues de la ville. Il *fait* beau et chaud. Les magasins *sont* pleins de jolies choses. Les autres clients *ont* aussi l'air heureux.

J'achète des cartes routières (*road maps*) et un chapeau très drôle. *J'oublie* de faire mes autres courses. Avant de rentrer faire mes valises, je *prends* une limonade dans un café très sympa.

Maintenant, écoutez les phrases de l'histoire, et mettez les verbes au passé composé ou à l'imparfait, selon le cas.

Vous entendez:	Vendredi, je quitte le travail à midi...
Vous dites:	Vendredi, j'ai quitté le travail à midi...

1. ... 2. ... 3. ... 4. ... 5. ... 6. ... 7. ... 8. ...

D. Une traversée mouvementée. (*An eventful crossing.*) Hier, M. Laroche avait rendez-vous en ville avec un ami. Écoutez son histoire, et mettez les dessins dans l'ordre correct (de 1 à 5).

À comprendre : circulation (*traffic*)

une marchande de fleurs

a. _____
renverser
(knock down)

b. _____
rentrer dans
(collide with)

c. _____
rencontrer
(meet up with)

d. _____
arriver

e. _____
mettre les pieds
dans (step)

Répondez aux questions suivantes, selon l'histoire.

Vous entendez :   M. Laroche a dû traverser le boulevard. Qu'est-ce qu'il a fait d'abord ?
Vous dites :   Il a mis les pieds dans la rue.

1. ...   2. ...   3. ...   4. ...   5. ...   6. ...

E. La liberté. Utilisez les éléments donnés pour raconter une petite histoire. Mettez les verbes au passé composé, à l'imparfait ou à l'infinitif.

MODÈLE : hier soir / je / regarder / bon film / quand / je / entendre / téléphone →
          Hier soir, je regardais un bon film quand j'ai entendu le téléphone.

1. ce / être / mon amie / Céline

   _____

   _____

2. elle / me / demander de / la / aider / avec ses devoirs

   _____

   _____

3. je / lui (*to her*) / répondre que / nous / ne pas avoir / devoirs

_____

_____

4. toute contente / elle / me / inviter à / aller avec elle / cinéma

_____

_____

PERSPECTIVES

 ## Faire le bilan

A. Dialogues. Refaites les dialogues en remplaçant (*replacing*) les mots en italique par un pronom complément d'objet direct.

1. —Où est le journal? Tu as lu *le journal* ce matin?
   —Non, je n'ai pas lu *le journal* aujourd'hui. J'ai regardé les nouvelles à la télé. Et toi?
   —Non, je ne regarde jamais *les nouvelles*.

   _____

   _____

   _____

   _____

2. —Quand tu étais à Montréal, écoutais-tu la radio?
   —Oui, j'écoutais souvent *la radio*.
   —Tu comprenais l'accent québécois?
   —Oui, je comprenais assez bien *l'accent québécois*.

   _____

   _____

   _____

   _____

3. —Où as-tu rencontré Jacques et Marie?
   —J'ai rencontré *Jacques et Marie* en France.
   —Tu as déjà visité *la France*?
   —Oui, j'ai visité *la France* il y a deux ans.

   _____

   _____

   _____

   _____

B. Votre vie à vous. Utilisez le passé composé des verbes donnés pour décrire certaines de vos activités d'hier.

1. dire _____

2. lire _____

3. écrire _____

4. mettre _____

5. voir _____

Maintenant, utilisez le présent du verbe **croire** (à l'affirmatif) pour donner votre opinion sur le gouvernement actuel.

6. _____

_____

_____

C. Le voyage mémorable de Sylvie. Utilisez le passé composé ou l'imparfait.

Quand (je / visiter) _____[1] la France pour la première fois, (je / avoir)

_____[2] 18 ans et (je / être) _____[3] assez naïve. Mais (je / vouloir)

_____[4] tout voir et tout essayer. Un jour, (je / faire) _____[5]

la connaissance d'un jeune homme sur la plage. (Il / me / inviter) _____[6] à aller

assister à une conférence (*lecture*). Après, (nous / aller) _____[7] prendre une

bière. Ensuite (il / suggérer) _____[8] une promenade à motocyclette, mais (il /

dire) _____[9] que (nous / devoir) _____[10] aller chez lui

chercher le siège arrière (*back seat*) de sa moto. (Je / hésiter) _____[11] longtemps à

l'accompagner parce que (je / ne / le / connaitre / pas) _____.[12]

Finalement, (je / accepter) _____.[13] (Nous / faire) _____[14]

un tour de la ville en moto pendant que Jopie, qui ne (parler) _____[15]

pas un mot d'anglais, (chanter) _____[16] « My Blue Heaven » très fort (*loudly*).

(Ce / être) _____[17] magnifique. (Il / me / raccompagner [*to take*])

_____[18] chez moi et (me / dire) _____[19] bonsoir. Le lendemain

(*next day*) (il / partir) _____[20] en Bretagne pour l'été, et (je / ne / le / revoir / jamais)

_____.[21]

D. Une soirée agréable. Faites une ou deux phrases pour décrire ce que vous voyez sur chaque dessin. Utilisez le passé composé et l'imparfait.

1. Maryvonne et Jacques _____
   _____
   _____
   _____

2. Il faisait froid et il _____
   _____
   _____

3. Maryvonne et Jacques _____
   _____
   _____
   _____

4. _____
   _____
   _____

5. _____
   _____
   _____
   _____

6. Dans le café, les amis _____
   _____
   _____
   _____

E. Votre vie à vous. Écrivez six phrases sur l'année dernière. Comment était votre vie? Qu'est-ce que vous avez fait? Que faisiez-vous souvent?

_____

_____

_____

_____

_____

_____

_____

Prononciation

Les voyelles orales. Répétez les phrases suivantes. Faites attention aux voyelles soulignées (_underlined_).

1. C'est un ami de Madame.
2. J'aime cette fenêtre.
3. Écoutez, répétez.
4. Yves dine ici.
5. C'est un objet normal.
6. Voilà beaucoup d'hôtels.
7. C'est une ouverture au tourisme.
8. Cette musique est utile.
9. Ce chanteur ne mange pas de bœuf.
10. Eugénie étudie le neutron.

Répétez les phrases suivantes. Faites attention aux voyelles soulignées.

1. On arrive à Madagascar le vingt-deux novembre? À quelle heure?
2. Vous avez quelque chose de formidable: un safari-photo de quatre jours.
3. Dites-moi encore. Où retrouvons-nous le bateau?

Souvenirs. Écoutez Dominique qui raconte des souvenirs de son enfance. Ensuite, écoutez une deuxième fois, et complétez le passage par écrit. Portez une attention particulière (_Pay special attention_) aux voyelles orales.

Les souvenirs les plus agréables _____[1] correspondent sans

aucun doute (_without a doubt_) à _____[2] en Bretagne

_____.[3] Alors que _____[4]

toute l'année, _____[5] à la mer au bord

d' _____[6] de quatre kilomètres. _____[7]

vraiment le rêve! _____[8] mes journées sur la plage à

_____,[9] à pêcher (_fishing_), à me baigner (_swimming_), à faire

des châteaux de sable (_sand_), etc. Ces vacances _____[10]

tellement _____[11] du reste de l'année que

_____[12] je ne vais _____.[13]

À l'écoute !

La technologie. Marie-Édith a passé un an dans une université américaine. Elle raconte comment elle est restée en contact avec ses amis de France pendant cette année. Écoutez-la, puis complétez les phrases suivantes à l'aide des termes appropriés.

À comprendre : en direct (*real-time, live*), faire partie de (*to be part of*), je leur ai parlé (*I talked to them*), manquer à (*to be missed* [*by someone*]), permettre (*to permit*)

1. Quand Marie-Édith était aux États-Unis, le téléphone _____.
   a. coutait trop cher
   b. était pratique pour rester en contact avec la France

2. Un jour, à la télé, elle a vu une publicité pour _____.
   a. les portables (les cellulaires)
   b. Internet

3. Ses copains de France avaient accès à des ordinateurs _____.
   a. à la fac (à l'université)
   b. chez eux

4. Maintenant, Marie-Édith utilise l'ordinateur pour _____.
   a. faire du traitement de texte
   b. parler avec ses copains américains

 # Par écrit

Purpose: Writing letters

Audience: Someone you do not know

Goal: Write a letter to apply for a job

The situation is the following: The owner of a French restaurant, Madame Depuy, has advertised in your campus newspaper. She would like to hire a Canadian student waiter (waitress) because many of her clients are English-speaking tourists. She is looking for someone with at least a few months of experience who would benefit from working in France. Apply for the job. Say why you are interested, why you are qualified, and when you are available (**du 6 juin au 15 septembre,** for example). Mention your long-term goals (**mon but à long terme**). Ask for more information. A useful opening line: **En réponse à l'annonce publiée dans le (*nom du journal*), je désire poser ma candidature pour l'emploi de serveur (serveuse).**

Steps

1. Use the letter and suggestions on the following page as guidelines. In French, a business letter begins with **Monsieur, Madame,** or **Mademoiselle.** If you do not know the gender of the recipient (**le destinataire**), use **Monsieur, Madame** together. Note the conventional closing sentence for the final paragraph of the letter; this sentence is loosely the equivalent of *Please accept my best wishes.*

2. Write a rough draft. It should contain all the information requested under **Goal.**

(*continued*)

3. Divide the letter into several paragraphs. Close with a strong statement about why you are qualified for this position.
4. Reread your draft, checking for organization and details. Make sure that you included your address and the date. The following example is on a different topic, but it shows you the proper format to use and a conventional closing.

Ottawa, le 8 mai 2015
votre nom
votre adresse

> nom du destinataire
> adresse du destinataire

Monsieur, Madame,

J'ai l'intention de passer six mois en France pour perfectionner mon français. Pourriez-vous m'envoyer des renseignements sur vos cours de langues pour étudiants étrangers?

    Je suis étudiant(e) en sciences économiques à l'Université d'Ottawa; j'étudie le français depuis huit mois.

    Je voudrais donc recevoir tous les renseignements nécessaires sur votre programme: description des cours, conditions d'admission, frais° d'inscription, possibilités de logement, etc.

    Veuillez agréer, Monsieur, Madame, l'expression de mes sentiments les meilleurs.

votre signature

°*fees*

5. Have a classmate read your letter to see if what you have written is clear and interesting. Make any necessary changes.
6. Reread the letter for spelling, punctuation, and grammar errors. Focus especially on your use of direct object pronouns and the imperfect tense.

Journal intime

Première partie: Décrivez comment vous passiez l'été quand vous étiez à l'école primaire. Donnez autant de (*as many*) détails que possible.

- Alliez-vous quelquefois en colonie de vacances (*summer camp*), ou restiez-vous à la maison?
- Que faisiez-vous le matin, l'après-midi, le soir?

Note: On utilise l'imparfait pour parler des actions habituelles au passé, et le passé composé pour indiquer qu'une action a eu lieu une seule (*single*) fois.

    MODÈLE: Quand j'étais à l'école primaire, pendant l'été j'allais souvent chez ma tante, à la mer. Le matin on faisait des promenades et on se bronzait sur la plage...

Deuxième partie: Maintenant, décrivez (au passé composé) un voyage que vous avez fait l'été passé.

Sur le marché du travail

LEÇON 1

 Au travail

A. Au travail. Complétez chaque phrase en utilisant le vocabulaire du travail.

MODÈLE : Un homme qui est responsable des soins (*care*) des dents est ____*un dentiste*____ .

1. Un homme qui travaille normalement de 35 à 40 heures par semaine dans une usine (*factory*) est _____ .

2. Une femme qui travaille dans une école primaire s'appelle _____ .

3. Une personne qui travaille avec les comptes financiers d'une entreprise est

   _____ .

4. À l'hôpital, une femme qui est responsable des soins de ses patients est _____ .

5. Un commerçant qui vous vend de la viande est _____ .

6. Une femme qui vous coupe les cheveux et qui vous coiffe s'appelle _____ .

7. Un homme qui vous apporte le courrier est _____ .

8. Un homme qui assiste et représente ses clients en justice est _____ .

B. Votre vie à vous. Connaissez-vous des gens qui ont les professions ou les emplois suivants ? Si vous ne connaissez personne, identifiez une personne célèbre ou un personnage de roman, de film ou d'une émission de télévision.

MODÈLE : ingénieur → Ma voisine est ingénieure.°

1. policier _____

2. chef d'entreprise _____

3. fonctionnaire _____

(continued)

_____

°On n'emploie pas d'article quand on identifie la profession d'une personne : **Il est médecin. Elle est avocate.**
Mais on utilise l'article après **C'est : C'est un médecin. C'est une avocate.**

4. plombier _____

5. artiste _____

C. **Professions.** Écoutez les descriptions suivantes en regardant les images. Donnez le nom de la profession.

À comprendre : champs (*fields*), range (verb: *files*), soigne (*takes care of*), patron(ne) (*boss*), tape (verb: *types*)

Vous entendez :   Cette personne voyage partout dans le monde pour faire des reportages
                    sur l'actualité (*news*). Elle écrit des histoires et des articles tous les jours.
Vous dites :   C'est une journaliste.

1. ...   2. ...   3. ...   4. ...   5. ...

Gérer ses finances

A. **Question d'argent I.** Complétez les phrases de façon logique.

1. Si vous n'aimez pas avoir de l'argent liquide sur vous, mais que vous aimez faire des courses,

   vous payez probablement avec votre _____.

2. Dans un magasin, le caissier (*cashier*) calcule le _____ parce que le client veut

   savoir combien il doit payer.

3. Les nouveaux mariés qui veulent un jour acheter une maison doivent avoir un compte

   _____.

4. Pour avoir de l'argent au guichet automatique, vous devez composer votre _____.

B. **Question d'argent II.** Écoutez chaque phrase, et choisissez l'expression définie.

1. C'est _____.
   a. un compte d'épargne   b. un bureau de change

2. Ce sont _____.
   a. vos économies   b. vos cartes bancaires

3. Ce sont _____.
   a. vos reçus
   b. vos dépenses

4. C'est _____.
   a. un chèque
   b. la monnaie

5. C'est _____.
   a. un bureau de change
   b. un guichet automatique

6. C'est _____.
   a. le cours du jour
   b. le montant

Le budget de Marc Convert

A. Un budget. Un ami a des ennuis (*problems*) financiers. Il vous décrit ses difficultés. Écrivez le conseil que vous lui donnez dans chaque cas. Utilisez la liste de vocabulaire ou d'autres termes que vous connaissez.

Vocabulaire : augmentation de salaire, cout de la vie, dépenser, économiser, élevé(e), emprunter, faire des économies, gagner, société

MODÈLE : AMI : J'achète six CD par mois.
VOUS : Empruntes-en à la bibliothèque. Tu vas économiser 100 $ par mois. (Tu dois t'arrêter de dépenser ton argent pour des objets de luxe.)

1. AMI : Je gagne seulement dix dollars de l'heure.

   VOUS : _____

   _____

2. AMI : J'aime le homard et le bœuf.

   VOUS : _____

   _____

3. AMI : Le propriétaire (*landlord*) de mon appartement vient d'augmenter le loyer (*rent*).

   VOUS : _____

   _____

4. AMI : L'essence (*gas*) pour ma voiture devient très chère.

   VOUS : _____

   _____

B. Mon budget. Vous avez demandé une bourse (*scholarship*) à l'université. Écoutez les réponses de deux autres étudiants avant de répondre vous-même à chaque question. Vous n'entendrez pas de réponses suggérées.

Vous entendez : — Quelles sont vos ressources financières ? D'où provient votre argent ? (*Where does your money come from?*)
— Eh bien, de mes parents, de petits boulots et d'une bourse.
— Moi, j'ai un compte d'épargne que mes grands-parents ont ouvert à mon nom.
— Et vous ?

Vous dites : Mon argent vient de petits boulots.

1. ... 2. ... 3. ... 4. ...

C. Votre vie à vous. Quelles sont vos circonstances et vos opinions en ce qui concerne l'argent et l'économie ? Répondez aux questions suivantes.

1. Avez-vous un emploi ? Est-ce que vous travaillez dans une petite ou une grande société (*company*), ou bien (*or*) est-ce que vous travaillez pour l'université ?

   _____

   _____

2. Combien est-ce que vous gagnez par mois ?

   _____

3. Pensez-vous que le cout de la vie dans votre université est bas (*low*) ou élevé ? Expliquez.

   _____

   _____

4. Espérez-vous avoir bientôt une augmentation de salaire ? Pourquoi (pas) ?

   _____

   _____

5. Faites-vous des économies ? Pourquoi (pas) ?

   _____

   _____

6. Environ (*Approximately*) combien dépensez-vous par mois ?

   _____

7. Connaissez-vous quelqu'un qui est au chômage ? Qui ?

   _____

8. À votre avis, est-ce que le taux de chômage actuel est trop élevé ou normal ?

   _____

 # Le verbe *ouvrir*

A. Ah ! Les verbes ! Complétez le tableau suivant avec les formes convenables.

		DÉCOUVRIR		SOUFFRIR
présent	je		un patient	
présent	vous		les scientifiques	
imparfait	je		un patient	
imparfait	vous		les scientifiques	
passé composé	je		un patient	
passé composé	vous		les scientifiques	

B. Pensées diverses. Complétez les phrases suivantes avec un de ces verbes : **couvrir, fermer, offrir, ouvrir** ou **souffrir.** Attention, vous pouvez utiliser l'infinitif, l'impératif, le présent, le passé composé ou l'imparfait.

1. **En cours.** Le professeur de calcul a dit : « _____¹ votre livre à la page

   soixante, mais _____² les réponses. Si vous ne les finissez pas ce matin, vous

   allez _____³ à l'examen. »

2. **Une maladie.** Nous _____¹ de l'aspirine à Marc hier matin parce qu'il

   _____² d'un mal de tête abominable. Il avait si mal qu'il n'est pas arrivé à

   _____³ la bouteille. Je lui _____⁴ la bouteille, je lui ai donné

   de l'aspirine, et puis j'_____⁵ la bouteille. Lui, il s'est endormi.

LEÇON 2

L e futur simple

Talking About the Future

A. Ah ! Les verbes ! Complétez ce tableau avec les formes correctes du futur.

	TU	ILS	JE / J'	NOUS
avoir				
pouvoir				
savoir				
aller				

B. Préparatifs pour la visite de grand-mère. Gérard et sa famille ont tendance à tout remettre (*put off*) à demain. Imaginez les réponses de Gérard quand son amie l'interroge. Utilisez un pronom objet et l'expression de temps entre parenthèses dans chaque réponse.

MODÈLES : Est-ce que ton frère a pris des billets pour le théâtre ? (bientôt) →
Pas encore. Il en prendra bientôt.

Avez-vous fait le ménage ? (la semaine prochaine) →
Pas encore. Nous le ferons la semaine prochaine.

1. As-tu acheté des piles (*batteries*) pour ton appareil photo numérique ? (demain matin) _____

   _____

2. Est-ce qu'Évelyne fait un gâteau ? (dimanche prochain) _____

   _____

3. Est-ce que ton père lui a envoyé un billet de train ? (demain) _____

_____

4. Ton frère et toi, vous avez vu votre Tante Louise ? (quand grand-mère sera chez nous) _____

_____

5. Est-ce que tes parents ont fait l'épicerie ? (cette fin de semaine) _____

_____

6. As-tu dit aux amis de ta grand-mère qu'elle arrivera bientôt ? (ce soir) _____

_____

C. **Bavardages.** Charles et Louis parlent au téléphone. Complétez leur conversation en utilisant le futur ou le présent. *Rappel :* On utilise le présent dans une proposition subordonnée avec **si.**

CHARLES : Tu ne _____¹ jamais ce que j'ai trouvé   croire
dire
au marché aux puces (*flea market*). C'est une petite merveille.   être

LOUIS : Écoute, Georges est là. Si tu me le _____²   montrer
voir
maintenant, je _____³ obligé de le lui

expliquer. Attendons.

CHARLES : Bon, je te le _____⁴ quand je te

_____⁵ dans deux jours.

LOUIS : D'accord, à vendredi. Dis, si tu me _____⁶   appeler
arriver
de la gare, je _____⁷ te chercher.   téléphoner
venir
CHARLES : Je t' _____⁸ dès que (*as soon as*) j' _____.⁹

D. **Votre ville à vous.**

1. Où est le marché aux puces dans votre ville ? _____

2. Irez-vous au marché aux puces cette fin de semaine ? Qu'espérez-vous trouver ? _____

_____

E. **Votre vie à vous.** Complétez chaque phrase en vous basant sur votre expérience et sur vos opinions personnelles. Attention à l'usage des temps.

MODÈLES : Je travaillerai pendant les grandes vacances si _____*j'ai mon diplôme,*_____

Je continuerai mes études dès que _____*je pourrai trouver un emploi,*_____

1. Je finirai mes études si _____

_____

2. Je passerai toute ma vie dans cette ville si _____

_____

3. Je trouverai un emploi aussitôt que _____

_____

4. Je commencerai à gagner un bon salaire lorsque _____

_____

5. Je serai heureux/heureuse quand _____

_____

F. Projets d'été. Écoutez les propos (*statements*) de certains étudiants au café, et indiquez le temps du verbe utilisé dans chaque phrase : passé (**PA**), présent (**PR**) ou futur (**F**).

1. PA   PR   F   5. PA   PR   F

2. PA   PR   F   6. PA   PR   F

3. PA   PR   F   7. PA   PR   F

4. PA   PR   F

G. Rêves d'avenir. Annie rêve souvent à son avenir. Regardez un moment les dessins suivants. Ensuite, écoutez les questions et répondez-y en vous basant sur les dessins.

Vous entendez :   Annie va bientôt commencer ses études universitaires.
                    Quelles sortes d'études est-ce qu'elle fera ?
Vous dites :   Elle fera des études de médecine.

1. ...   2. ...   3. ...   4. ...

H. Et vous? Voici quelques questions sur vos projets immédiats et vos projets d'avenir. Écoutez chaque question et la réponse d'un camarade. Ensuite, donnez une réponse personnelle. Vous n'entendrez pas de réponses suggérées.

> Vous entendez : Quand finiras-tu tes études ? – Moi, je les finirai dans deux ans. – Et toi ?
> Vous dites : Moi, je les finirai dans trois ans et demi.

1. ... 2. ... 3. ... 4. ...

Le blogue d'Émilie

Choisir une carrière

A. Émilie, Hassan et Hector seront-ils un jour célèbres? Faites-les (*Make them*) rêver au futur simple. Écrivez la forme correcte des verbes entre parenthèses.

1. Un jour, je (être) _____ la meilleure environnementaliste du monde.

2. Je (danser) _____ sur la scène (*stage*) de l'Opéra de Paris.

3. Les gens (parler) _____ de moi avec respect.

4. Nous (gagner) _____ beaucoup d'argent.

5. Mes amis et ma famille (pouvoir) _____ être fiers de moi.

B. Les finances d'Hector. Complétez ces phrases en utilisant le vocabulaire suivant : **budget, carte de crédit, compte d'épargne, faire des économies, frais.**

1. Hector adore dépenser son argent. Il refuse d'avoir un _____ .

2. Hector sort beaucoup. Il a des _____ très importants (*large*).

3. Quand Hector a dépensé tout son argent, il utilise sa _____ .

4. Son avenir professionnel n'est pas garanti. Alors, il doit _____ .

5. Son directeur de banque lui a proposé d'ouvrir un _____ .

C. Différentes professions. Mettez les verbes entre parenthèses au futur simple.

1. En étant (*By being*) journaliste, Mamadou (pratiquer) _____ ses deux passions :

   le sport et l'écriture.

2. Charlotte (occuper) _____ un poste de fonctionnaire internationale.

3. Poema (faire) _____ un métier lié (*linked*) à la protection de la nature.

4. Alexis (pouvoir) _____ être chef d'entreprise, sociologue ou explorateur !

5. Mamadou (travailler) _____ peut-être un jour pour la télévision.

D. Quels sont leurs métiers? Complétez les phrases suivantes à l'aide des noms de métiers appropriés.

1. Le frère de Mamadou vend des téléviseurs. Il est _____ .

2. La mère d'Alexis travaille dans un salon de coiffure (*hairdressing*). Elle est _____ .

3. La sœur de Poema travaille dans une usine (*factory*). Elle est _____.

4. Le grand-père d'Alexis travaille dans les champs (*fields*). Il est _____.

5. Le mari de Charlotte dessine (*designs*) des maisons et d'autres bâtiments. Il est

_____.

E. Vous répondez à Émilie. Choisissez les expressions qui expriment le mieux votre situation personnelle.

DE : _____

À : Émilie@canmail.ca

Salut, Émilie.

Dans ma famille, ma mère est _____. La profession de mon père est **différente** /

similaire : il est _____.

Mais personnellement, quand mes études seront finies, je veux être _____,

ou bien _____ ou pourquoi pas _____.

Depuis plusieurs années, en été, pour gagner de l'argent, je suis _____. Est-ce que

je **fais des économies** / **dépense mon salaire ? Oui / Non !**

À la banque, **j'ai un compte d'épargne** / **une carte de crédit** / **une carte bancaire.** Je suis un(e)

bon(ne) client(e) !

Quand je serai en couple, je veux acheter une maison. Je ferai **des économies** / **des emprunts** pour

réaliser ce rêve.

Une chose est sure : je choisirai une profession où on trouve facilement du travail ! Comme toi, j'ai

très peur du chômage.

Courage, Émilie !

Pause-culture

A. **Les Français et le travail.** Complétez ces phrases avec les termes appropriés : **chômeurs, CV, demande d'emploi, fonctionnaires, instituteurs.**

1. En France, beaucoup de gens n'ont pas de travail. Ils sont _____ .

2. Les Français aiment travailler pour l'État. Ils veulent tous être _____ !

3. Ces professionnels de l'éducation s'appellent maintenant « Professeurs des écoles ». Avant, on

   les appelait « _____ ».

4. En France, on met toujours sa photo sur son _____ .

5. La _____ doit être manuscrite (*handwritten*).

B. **Stages et petits boulots.** Relisez le **Reportage** dans votre manuel, puis indiquez si les phrases suivantes sont vraies (**V**) ou fausses (**F**).

1. V F En France, l'accès à l'université est gratuit (*free*).

2. V F Pour trouver un petit boulot d'été, il faut commencer à chercher en mars.

3. V F Un petit boulot et un stage en entreprise, c'est la même chose.

4. V F Pour un étudiant, le stage en entreprise est souvent obligatoire.

5. V F Quand un stage dure plus de trois mois, l'étudiant reçoit une indemnité (*compensation*).

LEÇON 3

Les pronoms interrogatifs

Getting Information

A. **Une personne curieuse.** Le père de Loïc veut toujours tout savoir. Complétez les questions suivantes avec **qui, qu'est-ce qui** ou **quoi.**

MODÈLE : ___*Qui*___ est-ce qu'on a embauché (*hired*) dans la faculté des sciences cette année ?

1. _____ enseigne le nouveau cours de biologie ?

2. _____ t'intéresse le plus, la biologie ou la chimie ?

3. De _____ as-tu besoin pour faire des progrès ?

4. À _____ as-tu prêté ton livre de biologie ?

5. _____ t'a aidé à préparer ton dernier examen ?

6. _____ va se passer si les professeurs font la grève (*go on strike*) ?

B. Cadeaux d'anniversaire. Annick et Jean-Pierre parlent de l'anniversaire de leur amie Anne. Complétez les questions avec **À qui, De quoi, Qu'est-ce que, Qu'est-ce qui, Qui est-ce que** ou **Qui est-ce qui.** Suivez le modèle.

MODÈLE : ___*De quoi*___ a-t-elle envie ?

Je crois qu'elle a envie *d'un CD de Katy Perry.*

1. _____ est-ce qu'elle a besoin ?

   Elle a besoin *d'un chandail chaud et d'un manuel sur le HTML.*

2. _____ tu me conseilles de lui offrir ?

   Je te conseille de lui offrir *un CD ou un livre.*

3. _____ elle aime faire le jour de son anniversaire ?

   Elle aime beaucoup *souper au restaurant.*

4. _____ va lui plaire (*please her*) le plus ?

   Un souper vietnamien, je crois.

5. _____ va l'inviter à souper ?

   C'est toi qui vas l'inviter, d'accord ?

6. _____ elle veut inviter aussi ?

   Elle veut probablement inviter *Luc et Marie-Claire.*

7. _____ téléphones-tu maintenant ?

   Je téléphone *au maître d'hôtel du restaurant* pour réserver une table et pour commander en avance un dessert d'anniversaire.

C. Lequel ? Utilisez la forme correcte de **lequel** pour compléter la conversation suivante.

HABIB : J'ai vu un film formidable hier soir.

DANIELA : _____ ?[1]

HABIB : *Diabolique.*

DANIELA : Justement. Certains de mes amis l'ont aussi aimé.

HABIB : Ah, oui ? _____ ?[2]

DANIELA : Les Péron et les Bazin. Qu'est-ce que tu en as pensé ?

HABIB : Bon, d'abord il y avait ma vedette favorite.

DANIELA : _____ ?[3]

HABIB : Simone Signoret. Dans le film, elle veut commettre un crime.

DANIELA : _____ ?[4]

HABIB : L'assassinat. Et elle veut assassiner une personne surprenante.

DANIELA : Qui ?

HABIB : Son mari, figure-toi.

D. Interrogation. Écoutez chaque question en regardant les réponses possibles. Choisissez la réponse logique.

> **À comprendre :** amener (*to bring [a person]*)
>
> Vous entendez :   Qu'est-ce qui est arrivé (*happened*)?
> Vous choisissez :   a. Mon oncle Gérard.
>
>   (b.) Il y a eu une tempête de neige (*snowstorm*).

1. a. Des provisions.

   b. Mon mari.

2. a. Mon père.

   b. Mes devoirs.

3. a. Mon voisin.

   b. Ma bicyclette.

4. a. Du professeur.

   b. De la politique.

5. a. Ses meilleurs amis.

   b. Mes idées.

6. a. Mon cousin.

   b. Un taxi.

7. a. Avec des colis.

   b. Avec sa femme.

8. a. Nos camarades.

   b. Le début du film.

E. Et vous ? Écoutez ces questions, et donnez votre réponse. Vous n'entendrez pas de réponses suggérées.

> Vous entendez :   Qui avez-vous vu ce matin ?
> Vous dites :   J'ai vu mes copains et le chat.

1. ...   2. ...   3. ...   4. ...

Le présent du conditionnel

Being Polite, Speculating

A. En vacances. Que ferait-on, si on était en vacances en ce moment?

> MODÈLE: Marc / partir / ... →
> Marc partirait chez sa petite amie.

1. nous / être / ...

    _____

2. les étudiants / ne pas rentrer / ...

    _____

3. mon copain (ma copine) / aller / ...

    _____

4. je / avoir le temps de / ...

    _____

5. tu / écrire / ...

    _____

6. mes amis aventuriers / faire / ...

    _____

B. Votre vie à vous. Avez-vous de l'imagination? Pour chaque cas, imaginez trois conséquences possibles.

> MODÈLE: Si je ne faisais pas cet exercice en ce moment,... →
> a. le monde continuerait à tourner sur son axe.
> b. j'aurais le temps de téléphoner à mon ami.
> c. ma vie ne serait pas plus intéressante.

1. S'il n'y avait pas de papier...

    a. _____

    b. _____

    c. _____

2. Si tous les Canadiens parlaient français...

    a. _____

    b. _____

    c. _____

3. Si je voyais l'homme / la femme de mes rêves...

    a. _____

    b. _____

    c. _____

4. Si je n'étais pas en cours aujourd'hui...

a. _____

b. _____

c. _____

5. Si j'habitais Montréal...

a. _____

b. _____

c. _____

C. Votre vie à vous. Avez-vous du caractère? Que feriez-vous...

1. si vous voyiez qu'un camarade de classe trichait (*was cheating*) à un examen?

_____

_____

2. si vous trouviez un portefeuille (*wallet*) avec 300 $ dans la rue?

_____

_____

3. si vous appreniez qu'un collègue volait de la marchandise?

_____

_____

4. si on vous invitait et que vous n'aviez pas envie d'y aller?

_____

_____

5. si vous appreniez qu'un ami se droguait?

_____

_____

6. si votre meilleur ami tombait malade et devait quitter l'université?

_____

_____

D. Si j'avais le temps. Écoutez chaque question et répondez en suivant le modèle.

Vous entendez :   Tu regardes la télé?
Vous dites :   Eh bien... je regarderais la télé si j'avais le temps.

1. ...   2. ...   3. ...   4. ...   5. ...

E. Fatima. Que ferait Fatima si elle était libre ce soir? Suivez le modèle.

Vous entendez :   Est-ce qu'elle viendrait chez nous?
Vous dites :   Oui, si elle était libre, elle viendrait chez nous.

1. ...   2. ...   3. ...   4. ...

LEÇON 4

 La comparaison de l'adjectif qualificatif

Making Comparisons

A. **Les gens que vous connaissez.** Faites des comparaisons en choisissant un adjectif de la liste.

    MODÈLE : Mes grands-parents sont ___*aussi conservateurs que mes parents.*___

    + bavard   + intelligent

    = conservateur   − occupé (*busy*)

    − ennuyeux   − riche

    + heureux   = vieux

1. Mon professeur de français est _____

2. Mes grands-parents sont _____

3. Les étudiants dans ce cours sont _____

4. Les femmes sont _____

5. Les politiciens sont _____

6. Les enfants sont _____

7. Je suis _____

B. **Le bon vieux temps.** M. Martin est très négatif; il critique tout ce qui est moderne. Donnez son opinion sur les sujets suivants en complétant les phrases, selon le modèle.

    MODÈLE : les jeunes d'aujourd'hui / travailleur / en 1955 →
        Les jeunes d'aujourd'hui sont moins travailleurs qu'en 1955.

1. les jeunes d'aujourd'hui / paresseux / pendant ma jeunesse

    _____

2. les gens maintenant / égoïste / autrefois

    _____

3. les écoles modernes / bon / autrefois

    _____

4. les gens d'aujourd'hui / malheureux / autrefois

    _____

5. le gouvernement actuel / mauvais / pendant les années cinquante

    _____

6. en général, la vie moderne / ne... pas / bon / autrefois

    _____

C. Votre vie à vous. Faites des comparaisons en vous basant sur vos opinions personnelles.

MODÈLE : mes parents / mes grands-parents / conservateur →
Mes parents sont aussi conservateurs que mes grands-parents. (Mes parents sont plus conservateurs... , Mes parents sont moins conservateurs...)

1. les films de Steven Spielberg / les films de Woody Allen / amusant

   _____

2. le Whopper / le Big Mac / délicieux

   _____

3. l'eau minérale / le coca-cola / bon

   _____

4. les émissions de téléréalité / les documentaires / intéressant

   _____

5. une formation (*education*) à Queen's / une formation à Simon Fraser / prestigieux

   _____

6. les femmes / les hommes / intelligent

   _____

D. Votre vie à vous. Faites des phrases complètes en vous basant sur vos opinions personnelles. Mentionnez des personnes réelles ou imaginaires. Attention à la forme de l'adjectif.

MODÈLE : personne / important / université →
Le professeur de français est la personne la plus importante de l'université.
(Je suis la personne la moins importante de l'université.)

1. femme / talentueux / cinéma québécois _____

   _____

2. politicien / honnête / gouvernement actuel _____

   _____

3. chanteuse / bon / Canada _____

   _____

4. professeur / bon / faculté des lettres _____

   _____

5. personnes / respecté / Canada _____

   _____

6. femme / dynamique / ma famille _____

   _____

7. acteur / mauvais / cinéma canadien _____

   _____

E.   François fait toujours des comparaisons. Écoutez ses propos et donnez la conclusion logique, selon le modèle.

> Vous entendez :   Hélène est plus sportive que moi.
> Vous dites :   C'est vrai, tu es moins sportif qu'elle.

1. ...   2. ...   3. ...   4. ...   5. ...

F.   Personnages extraordinaires. Écoutez les descriptions et dites si vous êtes d'accord. Utilisez un superlatif en suivant le modèle.

> Vous entendez :   Cyrano a un grand nez.
> Vous voyez :   littérature
> Vous dites :   C'est vrai, il a le plus grand nez de la littérature.

1. famille royale
   britannique

2. cinéma

3. Hollywood

4. univers

5. France

Les déterminants et les pronoms indéfinis

Talking About Quantity

A. Quand l'appétit va, tout va ! Une nouvelle mariée, Suzie, se plaint (*is complaining*) à son mari de l'appétit de son oncle Jules, qui est en visite chez eux. Complétez ses propos avec les différentes formes du mot **tout**.

Chéri, c'est incroyable ce qu'Oncle Jules peut dévorer ! Pendant que tu étais au bureau, il a mangé

_____[1] la pizza et _____[2] les raisins secs. Il y avait quatre bouteilles de soda, et il les a

_____[3] bues. Tu te rappelles qu'au souper, il a fini _____[4] les légumes et _____[5]

le rôti. Il a mis _____[6] la crème au chocolat sur son dessert et puis il a bu _____[7] le

café. Penses-tu qu'il va absolument _____[8] manger dans la maison ? C'est vraiment dégoutant

(*disgusting*) !

Devinez comment la visite va se terminer : _____

_____

_____

B. Faites votre choix. Indiquez le pronom ou le déterminant qui convient pour chaque phrase.

1. **Certains / Tous** étudiants préfèrent parler ; **chacun / d'autres** préfèrent écrire.
2. J'ai lu **quelques-uns / plusieurs** romans cet été.
3. Nous avons visité **tous / quelques** les monuments de Québec.
4. Ils ont choisi **chacun / le même** restaurant que la semaine dernière.
5. Vous avez **quelques-uns / quelques** cousins à Sudbury.
6. Les Leroux partent dans les Rocheuses **tous / chaque** hiver.
7. En cours de français, **chaque / chacun** doit participer.
8. **Tous / Plusieurs** nos amis sont fantastiques.
9. J'ai rencontré **le même / quelqu'un** d'intéressant hier.
10. Tu as beaucoup d'amis à l'université. **Quelques-uns / Les autres** sont français.

C. Tristes histoires universitaires. Complétez les phrases suivantes en utilisant des pronoms ou des déterminants indéfinis.

1. Robert se demande pourquoi il est toujours le dernier à rendre ses examens. Utilisez **plusieurs, quelques, quelqu'un, chaque, autres** ou **tout**.

   Quand nous passons un examen, le professeur distribue une copie à _____[a]

   étudiant de la classe. _____[b] le monde travaille bien, mais il y a toujours

   _____[c] étudiants, deux ou trois au maximum, qui finissent avant les

   _____.[d] Il y en a, _____[e] quinze ou seize, qui rendent leur

   copie après quarante minutes. Peut-être qu'un jour _____[f] s'endormira pendant

   un examen. Ce jour-là, je ne serai pas le dernier à partir.

2. Une cuisine dangereuse? Utilisez **tout, mêmes, tous, quelques-uns, quelque chose** ou **d'autres.** Hier soir au restaurant universitaire, _____ ᵃ les étudiants qui ont pris du gâteau comme dessert ont trouvé qu'il y avait _____ ᵇ de bizarre dedans (*in it*). _____,ᶜ peut-être trois ou quatre, ont refusé d'en manger, mais _____ ᵈ avaient si faim qu'ils ont _____ ᵉ mangé. Ce sont les _____ ᶠ étudiants qui sont aujourd'hui à l'infirmerie.

3. Lucie a quelquefois des difficultés avec les livres de classe. Utilisez **même, d'autres, plusieurs** (2) ou **tous** (2).

Les livres du cours d'économie sont _____ ᵃ mauvais. _____ ᵇ les étudiants et _____ ᶜ professeurs (une douzaine, peut-être) disent la _____ ᵈ chose. M. Morin m'a dit qu'il cherchait _____ ᵉ livres moins difficiles, et qu'heureusement, il en aurait _____ ᶠ le semestre prochain.

D. L'île de la Martinique. Estelle a passé de nombreuses années à la Martinique. Et elle y pense toujours avec nostalgie...

Écoutez une première fois les remarques d'Estelle en regardant la liste suivante. À la deuxième écoute, cochez (✔) les éléments de la liste qui figurent dans ses remarques.

À comprendre : barques (*fishing boats*), fameux (*notorious*), fer forgé (*wrought iron*)

✔ les résidences coloniales	_____ la découverte de l'île par Christophe Colomb
_____ les planteurs français	_____ le fer forgé qui rappelle la Nouvelle-Orléans
_____ le port de Fort-de-France	_____ les arbres du paysage martiniquais
_____ les marchés en plein air	_____ les petits bateaux des pêcheurs
_____ l'économie rurale de l'île	_____ le taux d'émigration vers la France
_____ les pirates légendaires	_____ le peintre Van Gogh
_____ la place de la Savane	

E. Rénovations. Des étudiants passent l'été à refaire les bâtiments d'un village rural. Utilisez une forme de l'adjectif **tout,** selon le modèle.

    À comprendre : ferme (*f., farm*)

> N'oubliez pas l'accord
> du mot **refait.**

    Vous entendez :   Tous les villages vont être refaits. Et les maisons ?
    Vous dites :   Oui, toutes les maisons vont être refaites.

1. ...   2. ...   3. ...   4. ...   5. ...

F. Efforts progressistes. Un écologiste parle des ressources naturelles. Transformez les phrases en utilisant une forme de **chacun** ou **quelques-uns.**

    Vous entendez :   Ce patrimoine existe pour *chaque habitant* (*m.*).
    Vous dites :   Ce patrimoine existe pour chacun.

1. *Chaque citoyen* (*m.*) doit apprécier les ressources naturelles.
2. Malheureusement, seulement *quelques personnes* en profitent.
3. *Quelques personnalités* (*f.*) *politiques* comprennent nos efforts.
4. On s'adresse à *chaque fondation* (*f.*).
5. *Quelques organisations* (*f.*) *écologistes* font des progrès.

G. Un avenir meilleur ? La conférencière (*lecturer*) décrit certains rêves pour l'avenir. Écoutez chaque phrase et transformez-la en utilisant le pronom **tout, tous** ou **toutes.**

    Vous entendez :   Tous les gens auront assez à manger.
    Vous dites :   C'est vrai. Tous auront assez à manger.

1. ...   2. ...   3. ...   4. ...   5. ...

H. Des instants mémorables. Écoutez chaque question, et donnez une réponse personnelle. Suivez les modèles.

    Vous entendez :   Est-ce que vous avez vu quelque chose de drôle hier ?
    Vous dites :   Oui. C'était le prof de français qui portait un chapeau bizarre.

    Vous entendez :   Avez-vous rencontré quelqu'un de célèbre récemment ?
    Vous dites :   Non, je n'ai rencontré personne de célèbre.

    Vous entendez :   Avez-vous acheté quelque chose de cher récemment ?
    Vous dites :   Non, je n'ai rien acheté de cher.

1. ...   2. ...   3. ...   4. ...   5. ...

PERSPECTIVES

 ## Faire le bilan

A. **À la banque.** Complétez les phrases suivantes en mettant les verbes au futur.

> MODÈLE : Moi, j'ouvrirai un compte d'épargne le treize septembre. →
> Marie, elle, en ouvrira un le quatorze.
> Les Martin, eux, en ouvriront un le quinze.

L	M	M	J	V	S	D
					1	2
3	4	5	6	7	8	9
10	11	12	13	14	15	16
17	18	19	20	21	22	23
24	25	26	27	28	29	30

1. Nous, nous recevrons notre carte bancaire le dix-huit.

   Vous, vous _____ votre carte le vingt-deux.

   Toi, tu _____ ta carte demain.

2. M. Heinz recevra son salaire le dix-huit.

   Les Feydeau _____ leur salaire vendredi.

   Tu _____ ton salaire le vingt.

3. Je composerai mon NIP au guichet automatique.

   Georges _____ son NIP les yeux fermés.

   Nous _____ notre NIP rapidement.

4. Vous aurez bientôt une entrevue pour demander un prêt (*loan*).

   Nous _____ notre entrevue le vingt-et-un.

   Mlle Pruneau _____ son entrevue le vingt-deux.

5. Nous déposerons notre chèque le dix-neuf.

   Je _____ mon chèque le quatorze.

   Mon ami _____ son chèque le dix-huit.

B. Votre vie à vous. Que ferez-vous dans les situations suivantes? (Utilisez des pronoms si possible dans vos réponses.)

    MODÈLE : Un ami (Une amie) vous invite à voyager en Europe. →
                 Je n'irai pas avec lui (elle) parce que je n'ai pas assez d'argent.

1. Demain, c'est samedi. Vous avez des projets, mais la météo dit qu'il pleuvra.

    _____

2. Vous savez que dans un mois vous aurez besoin de 500 dollars pour réparer votre voiture.

    _____

3. Un collègue au travail est assez paresseux. Le résultat? C'est vous qui devez travailler plus dur.

    _____

4. Vous n'arriverez pas à joindre les deux bouts (*make ends meet*) à la fin du mois. Considérez vos dépenses et vos revenus (*income*), et dites comment vous pourrez économiser 10 % de vos revenus le mois prochain.

    _____

5. Un ami vous invite à une réunion (*meeting*) à laquelle vous avez très envie d'aller, mais vous avez déjà accepté une autre invitation.

    _____

C. Projets du soir. Complétez le dialogue suivant avec **qu'est-ce que** (2), **que, qui** ou un verbe au conditionnel.

    DÉO : Marie, _____¹ nous faisons ce soir?

    MARIE : Nous avons invité des amis.

    DÉO : _____² est-ce que nous avons invité?

    MARIE : Fatima et Jean-Luc.

    DÉO : Ah oui! Maintenant, je m'en souviens! Tu sais, nous _____³ (pouvoir) jouer aux cartes.

    MARIE : Oui, oui. Bonne idée. Et _____⁴ tu _____⁵ (dire) si je servais une bonne bouteille de vin?

    DÉO : C'est une excellente idée!

    MARIE : Et _____⁶ _____⁷-tu (penser) si j'achetais un beau gâteau?

    DÉO : Je _____⁸ (être) très content.

    MARIE : Tant mieux, parce que j'en ai déjà acheté un!

D. Votre vie à vous. Complétez chaque phrase en exprimant vos propres opinions.

    MODÈLES : Si j'avais le temps, *je lirais tous les romans de Jane Austen.*

                J'irais en Suisse si *on me donnait un billet d'avion.*

1. S'il y avait une panne d'électricité aujourd'hui, _____

    _____

2. Les chauffeurs d'autobus seraient heureux si ——————————————————

———————————————————————————————————————

3. Si j'étais maire de cette ville, ———————————————————————

———————————————————————————————————————

4. J'invite mes collègues au cinéma si ————————————————————

———————————————————————————————————————

5. Je verrais un film cette fin de semaine si ——————————————————

———————————————————————————————————————

6. Si je ne pouvais pas aller au travail demain, ———————————————————

———————————————————————————————————————

7. Je parlerais à mon patron si ————————————————————————

———————————————————————————————————————

8. Si je ne comprenais pas les instructions de mon patron, ——————————————

———————————————————————————————————————

9. Si c'était samedi soir, ——————————————————————————

———————————————————————————————————————

10. J'enverrais une carte à mon ami(e) si ———————————————————

———————————————————————————————————————

Prononciation

Les semi-voyelles. Répétez les exemples suivants.

1. huit / fruit / duel / tuer / nuage / cuisine
2. moi / moins / oui / quoi / revoir / Louis
3. bien / Marseille / science / voyage / famille

Écoutez et répétez les phrases suivantes. Faites attention aux syllabes soulignées.

1. Il découvre les ruines à minuit le huit juillet.
2. Quoi? Moi, je leur dis au revoir au moins trois fois.
3. Oui, trois cuillerées (*spoonfuls*) d'huile et un nuage de lait.
4. L'oreiller (*The pillow*), c'est un appareil-sommeil.

Les consonnes [p], [t] et [k]. Note that the consonant sounds [p], [t], and [k] are not plosives in French. That is, there should be no puff of air when these sounds are pronounced. Listen carefully for the difference between French and English pronunciation: **thé** versus *tea*; **parents** versus *parents*; **canadien** versus *Canadian*.

Écoutez et répétez les phrases suivantes.

1. Les parents de Catherine préparent une soirée-surprise.
2. Le touriste italien préfère écouter le concert.
3. Une personne polie ne téléphone pas trop tard.

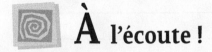 **À l'écoute !**

Quels sont les éléments motivants (*motivating*) dans le travail ? Le magazine hebdomadaire (*weekly*) français *Le Point* a effectué une enquête auprès d'environ (*conducted a survey of about*) 500 cadres français. Regardez un moment la liste des avantages professionnels relevés (*raised*) par cette enquête, classés par ordre d'importance.

		ÉVELYNE	CHRISTINE	BENOIT
1.	autonomie, indépendance	É	C	B
2.	utilisation des capacités personnelles	É	C	B
3.	intérêt pour le travail	É	C	B
4.	bonnes relations interpersonnelles	É	C	B
5.	possibilité de s'affirmer	É	C	B
6.	sécurité de l'emploi	É	C	B
7.	contacts avec l'extérieur	É	C	B
8.	salaire	É	C	B
9.	bénéfices et avantages sociaux	É	C	B

Maintenant, écoutez l'interview (l'entrevue) de trois étudiants à l'École des Hautes Études Commerciales (HEC). Indiquez qui mentionne chacun de ces éléments.

À comprendre : caprices du patron (*whims of my boss*), compte (*counts*), connaissances (*knowledge*), de façon autonome (*with autonomy*)

> Certain items may be mentioned by more than one person.

Par écrit

Purpose: Narrating (a personal experience) in the past

Audience: Classmates and professors

Goal: Answering the question **Quel genre d'enfance avez-vous eu?** Use as your model the following brief passage from the autobiography of Françoise Giroud, *Si je mens.*[1]

– Quel genre d'enfance avez-vous eu?

– Le genre bizarre.

– Bizarre? Pourquoi?

– Ce n'est pas facile à expliquer... Mon père a été essentiellement une absence, une légende. Une absence d'abord à cause de la guerre, puis d'une mission aux États-Unis dont il a été chargé pour le gouvernement français, ensuite d'une maladie que l'on ne savait pas soigner à l'époque et dont il est mort. Cette maladie a duré des années pendant lesquelles je ne l'ai jamais vu. J'ai eu pour lui un amour fou. On parlait de lui, à la maison, comme d'un héros qui avait tout sacrifié à la France...

Steps

1. Read the preceding passage, paying careful attention to the joining of clauses within sentences. Note the following techniques:

   - The use of adverbs (**d'abord, puis, ensuite**) to connect clauses and provide a sense of chronological progression.
   - The use of relative pronouns (**que, dont**) to make the style more varied and sophisticated by connecting simple clauses into a more complex whole.

2. Jot down a brief list of memories or feelings that characterize your childhood. Add a few details to each item on the list. Choose a short phrase that vividly describes the whole.
3. Write a rough draft, making use of the techniques in item 1.
4. Have a partner critique your work. Make any necessary changes. Finally, read the composition again and carefully check your spelling, grammar, and punctuation. Focus especially on your use of relative pronouns.

 # Journal intime

Racontez en détail votre vie dans cinq ans.

- Où serez-vous?
- Quelle sera votre profession?
- Avec qui habiterez-vous?
- Comment passerez-vous vos journées?
- Quels seront vos loisirs (*leisure activities*)?
- Serez-vous plus heureux/heureuse qu'aujourd'hui? Pourquoi (pas)?

   MODÈLE: Dans cinq ans, je serai en Europe: en France ou en Italie. Je serai spécialiste de droit international, et j'habiterai seul(e) à Paris ou à Milan, dans un quartier très tranquille et élégant...

---

[1]Françoise Giroud (1916–2003) was the editor of the magazine *Elle* (1945–1953), then helped to found the prestigious weekly *L'Express*, where she became editor and then publisher. From 1974 to 1976, she served as French Minister for the Status of Women and was later Minister for Culture.

RÉVISEZ! CHAPITRES 7–9

A. Les langues étrangères. Jules et Laurette parlent de leurs études de langues étrangères. Complétez leur conversation avec **pendant, depuis** ou **il y a.**

> JULES: _____¹ quand est-ce que tu étudies le russe?
>
> LAURETTE: J'ai commencé _____² trois ans.
>
> JULES: Et _____³ ce temps-là tu étudies avec M. Lansky?
>
> LAURETTE: Non, j'ai commencé avec Mlle Makarova. Je suis dans le cours de M. Lansky
>
> _____⁴ un an seulement.
>
> JULES: Je connais M. Lansky _____⁵ deux ans déjà, et je le trouve vraiment
>
> formidable.
>
> LAURETTE: Oui, il est vraiment bien. Je vais continuer à étudier avec lui _____⁶
>
> deux ans avant d'entrer à l'université.

Une question: Depuis combien d'années est-ce que Laurette étudie le russe? _____⁷

B. En cours de français. Mettez les phrases suivantes au négatif. Utilisez une négation logique: **ne… jamais, ne… pas du tout, ne… pas encore, ne… personne, ne… plus, ne… rien, personne ne…**

> MODÈLE: Nous voyons *Pierre* devant la classe. →
> Nous *ne* voyons *personne* devant la classe.

1. Seth parle *toujours* en cours de français.

   _____

2. Paul pose *encore* des questions.

   _____

3. Sylvie a *déjà* fait les devoirs.

   _____

4. Aimée répond *parfois* en anglais.

   _____

5. Nous allons *souvent* dans des restaurants français.

   _____

6. Je comprends *très bien.*

   _____

7. Le professeur a *quelque chose* d'intéressant à dire.

   _____

8. *Tout le monde* aime le professeur.

   _____

C. Un voyage agréable? Simone a visité les iles francophones de l'océan Indien. Écoutez son histoire.

Simone raconte son histoire à une amie. Est-ce que ses expériences ont été **agréables (A)** ou **désagréables (D)**? Mettez **A** ou **D**, selon le cas.

1. _____ 3. _____ 5. _____

2. _____ 4. _____ 6. _____

D. Votre vie à vous. Répondez aux questions suivantes en employant les pronoms d'objet direct (**le, la, les**).

MODÈLE : Est-ce que vous aimez le français? →
Oui, je l'aime beaucoup. (*Non*, je ne l'aime pas du tout.)

1. Est-ce que vos parents regardent souvent la télévision?

_____

2. Est-ce que vos grands-parents aiment le rock?

_____

3. Est-ce que vous faites souvent le lavage?

_____

4. Est-ce que vous comprenez toujours le professeur?

_____

5. Est-ce que vous aimez faire vos devoirs?

_____

6. Est-ce que vous allez finir cet exercice?

_____

7. Est-ce que vous allez porter vos shorts demain?

_____

8. Est-ce que vous avez lu le journal ce matin?

_____

E. Quand l'appétit va, tout va! Mettez les verbes des phrases suivantes au passé composé ou à l'imparfait. Soyez logique.

Hier soir, je / j' _____^{1} (être) fatigué et je / j' _____^{2} (décider) d'aller me coucher (*to go to bed*). Je / J' _____^{3} (ne pas pouvoir) dormir parce que je / j' _____^{4} (avoir) faim. Je / J' _____^{5} (aller) à la cuisine et mon frère y _____^{6} (être) aussi! Je lui _____^{7} (demander): «Qu'est-ce que tu fais là?» Alors, il me / m' _____^{8} (répondre): «Je ne peux pas dormir parce que j'ai faim!» Nous _____^{9} (préparer) des pâtes (*pasta*), et nous _____^{10} (manger) ensemble!

F. **Votre vie à vous.** Répondez aux questions suivantes avec **y, en** ou des pronoms d'objet direct et indirect. N'oubliez pas l'accord du participe passé où il est nécessaire.

> MODÈLES : Est-ce que vous écrivez souvent <u>à vos grands-parents</u>? →
> Non, je ne leur écris jamais.
> (Oui, je leur écris toutes les fins de semaine.)
> Est-ce que vous avez préparé <u>la leçon de français</u> hier? →
> Oui, je l'ai préparée. (Non, je ne l'ai pas préparée.)

1. Est-ce que vous téléphonez souvent <u>à vos amis</u>?

   _____

2. Est-ce que vous pensez aller <u>en Acadie</u> l'année prochaine?

   _____

3. Est-ce que vous avez acheté <u>vos livres de cours</u> hier?

   _____

4. Est-ce que vous donnez <u>des bonbons</u> <u>aux chiens</u>?

   _____

5. Est-ce que vous avez déjà offert <u>des fleurs</u> <u>à votre mère</u>?

   _____

G. **Deux points de vue.** Pierre Collet et Myriam Romain répondent à une question sur la vie culturelle française. Dites si les phrases suivantes sont vraies (**V**) ou fausses (**F**), selon la personne mentionnée.

À comprendre : chômage (*unemployment*), consacre (v., *devotes*), investi (*invested*), plus de (*more*), subventions (*subsidies*), suffisamment (*enough*), tape-à-l'œil (*flashy*)

Voici la question : À votre avis, est-ce que le gouvernement participe suffisamment au développement de la vie culturelle en France?

Selon Pierre Collet :

1. V F Tous les gouvernements français récents ont fait un gros effort en ce qui concerne (*regarding*) le développement culturel du pays.

2. V F Cet effort a surtout commencé après la Première Guerre mondiale.

3. V F Avant la Deuxième Guerre mondiale, le gouvernement devait s'occuper des problèmes sociaux.

4. V F De nos jours, le gouvernement n'aide plus les arts parce que le public est déjà très motivé.

Selon Myriam Romain :

5. V F L'intervention du gouvernement français dans les arts est vraiment suffisante.

6. V F La pyramide du musée du Louvre n'a été bâtie que pour la gloire du ministre de la Culture.

7. V F Ce sont les enfants à l'école, les téléspectateurs et les troupes locales qui ont le plus besoin d'aide.

H. Dictée. Écoutez Mme Goncourt décrire un poste dans sa firme qu'elle cherche à pourvoir (*fill*). Ensuite, écoutez une deuxième fois et complétez le passage par écrit.

Un poste idéal

On cherche des programmeurs et _____.[1] Le candidat ou la candidate idéal(e)

_____[2] une formation récente _____[3]

et _____[4] la technologie _____.[5] Il ou elle

_____[6] de projets indépendants ; il ou elle _____[7]

également _____.[8] Notre candidat ou candidate _____[9]

un tempérament agréable et compréhensif ; il ou elle _____[10] consciencieux/

consciencieuse et méticuleux/méticuleuse. Le candidat ou la candidate _____[11]

de nombreux avantages : congés (*vacations*) payés, assurances médicales, frais de formation

(*education allowance*) pour ceux ou celles qui _____[12] approfondir leurs

connaissances (*extend their knowledge*). Le _____[13] initial

_____[14] de _____[15] avec possibilités

d'augmentation régulières.

I. Un peu de pratique. Complétez les phrases à l'aide des pronoms et des déterminants suivants.

certains	chaque	le même	quelques
chacun	d'autres	plusieurs	tous

1. Je pratique mon français _____ jour.

2. Thomas joue au tennis _____ les dimanches.

3. Tiens ! (*Hey!*) J'ai _____ manteau que toi !

4. À l'université, _____ étudiants étudient les sciences,

   _____ préfèrent la musique et l'art.

5. Je n'ai pas beaucoup d'argent, mais voilà _____ dollars pour toi.

6. – Avez-vous de la famille en France ?

   – Oui, j'ai _____ cousins à Paris.

7. _____ doit choisir ce qu'il veut étudier.

J. Un candidat hésitant. Votre candidat préféré, Pierre Dutourd, s'est présenté aux élections municipales. Écoutez ses remarques et réagissez avec : **Mais nous aimerions que vous...**

Vous entendez :   Je suis assez travailleur...
Vous dites :   Mais nous aimerions que vous soyez travailleur !

1. ...   2. ...   3. ...   4. ...

CHAPITRE **10**

La passion pour les arts

LEÇON 1

 Une petite ville

A. En ville. Regardez bien le plan de la ville. Puis complétez le paragraphe en utilisant les expressions de la liste suivante.

Vocabulaire : à droite, à gauche, au coin, en face, jusqu'à, traverse

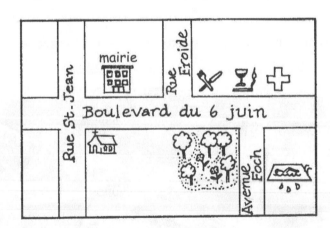

L'église Saint-Jean est _____¹ de la rue. Si on descend le boulevard du 6 juin en

direction de la piscine, la mairie se trouve _____² On _____³ la

rue Froide, et on passe devant un restaurant et des magasins. _____⁴ du restaurant,

il y a un parc. On prend la première rue _____⁵ pour aller _____⁶

la piscine.

B. Les endroits importants. Où doit-on aller ?

1. En France, si on n'a que des dollars, on cherche tout de suite un bureau de change (*money exchange office*) ou _____.

(continued)

2. Quand on n'habite pas près de la mer ou d'un lac et qu'on a envie de nager, on doit aller à la _____.

3. Pour obtenir un passeport et pour régler (*take care of*) toutes sortes d'affaires en France, on est obligé d'aller à la _____.

4. Quand on a besoin de médicaments, on cherche une croix (*cross*) verte. On achète de l'aspirine dans une _____.

5. Les touristes qui ont des difficultés à trouver une chambre pour la nuit vont au _____.

6. En cas d'urgence ou simplement pour demander des informations, on cherche un agent de police au _____.

7. Si on est blessé (*injured*) dans un accident de voiture, on va à l' _____.

8. Quand le bureau de poste est trop loin, on peut acheter des timbres au _____.

9. Si tu veux acheter un livre, tu vas à la _____.

C. **Dans une petite ville.** Écoutez les descriptions, et donnez le nom de l'endroit.

Vous entendez :   C'est l'endroit où on va pour prendre le train.
Vous dites :   C'est la gare.

1. ...   2. ...   3. ...   4. ...   5. ...   6. ...

D. **Le bon chemin.** Vous vous promenez dans cette petite ville. Écoutez les instructions. Tracez la route sur la carte, et indiquez où vous arrivez.

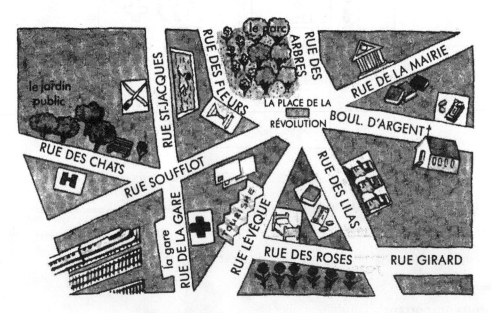

Vous entendez :   Vous êtes au bureau de poste, rue Soufflot. Tournez à gauche, puis
                        tournez à droite dans la rue St-Jacques. Continuez tout droit. Regardez
                        le bâtiment à votre droite. Où êtes-vous ?
Vous cochez :   ✔ à la piscine   _____ au commissariat

1. _____ à la gare   _____ au parc
2. _____ au jardin public   _____ à l'hôtel
3. _____ à la banque   _____ à l'hôpital
4. _____ à l'église   _____ à la mairie

Les arrondissements de Paris

A. Invitations. Vous distribuez des invitations pour une fête dans le quartier aux personnes de votre immeuble. Il n'y a que le nom de famille sur les enveloppes. Regardez le dessin et décidez où vous allez laisser chaque invitation.

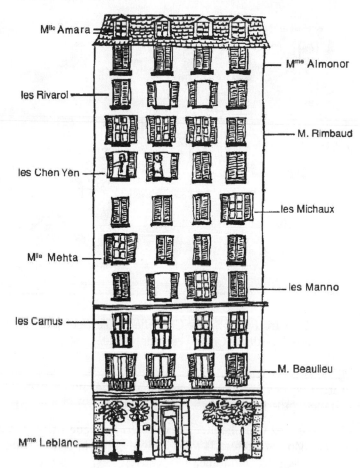

MODÈLE : Les Chen Yen *habitent au sixième étage,*

1. M. Beaulieu _____

2. Mlle Mehta _____

3. Les Camus _____

4. Mme Leblanc _____

5. Mme Almonor _____

6. Mlle Amara _____

B. Au centre de Paris. Regardez le plan et la légende. Maintenant, écoutez les questions et répondez, selon le modèle. Cet endroit est-il **dans l'île de la Cité, sur la Rive gauche** ou **sur la Rive droite ?** Qu'est-ce que c'est ?

Légende :

une église   un musée   une place   un monument   un jardin   une université   un théâtre

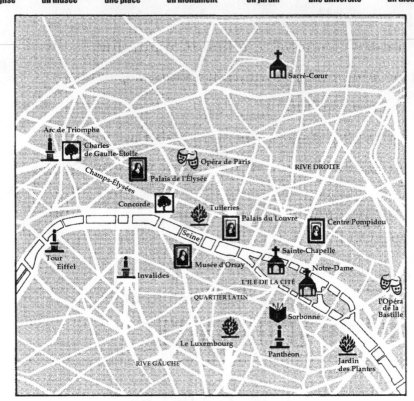

Vous entendez :   Où se trouve la Sainte-Chapelle ? Qu'est-ce que c'est ?
Vous dites :   Dans l'île de la Cité. C'est une église.

1. ... 2. ... 3. ... 4. ... 5. ... 6. ... 7. ...

C. Et vous ? Quelle est l'attitude des étudiants envers (*toward*) les villes ? Écoutez la question et les réponses de deux camarades, puis répondez vous-même. Vous n'entendrez pas de réponses suggérées.

Vous entendez :   Préférez-vous habiter en ville, en banlieue ou à la campagne ? Pourquoi ?
– Moi, je préfère la ville. J'adore sortir le soir ! – Moi, j'aime la banlieue.
C'est plus tranquille. – Et vous ?
Vous dites :   Moi aussi, j'aime la ville, parce que j'adore les boites de nuit.

1. ... 2. ... 3. ... 4. ...

Le patrimoine historique

A. Quel monument décrit-on? Lisez les quatre descriptions et identifiez les monuments suivants.

On a commencé à construire **l'église de Beauvais** en 1225. Mais après 25 ans de construction, la partie terminée est tombée. On l'a rebâtie, mais il n'y a jamais eu assez d'argent pour terminer l'énorme cathédrale gothique.

Le 17 aout 1661 dans son nouveau **château de Vaux-le-Vicomte,** Nicolas Fouquet offre une fête somptueuse à Louis XIV. Dix-neuf jours plus tard, Louis, envieux de la splendeur du château, met Fouquet en prison. Le salon sous le grand dôme central n'a jamais été décoré.

François Ier (roi de France de 1515 à 1547) venait chasser (*to hunt*) dans la forêt de **Chambord.** C'est la forêt qui a donné son nom à ce château connu pour ses 365 cheminées (*chimneys*).

Pendant le Premier Empire (1804-1815), Napoléon donne l'ordre de construire un temple à la gloire de la Grande Armée. Cette église, qui s'appelle **la Madeleine,** ressemble à un temple grec.

1. monument _____

   époque _____

   siècle _____

2. monument _____

   époque _____

   siècle _____

3. monument _____

   époque _____

   siècle _____

4. monument _____

   époque _____

   siècle _____

B. Époques. Écoutez la description, et écrivez le nom de la personne, du bâtiment ou du lieu associé à l'époque.

l'époque romaine (les arènes de Lutèce)

la Renaissance (Jacques Cartier)

l'époque classique — L'État, c'est moi (Louis XIV) (Versailles)

le Moyen Âge (Notre-Dame) (Charlemagne) (Chambord)

l'époque moderne (Charles de Gaulle) (la tour Eiffel)

Vous entendez : La tour Eiffel a été construite à Paris pour une grande exposition universelle. Cette exposition fêtait le 100ᵉ anniversaire de la Révolution française. De quelle époque date la tour Eiffel ?

Vous écrivez :

- l'époque moderne _____la tour Eiffel_____ _____

- l'époque classique _____ _____

- la Renaissance _____ _____

- le Moyen Âge _____ _____

- l'époque romaine _____ _____

C. L'art de l'histoire. Écoutez les descriptions et associez chacune avec un des noms suivants. Donnez aussi le siècle associé.

Christophe Colomb (v. 1451-1506) Benjamin Franklin (1706-1790)
Guillaume le Conquérant (1027-1087) Jeanne d'Arc (v. 1412-1431)
Louis XIV (1638-1715) François Mitterrand (1916-1996)
Napoléon Bonaparte (1769-1821) Louis Pasteur (1822-1895)

Vous entendez : C'était un roi très puissant qui a fait construire le palais de Versailles. C'est lui qui disait : « L'État, c'est moi. »
Vous dites : C'est Louis XIV. Il est du 17ᵉ et du 18ᵉ siècles.

1. ... 2. ... 3. ... 4. ... 5. ... 6. ... 7. ...

Les œuvres littéraires et les œuvres d'art

Classifications. Classez les mots suivants : **actrice, cinéaste, compositeur, écrivain, film, œuvre musicale, peintre, pièce de théâtre, poème, poète, roman, sculpteur, sculpture, tableau.**

ARTISTES   ŒUVRES

_____   _____

_____   _____

_____   _____

_____   _____

_____   _____

LEÇON 2

L'accord du participe passé avec avoir

Talking About the Past

A. Georges a fait quoi ? Votre ami Georges pense que tout lui appartient (*belongs to him*). Imaginez une réponse et utilisez un pronom d'objet direct. Attention aux participes passés.

Suggestions : boire, écouter, lire, louer, porter, regarder, vendre

MODÈLE : Qu'est-ce que Georges a fait de *notre voiture* ? → Il l'a vendue.

1. Qu'est-ce qu'il a fait des *vins français* de son père ? _____

_____

2. Qu'est-ce qu'il a fait des *lettres de Madeleine* ? _____

_____

3. Qu'est-ce qu'il a fait de *la chambre de son ami* ? _____

_____

4. Qu'est-ce qu'il a fait des *chaussures de son camarade de chambre* ? _____

_____

5. Qu'est-ce qu'il a fait des *CD de sa voisine* ? _____

_____

6. Qu'est-ce qu'il a fait de *nos photos* ? _____

_____

B. Coup de téléphone. Écoutez la conversation d'Odile en regardant le texte suivant. Ensuite, écoutez-la encore une fois en écrivant les mots qui manquent.

Allo, Brigitte? Oui, c'est moi... Oui, oui, ça va... mais cet après-midi _____[1] mes

clés pendant une heure... Oui, je _____[2] finalement _____[3]

–c'est incroyable–derrière le sofa et à côté d'une pile de magazines. C'est que ce matin, mes clés

_____[4] près du téléphone. Je _____[5] sur ma

table de nuit hier soir, j'en suis certaine. Mais, vers onze heures, Gérard _____[6]

pour nous inviter à déjeuner. Comme Monique _____,[7] je

_____.[8]

Elles _____[9] tomber quand les deux chiens des voisins _____[10]

dans l'appartement. Tu ne comprends toujours pas?... Eh bien... tu as encore un moment? Je peux

t'expliquer le reste...

C. Richard est trop curieux. Écoutez les questions et répondez, en reprenant chaque fois sa deuxième question.

À comprendre : frigo (le réfrigérateur)

Vous entendez : C'est la motocyclette de Jean-Pierre? Il ne l'a pas prise?
Vous dites : Non, il ne l'a pas prise.

1. Oui,...   2. Oui,...   3. Oui,...   4. Oui,...   5. Non,...

D. Votre vie à vous. Parlez de votre famille pendant votre enfance en répondant aux questions suivantes. Utilisez un pronom d'objet direct dans votre réponse et n'oubliez pas l'accord du participe passé.

1. Comment appeliez-vous votre grand-mère quand vous étiez enfant?

_____

2. Avez-vous adoré votre grand-père?

_____

3. Est-ce que vos parents vous ont compris quand vous étiez petit(e)?

_____

4. Avez-vous connu (*Did you meet*) vos arrière-grands-parents (*great-grandparents*)?

_____

Les verbes *suivre* et *vivre*

A. Ah! Les verbes! Complétez le tableau suivant.

	POURSUIVRE	VIVRE	SUIVRE
présent	je / j' les poètes	vous tu	nous on
imparfait	je / j' les poètes	vous tu	nous on
futur	je / j' les poètes	vous tu	nous on
passé composé	je / j' les poètes	vous tu	nous on

B. Votre vie à vous. Répondez aux questions suivantes.

1. Où vivez-vous maintenant?

   _____

2. Quels cours suivez-vous ce semestre / trimestre?

   _____

3. Quelle carrière allez-vous poursuivre? La poursuivez-vous déjà?

   _____

4. Combien de temps avez-vous vécu chez vos parents?

   _____

5. Dans quelle ville ou quel village viviez-vous quand vous aviez quinze ans?

   _____

6. Quels cours avez-vous suivis pendant votre dernière année à l'école secondaire?

   _____

 C. Christine et Alain, des étudiants mariés. Écoutez la description de leur vie, puis indiquez si les phrases suivantes sont vraies (**V**) ou fausses (**F**).

1. V F Christine et Alain sont étudiants et vivent assez bien.

2. V F Christine aimerait devenir compositrice (*composer*).

3. V F Alain fait de la musique électronique.

4. V F Le mardi, les jeunes mariés suivent tous les deux un cours d'histoire de l'art.

5. V F Alain compte poursuivre une carrière dans l'enseignement (*teaching*).

D. La vie de Marie-Josée. Complétez les phrases avec le passé composé du verbe approprié (*suivre, poursuivre, vivre*). Attention à l'accord du participe passé.

1. Les buts (*m.*) que Marie-Josée _____ depuis son enfance sont maintenant à sa

   portée (*within reach*).

2. Pendant ses études, Marie-Josée _____ des hauts et des bas. Les expériences (*f.*)

   qu'elle _____ l'ont formée.

3. Quels cours est-ce que Marie-Josée _____ ? Elle _____ un

   cours de français et trois cours d'histoire.

4. Elle dit qu'un chien l'_____ jusqu'à la gare.

Le blogue d'Émilie

Pour les amateurs d'art

A. Émilie l'artiste. Complétez ces phrases avec les termes proposés entre parenthèses.

1. Émilie a découvert la _____ très tôt, après avoir vu une exposition des

   _____ du _____ Borduas. (peintre, peinture, tableaux)

2. Comme tous les élèves fransaskois, elle a appris des _____ de Nelligan et des

   autres grands _____ québécois. (poèmes, poètes)

3. Émilie a vu quelques _____ classiques au Théâtre du Nouveau-Monde, avec

   une troupe de très bons _____ et _____. (acteurs,

   actrices, pièces)

4. Émilie a aussi une passion pour la _____ moderne. Elle admire le

   _____ Rodin et sa célèbre élève, la _____ Camille Claudel.

   (sculptrice, sculpteur, sculpture)

5. Le _____ parisien est très varié. Émilie adore les églises _____,

   comme la cathédrale de Notre-Dame, et les ruines _____. (gothiques,

   patrimoine, romaines)

B. Émilie et ses passions. Mettez les verbes entre parenthèses au présent.

1. Elle (vivre) _____ une grande passion pour les arts.

2. Émilie (poursuivre) _____ un rêve : ouvrir une galerie d'art.

3. Émilie et sa sœur (suivre) _____ des cours d'histoire de l'art.

4. Est-ce que Émilie et toi, vous (vivre) _____ près du musée Picasso ?

5. Hélas, Émilie et moi, nous (vivre) _____ loin du (*far from*) musée Picasso.

C. L'ordre des choses. Écrivez en toutes lettres (*spell out*) les chiffres ordinaux entre parenthèses.

1. Il faut prendre la _____ (2ᵉ) rue à gauche.

2. C'est la _____ (4ᵉ) fois que je perds mes clés.

3. Nous habitons le _____ (25ᵉ) étage.

4. Mon frère a complété son _____ (6ᵉ) marathon la semaine dernière.

5. J'ai l'intention d'être le _____ (31ᵉ) premier ministre du Canada.

D. Accord du participe passé. Complétez les phrases suivantes en mettant au passé composé les verbes entre parenthèses.

1. Veux-tu regarder ce film? Moi, je l'_____ (regarder) hier soir.

2. Tu cherches tes clés? Je les _____ (voir) sur la table.

3. Je ne vois pas souvent mes cousins. Mais je leur _____ (écrire) une lettre lundi

   dernier. Voici la lettre que j'_____ (écrire).

4. Marianne est dans le salon. Je lui _____ (parler) pendant une heure.

E. Vous répondez à Émilie. Expliquez-lui quels sont vos artistes préférés en complétant les phrases de ce courriel.

DE: _____

À: Émilie@canmail.ca

Bonjour, Émilie!

À mon avis, ton idée de galerie virtuelle est _____.

Personnellement, j'ai une vie culturelle _____. Ma forme d'art préférée est

_____. Mais j'aime aussi _____ et j'apprécie

_____. Malheureusement, je n'ai pas toujours le temps de flâner dans les musées,

de visiter des expositions, d'aller à des concerts ou au théâtre. Et puis, c'est cher! Dans le passé,

j'ai suivi des cours de/d'_____. Mais je n'ai pas beaucoup de talent! Pourtant,

je continue à m'intéresser à _____ et rien ne m'empêche (*prevents me*)

d'apprendre à _____.

Je vais finir par être une vraie spécialiste en _____.

Bisous!

Pause-culture

A. Les artistes francophones. Complétez les phrases par un des termes suivants : **écrivain(e), musicien(ne), peintre, poète, sculpteur / sculptrice.**

1. Le _____ sénégalais Ousmane Sow présente ses sculptures sur le pont des Arts à Paris.

2. Aimé Césaire est un très grand _____ martiniquais. Dans ses poèmes, il chante la beauté des Caraïbes.

3. Assia Djebar est la première _____ d'origine algérienne élue (*elected*) à l'Académie française. Ses livres sont traduits en plusieurs langues.

4. Tu connais Corneille ? C'est un _____ rwandais très populaire. Tout le monde adore ses chansons.

5. Le _____ québécois Jean-Paul Riopelle a exposé ses tableaux dans le monde entier.

B. Les musées d'Ottawa. Relisez le **Reportage** dans votre manuel, puis trouvez dans la colonne de droite la fin de chaque phrase.

1. Le Musée canadien de l'histoire se trouve

   _____

2. Les visiteurs au Musée des sciences et de la technologie du Canada apprécient _____

3. Le Musée canadien de la nature est situé _____

4. Au Musée de l'aviation et de l'espace du Canada, on peut voir _____

5. Les courbes du Musée canadien des civilisations représentent _____

a. dans un château construit en 1905.
b. le paysage canadien.
c. les expositions interactives.
d. dans la ville de Gatineau.
e. des modèles d'aéronefs (*aircraft*).

LEÇON 3

 Les pronoms accentués

Emphasizing and Clarifying

A. Invitation. Complétez les phrases suivantes avec des pronoms accentués.

Pronoms accentués : moi, toi, lui, elle, nous, vous, eux, elles

– En aout, nous partons en vacances avec Thomas, sa femme Virginie et leurs enfants Ronan et

Danielle. Thomas, _____*lui*_____,[1] aime faire du vélo mais Virginie, _____,[2]

préfère aller à la plage. Les enfants, _____,[3] aiment jouer au tennis et faire du cheval.

Nous aimons partir avec _____[4] parce que ce sont de très bons amis. Danielle et

_____,[5] nous jouons aux cartes. Et _____,[6] est-ce que vous voudriez (*would*

you like) venir? Tu sais, Thomas et _____,[7] vous pouvez aller à la pêche ensemble.

– Non, merci, nous ne pouvons pas. Nous devons rester chez _____[8] en aout.

B. Votre vie à vous. Vous parlez de gens que vous connaissez. Répondez brièvement avec un de ces
pronoms : **moi, lui, elle, eux, elles.** Utilisez **non plus** si vous êtes d'accord ou **si,** si vous n'êtes
pas d'accord.

MODÈLE : Mon père n'aime pas la musique reggae. Et votre père? →
　　　　　Lui non plus. (Il n'aime pas la musique reggae.)
　ou　Lui si. (Il aime la musique reggae.)

Ma mère n'aime pas la peinture moderne.

1. Et vous? _____

2. Et votre meilleur ami / meilleure amie? _____

3. Et vos frères et vos sœurs? _____

4. Et votre professeur de français? _____

Ma sœur n'aime pas écrire des poèmes.

5. Et vos parents? _____

6. Et vos meilleures amies? _____

7. Et votre professeur(e)? _____

8. Et vous? _____

C. Panne d'électricité. (*Power failure.*) Il y a une panne d'électricité dans la galerie d'art. Ces personnes
essaient de se retrouver (*to find each other*) dans l'obscurité (*in the dark*). Répondez selon le modèle.

Vous entendez :　C'est M. Legrand?
Vous dites :　　　Oui, c'est lui.

1. ...　2. ...　3. ...　4. ...　5. ...

D. C'est incroyable! Ce que vous entendez vous surprend (*surprises you*). Réagissez en vous basant sur les modèles.

À comprendre: s'installer (*to sit down*)

Vous entendez:	Jean parle de vous et de Charles.
Vous dites:	Il parle de nous?
Vous entendez:	Jean va chez les Legrand.
Vous dites:	Il va chez eux?

1. ... 2. ... 3. ... 4. ... 5. ... 6. ...

La place des pronoms personnels

Speaking Succinctly

A. Ordres. Répétez les ordres du prof, selon les modèles.

Vous entendez:	Lisez ce paragraphe!
Vous dites:	Lisez-le!
Vous entendez:	Ne parlez pas à vos camarades!
Vous dites:	Ne leur parlez pas!

1. ... 2. ... 3. ... 4. ... 5. ... 6. ...

B. Conseils. Justin est assez timide et très prudent. Julie est très entreprenante (*enterprising*). Quels conseils est-ce qu'ils donnent dans les situations suivantes? Utilisez deux pronoms objets pour remplacer les mots soulignés.

MODÈLE: Les Finkelstein veulent emprunter <u>la BMW</u> <u>à leur voisin</u>. →

JUSTIN: Ne la lui empruntez pas.
JULIE: Empruntez-la-lui.

1. Constantin va emmener <u>sa petite sœur</u> <u>à un concert de rock</u>.

JUSTIN: _____

JULIE: _____

2. Marcel et Françoise veulent faire <u>du camping</u> <u>dans les déserts d'Afrique</u>.

JUSTIN: _____

JULIE: _____

3. Plusieurs amis veulent apporter <u>de l'alcool</u> <u>à un ami qui est à l'hôpital</u>.

JUSTIN: _____

JULIE: _____

4. Raoul veut montrer <u>sa nouvelle sculpture</u> <u>à un groupe d'étudiants d'art</u>.

JUSTIN: _____

JULIE: _____

5. Daniela veut enseigner <u>l'alpinisme</u> <u>à son amie</u>.

   JUSTIN : _____

   JULIE : _____

6. Nicole et Patrick veulent écrire <u>des lettres</u> <u>au Premier ministre</u>.

   JUSTIN : _____

   JULIE : _____

C. Votre vie à vous. Quelle est votre personnalité ? Donnez votre réaction à chaque situation. Utilisez des pronoms objets et **y** et **en.**

MODÈLE : Votre camarade de chambre veut montrer <u>vos photos</u> <u>à ses amis</u>.
Vous lui dites : → Ne les leur montre pas. (*ou* Montre-les-leur.)

1. Votre camarade de chambre vous demande s'il / si elle peut prêter <u>la clé (*the key*)</u> de votre chambre <u>à un</u> <u>autre ami</u>.

   Vous lui dites : _____

2. Une camarade veut envoyer <u>un de vos poèmes</u> <u>à un poète célèbre</u>.

   Vous lui dites : _____

3. Une amie veut montrer <u>à tous les étudiants</u> <u>les questions de l'examen d'histoire</u> qu'elle a trouvées dans le bureau du professeur.

   Vous lui dites : _____

4. Un camarade de classe a l'intention de fumer <u>des cigarettes</u> <u>dans la salle de classe</u>.

   Vous lui dites : _____

5. Une voisine que vous ne connaissez pas bien veut <u>vous</u> donner <u>six petits chats</u>.

   Vous lui dites : _____

D. Confrontations. Avec quelle image va chaque situation ? Mettez la lettre correspondante.

À comprendre : cacher (*to hide*), ça suffit (*that's enough*)

a.

b.

c.

d.

e.

1. _____   2. _____   3. _____   4. _____   5. _____

LEÇON 4

 Les verbes suivis de l'infinitif

Expressing Actions

A. Ah! Les prépositions! Quels verbes prennent une préposition avant un infinitif? Quels verbes n'en prennent pas? Cochez (✔) les cases correctes.

	+ infinitif	+ **à** + infinitif	+ **de** + infinitif
1. accepter			✔
2. aider			
3. aller			
4. arrêter			
5. chercher			
6. choisir			
7. conseiller			
8. demander			
9. désirer			
10. devoir			
11. enseigner			
12. oublier			
13. permettre			
14. rêver			
15. savoir			
16. vouloir			

B. Pensées diverses. Utilisez **à, de / d', par** ou laissez un blanc (*a blank*).

Les habitudes au téléphone. Marc aime _____[1] téléphoner à ses amis le soir quand ils ne travaillent pas. Mais Marie croit qu'il faut _____[2] leur téléphoner l'après-midi. Elle refuse _____[3] les réveiller ou _____[4] les empêcher _____[5] dormir.

Tout le monde aime voyager. Ma mère rêve _____[6] faire le tour du monde. C'est l'Afrique qu'elle a décidé _____[7] découvrir en premier, mais elle veut aussi _____[8] visiter les autres continents. Pour se préparer, elle a déjà commencé _____[9] suivre des cours du soir pour étudier deux langues étrangères. Elle va _____[10] finir _____[11] être polyglotte (*multilingual*).

Question de talent. Je ne réussirai jamais (*will never succeed, will never manage*) _____[12] apprendre _____[13] danser! J'essaie _____[14] suivre un cours de danse chaque été. Voilà ce qui arrive : je vais peut-être deux fois au cours, mais je ne continue pas _____[15] danser régulièrement. « J'oublie » _____[16] y aller!

C. Votre vie à vous. Terminez les phrases suivantes en utilisant des infinitifs et en vous basant sur votre propre expérience.

1. Normalement la fin de semaine, je préfère _____

   et je déteste _____

2. En général, la fin de semaine, j'essaie _____

   et j'aime _____

3. Certains dimanches, on m'empêche _____

4. La fin de semaine passée, j'ai choisi _____

5. Cette fin de semaine, j'espère _____

6. Je vais commencer _____

   et je vais finir _____

D. Le patrimoine historique et artistique. Répétez le début de phrase que vous entendez, et complétez la phrase avec l'expression donnée. N'oubliez pas d'ajouter une préposition (**à** ou **de**), si c'est nécessaire.

Vous entendez :	Je commence
Vous voyez :	apprendre l'histoire de France
Vous dites :	Je commence à apprendre l'histoire de France.

1. m'indiquer le chemin pour aller aux arènes de Lutèce
2. visiter le Louvre avec moi demain
3. jouer du violon
4. composer sa symphonie
5. peindre à l'huile
6. étudier à l'école des Beaux-Arts l'année prochaine
7. avoir du succès comme écrivain
8. ne pas être bien payés

Les adverbes

Talking About How Things Are Done

A. Tristement! Rendez cette histoire plus vivante (*more vivid*) en mettant l'adverbe correspondant à la place de l'adjectif proposé. Barrez (*Cross out*) les adjectifs.

Le téléphone a sonné (*rang*) à deux heures du matin. Le détective a essayé _____[1]

(vain) de trouver l'appareil à côté de son lit. Il l'a _____[2] (final) décroché (*picked up*)

et a dit «Allo?» Une voix de femme lui a répondu _____[3] (rapide) avec des mots

qu'il n'a pas compris _____[4] (immédiat). «Répétez plus _____[5]

(lent), s'il vous plait, madame» lui a-t-il demandé _____[6] (poli). «Il est mort» a dit

_____[7] (triste) la dame. «Qui?» lui a-t-il demandé _____[8] (doux).

«Mon chien. N'êtes-vous pas vétérinaire?»

B. De toute manière. Complétez chaque phrase à l'aide d'un adverbe.

MODÈLE : Il est vrai que je suis canadienne. → Je suis vraiment canadienne.

1. Elle parle français de manière rapide.

   Elle parle français _____.

2. Il est patient quand il attend.

   Il attend _____.

3. Tu as une attitude sérieuse quand tu étudies.

   Tu étudies _____.

4. Je suis lent quand je conduis.

   Je conduis _____.

5. Nous sommes polis quand nous parlons à nos parents.

   Nous leur parlons _____.

6. Vous êtes actifs en cours de français.

   Vous participez _____.

7. Ils sont honnêtes quand ils jouent.

   Ils jouent _____.

8. Tu es franc avec tes amis.

   Tu leur parles _____.

C. Votre vie à vous. Répondez aux questions suivantes en vous basant sur votre expérience personnelle. Utilisez un des adverbes suggérés ou un autre adverbe de votre choix.

> MODÈLE : Combien avez-vous voyagé le semestre dernier ? (beaucoup, peu, pas du tout) →
> Je n'ai pas du tout voyagé. (J'ai beaucoup voyagé. J'ai peu voyagé.)

1. Comment avez-vous dormi hier soir ? (bien, mal, pas assez, trop)

    _____

2. Avez-vous mangé ce matin ? (lentement, mal, pas du tout, vite)

    _____

3. Étudiiez-vous beaucoup à l'école secondaire ? (constamment, peu, rarement, souvent)

    _____

4. Avez-vous travaillé l'été passé ? (absolument, beaucoup, pas du tout, peu)

    _____

5. Avez-vous déjà pensé aux cours que vous allez suivre l'année prochaine ?
   (beaucoup, pas du tout, peu, trop)

    _____

6. Avez-vous compris le dernier chapitre de français ? (bien, heureusement, mal, pas du tout)

    _____

7. Comment parlez-vous français maintenant ? (assez bien, couramment, pas couramment)

    _____

D. Une fable traditionnelle. Voici une course à pied (*foot race*) très célèbre. Écoutez la présentation deux fois, et indiquez si les expressions suivantes décrivent le **lièvre** (*hare*) (**L**) ou la **tortue** (**T**). (Nous avons commencé pour vous.)

À comprendre : désespérément (*desperately*), prend la tête (*takes the lead*), rattraper son retard (*to catch up*), vitesse (*speed*)

Nous assistons (*are present*) aujourd'hui à une course tout à fait (*completely*) spéciale. Elle est bien sûr télévisée. Écoutons l'annonceur...

1. __L__ prend rapidement la tête

2. _____ avance lentement

3. _____ avance à une vitesse incroyable

4. _____ a gagné sans difficulté

5. _____ dort

6. _____ essaie désespérément de rattraper son retard

7. _____ continue imperceptiblement sur la piste

Maintenant, écoutez parler le lièvre, et donnez la réaction de la tortue.

À comprendre : on se dépêche (*we hurry*)

Vous entendez :   Chez nous, on rit (*laugh*) beaucoup.
Vous voyez :   assez
Vous dites :   Chez nous, on rit assez.

1. doucement   4. très peu
2. calmement   5. modestement
3. rarement

E. Comportements (*Behaviours*). Voici des questions sur votre manière de faire certaines choses. Utilisez un adverbe dans chaque réponse. Vous n'entendrez pas de réponses suggérées.

À comprendre : marcher (*to walk*)

Vous entendez :   Comment chantez-vous ?
Vous dites :   Je chante très, très mal !

1. ...   2. ...   3. ...   4. ...

PERSPECTIVES

 # Faire le bilan

A. Il a séché (*cut*) le cours. Marc a séché le cours de philosophie hier matin. Il vous demande de lui prêter (*lend*) votre cahier, vos notes de classe, etc. Comme vous êtes une personne généreuse, vous voulez bien l'aider. Suivez le modèle.

MODÈLE :   MARC : Tu me prêtes tes notes de classe ?
           VOUS : Oui, je te les prête.
           MARC : Alors, prête-les-moi.

1. MARC :   Tu me prêtes ton cahier ?

    VOUS : _____

    MARC : _____

2. MARC :   Tu me donnes ta copie de la bibliographie ?

    VOUS : _____

    MARC : _____

3. MARC :   Tu prêtes aussi tes notes de classe à mon ami Olivier ?

    VOUS : _____

    MARC : _____

4. MARC: Tu me montres tes devoirs?

   VOUS: _____

   MARC: _____

5. MARC: Tu donnes la copie de l'examen à tes camarades?

   VOUS: _____

   MARC: _____

B. Votre vie à vous. Complétez chaque phrase avec le verbe de votre choix à l'infinitif. N'oubliez pas les prépositions nécessaires.

MODÈLE: J'aime ___*faire la cuisine*___ .

1. Je veux _____

2. Avant la fin de l'année, je vais essayer _____

   _____

3. Depuis mon arrivée à l'université, je continue _____

   _____

4. Je ne sais pas _____

5. Cet été, je vais commencer _____

6. Je voudrais inviter mes amis _____

7. J'oublie parfois _____

8. Je rêve _____

9. À l'université, je me prépare _____

10. À l'école secondaire (*high school*), j'ai appris _____

 # Prononciation

Voyelles fermées et voyelles ouvertes. The "closed" French vowels, in words such as **pot, allée,** and **deux,** contrast with the "open" vowels: **homme, belle, heure.** Very generally speaking, closed vowels occur as the final vowels in a syllable, whereas open vowels occur before a consonant + silent **e.** Listen carefully for the difference: **été, tête.**

Répétez les expressions suivantes.

1. chaud / gros / robe / poste
2. parlé / nez / fraise / tête
3. œufs / feu / jeune / œuf

Écoutez le passage suivant. Ensuite, écoutez-le une deuxième fois, et répétez chaque phrase.

Quand il faisait beau, / j'aimais aller à la plage / pour faire du sport / ou pour chercher des coquillages (*seashells*). / Quand il pleuvait, / j'aimais faire une promenade sur la plage / au chaud dans mes bottes et mon pull (chandail), / et regarder la tempête!

À l'écoute !

Le musée d'Orsay. Une jeune fille française, Martine, cherche à convaincre (*convince*) Christine, une de ses copines québécoises, de venir la voir en France. Vous entendez une partie de la conversation. Écoutez, puis choisissez la bonne réponse à chacune des questions.

1. À sa création, le musée d'Orsay était _____ .
   a. une cathédrale   b. un café-restaurant   c. une gare

2. Aujourd'hui, on y trouve des œuvres _____ .
   a. cubistes   b. de la Renaissance   c. impressionnistes

3. La _____ et la sculpture y sont représentées.
   a. peinture   b. musique   c. photographie

4. Au dernier étage du musée, il y a _____ .
   a. un théâtre   b. un magnifique tableau de Picasso   c. un café et une terrasse

Par écrit

Purpose: Describing a cultural activity

Audience: Classmates

Goal: To write an account of a cultural activity you engage in fairly often.

Choose an activity you enjoy as a spectator (attending theatre, concerts, films, and so on), viewer, reader, collector, browser, performer, or creator (arts and crafts). Discuss how the activity fits into your everyday life: how often, where, with whom, what you accomplish, and why you enjoy it.

Steps
1. Make an outline. For each point, make a list of the vocabulary terms you will use. Arrange the points so that the discussion flows smoothly.
2. Write a rough draft. Have a classmate read the draft and comment on its clarity and organization. Add new details and eliminate irrelevant ones.
3. Make any necessary changes. Finally, reread the composition for spelling, punctuation, and grammar. Focus especially on your use of adverbs and direct and indirect object pronouns.

Journal intime

Expliquez votre opinion sur les arts.

- Quel rôle est-ce qu'ils jouent dans votre vie?
- Qui sont les auteurs, poètes, compositeurs, peintres et cinéastes que vous trouvez intéressants? Pourquoi?

    MODÈLE: Moi, j'écoute des CD tous les jours, même le matin.
    J'aime plusieurs types de musique: le jazz, l'opéra, le folk...

- **Soif de culture.** Décrivez une manifestation culturelle à laquelle (*that*) vous avez assisté (un film, une pièce de théâtre, un concert, une exposition, etc.), en répondant aux questions suivantes. N'hésitez pas à donner des détails supplémentaires.

    1. Où et quand a eu lieu (*took place*) cette manifestation?
    2. Quels étaient les participants (acteurs, artistes, etc.)?
    3. Est-ce que c'était une manifestation à contenu classique ou contemporain?
    4. Comment était l'auditoire (*audience*), les spectateurs, les visiteurs? Étaient-ils nombreux? Quel était l'âge moyen des spectateurs?
    5. Comment l'auditoire a-t-il réagi? Est-ce que vous avez aimé cette manifestation? Expliquez.

Être bien dans sa peau

CHAPITRE
11

LEÇON 1

 Les relations amoureuses

A. Une histoire d'amour. Écoutez l'histoire de Mireille et de Jacques. Indiquez si les phrases suivantes sont vraies (**V**) ou fausses (**F**).

1. V F Mireille et Jacques tombent amoureux immédiatement.

2. V F Ils se marient après trois ans.

3. V F Ils s'installent dans la maison de la mère de Jacques.

4. V F Le mariage ne réussit pas.

Maintenant, écoutez les déclarations suivantes sur l'histoire de Mireille et de Jacques. Elles ne sont pas en ordre. Écrivez-les dans la colonne appropriée : **au début** (*in the beginning*), **au milieu** (*in the middle*) ou **vers la fin.**

Vous entendez : Mireille et Jacques tombent follement amoureux.
Vous écrivez :

AU DÉBUT	AU MILIEU	VERS LA FIN
Ils tombent amoureux.	_____	_____
_____	_____	_____
_____	_____	_____
_____	_____	_____

B. L'amour et le mariage. Choisissez l'expression logique pour compléter les phrases suivantes.

MODÈLE : Le coup de foudre (précède) / suit le voyage de noces.

1. On voit les nouveaux mariés pour la première fois **à la cérémonie / pendant leur voyage de noces.**

2. Les gens qui préfèrent rester célibataires **ne se marient pas / se marient.**

3. En général, les gens qui ne s'entendent pas **se disputent / se marient.**

4. La période où l'on se promet (*when one promises*) de se marier s'appelle **les rendez-vous / les fiançailles.**

5. Pour s'installer (*settle*) dans une nouvelle maison, on a besoin **d'amis / de meubles.**

 # Le corps humain

A. Aïe (*Ouch*), ça fait mal ! À quelles parties du corps est-ce qu'on a mal ?

MODÈLE : J'ai un rhume (*cold*). → J'ai mal ___*à la gorge*___ .

1. Henri et Paul écoutent quinze CD de rock. Leurs parents ont mal _____.

2. Je vais chez le dentiste ce matin. J'ai mal _____.

3. Nous portons des cartons très lourds (*heavy*). Nous avons mal _____.

4. Les nouvelles chaussures de Charles sont trop petites. Il a mal _____.

5. Vous apprenez à jouer de la guitare. Vous avez mal _____.

6. Mathilde lit un roman pendant douze heures sans s'arrêter. Elle a mal _____.

7. Il fait très froid et Raymond n'a pas de chapeau. Il a mal _____.

8. Mireille participe à un marathon. Elle a mal _____.

B. Énigme. Écoutez chaque définition, et donnez la partie ou les parties du corps définies.

Vous entendez : Ils servent à (*are used for*) jouer du piano.
Vous dites : Les mains et les doigts.

1. ... 2. ... 3. ... 4. ... 5. ... 6. ...

C. Et maintenant... un moment de détente (*relaxation*) ! L'exercice physique nous est bénéfique, même pendant une leçon de français ! Restez assis(e) à votre place, et faites les exercices suivants.

À comprendre : baissez (*lower*), bougez (*move*), de bas en haut (*down and up*), détendez (*relax*), étendez (*stretch out*), faites des ronds (*make circles*), fermez (*close*), levez (*lift*), ouvrez (*open*), respirez profondément (*breathe deeply*), sur le côté (*at your sides*)

1. ...   2. ...   3. ...   4. ...   5. ...   6. ...   7. ...   8. ...   9. ...   10. ...   11. ...   12. ...

 # Les activités de la vie quotidienne

A.   Une journée typique. Numérotez les phrases suivantes pour les mettre dans un ordre logique.

_____ a.   Elles s'endorment.

_____ b.   Laure et Lucette se réveillent.

_____ c.   Elles s'en vont.

_____ d.   Elles s'habillent.

_____ e.   Elles se couchent.

_____ f.   Elles se maquillent.

_____ g.   Elles se lèvent.

_____ h.   Elles rentrent à la maison.

B.   Votre vie à vous. Quelle est votre routine? Complétez les phrases avec des informations personnelles.

MODÈLES :   Je me réveille à ___*six heures et demie*___ .

Je me brosse les cheveux ___*dans ma chambre*___ .

1.   Je me réveille à _____

2.   Je me lève à _____

3.   Je me brosse les dents dans _____

4.   Je me peigne dans _____

5.   Je m'habille dans _____

6.   Je m'en vais à _____

7.   Je me couche à _____

8.   Je m'endors à _____

LEÇON 2

 Les verbes pronominaux (première partie)

Expressing Actions

A. **Les copines.** Zoé et Abena sont étudiantes de première année dans une université canadienne. Elles vont partager (*share*) une chambre à la maison française. Complétez leur conversation.

Verbes utiles : s'arrêter, se demander, se dépêcher, se détendre, s'installer

Zoé et Abena _____[1] dans leur nouvelle chambre. Elles ont toutes sortes de

cartons et de valises.

ZOÉ : Je _____[2] où nous allons mettre toutes nos affaires. Cette chambre

est vraiment trop petite.

ABENA : Nous devons _____[3] Je ne veux pas être en retard au premier repas.

ZOÉ : Écoute, on a encore trois heures. Voici ce que je propose : nous

_____[4] de travailler dans deux heures et demie. Ensuite, nous

_____[5] un peu. Tu es d'accord ?

Verbes utiles : s'amuser, se demander, s'entendre, se rappeler, se souvenir

(*Plus tard.*)

ABENA : Je _____[6] si nous allons aimer vivre ensemble. D'habitude je

_____[7] bien avec les autres. Mais je _____[8]

d'une fille insupportable (intolérable) avec qui j'ai été obligée de partager une chambre. Elle

n'écoutait que de l'opéra. Je _____[9] un jour où j'avais tellement

besoin de (*I was so in need of*) silence que j'ai caché (*hid*) sa radio.

ZOÉ : Je suis sure que nous allons _____[10] ensemble. Mais tiens (*hey*), où

est ma radio ?

B. **Portrait d'un bon prof.** Complétez cette description en remplaçant les expressions entre parenthèses par des verbes pronominaux. Barrez les expressions entre parenthèses.

Notre prof (a le nom) _____[1] Mme Lévi. Si Mme Lévi (fait une

erreur) _____,[2] elle (demande pardon) _____.[3]

Voilà pourquoi elle (a de bons rapports) _____⁴ bien avec tous ses étudiants.

Et si nous (faisons des erreurs) _____,⁵ elle nous encourage sans se moquer

(*making fun*) de nous. Elle a l'air de (passer des moments agréables) _____⁶

en classe.

En cours elle (n'oublie pas) _____⁷ nos objectifs, et nous travaillons dur.

Nous n'avons pas le temps de (nous reposer) _____,⁸ en général ; nous

(allons vite) _____⁹ pour tout finir. Mais nous (passons des moments

agréables) _____¹⁰ aussi.

C. Les distractions des étudiants. Complétez les phrases suivantes en écoutant le passage.

Je _____¹ parfois si les étudiants français ont le temps de

_____.² En général, dans l'université même (*itself*), il n'y a pas de salle de

sport ni (*nor*) de théâtre. Pourtant (*Nevertheless*), les étudiants doivent aussi

_____.³ On a besoin de _____⁴ quelquefois et de

prendre le temps de vivre.

Le soir, les étudiants _____⁵ souvent dans le quartier universitaire. Ils

_____⁶ à une table dans un café pour prendre un verre et discuter avant

de rentrer travailler. Le dimanche, beaucoup d'étudiants dînent, sans _____,⁷

chez leurs parents ou leurs grands-parents. Ils _____⁸ en faisant (*by playing*)

un peu de sport, une promenade ou en allant (*by going*) à une exposition ou au cinéma.

D. Une vie d'étudiant. Écoutez chacune des situations suivantes, et choisissez l'expression verbale qui la décrit.

Vous entendez :   Tu sors le samedi soir avec tes amis : d'abord, au restaurant, ensuite, en boite de nuit.

Vous choisissez :   a. Tu t'excuses.   ⓑ Tu t'amuses.

1. a. Je me dépêche.   b. Je m'arrête.
2. a. Je me souviens de toi.   b. Je me demande si c'est vrai.
3. a. Ils se trouvent là-bas maintenant.   b. Ils vont s'installer là-bas plus tard.
4. a. Je me trompe.   b. Je me repose.
5. a. Nous nous entendons bien.   b. Nous nous détendons bien.

E. Deux familles. Décrivez la famille Legault qui fait toujours le contraire de la famille Lapointe.

Verbes utiles : se disputer, s'en aller, s'endormir, s'ennuyer, se fâcher, s'installer, se mettre à (*to begin* [*doing*]), se perdre, se tromper

MODÈLE : Les Lapointe se calment. →
Les Legault se fâchent.

1. Les Lapointe se réveillent.

_____

2. Les Lapointe quittent leur maison.

_____ chez eux.

3. Les Lapointe s'amusent.

_____

4. Les Lapointe s'entendent avec leurs collègues.

_____ avec leurs collègues.

5. Les Lapointe finissent de travailler.

_____ travailler.

6. Les Lapointe trouvent leur route.

_____

7. Les Lapointe arrivent.

_____

8. Les Lapointe ont raison.

_____

F. Qu'est-ce qu'on fait ? Faites des phrases complètes avec les mots donnés, puis imaginez une explication.

MODÈLE : Geoffroy / se raser / samedi soir / parce que →
Geoffroy se rase samedi soir parce qu'il sort avec sa blonde.

1. Marcel / se réveiller / tôt _____

_____

2. tu / se lever / midi _____

_____

3. M. Dupont / se coucher / cinq heures _____

_____

4. je / s'habiller / bien / après-midi _____

_____

5. les enfants / s'ennuyer / fin de semaine _____

_____

6. Laure / se regarder / miroir _____

_____

G. Un mariage en danger? Un psychologue pose des questions personnelles à deux personnes mariées qui ne s'entendent pas bien à cause de leur emploi du temps (*schedule*) le matin. Complétez les questions et les réponses en utilisant des verbes pronominaux.

PSYCHOLOGUE : À quelle heure est-ce que vous

_____[1] le matin?

se lever (2)
se réveiller (2)

FEMME : Nous _____[2] à 6 h 10,

mais mon mari ne _____[3]

qu'à 6 h 45. Moi, je _____[4]

à 6 h 15. Je trouve mon mari paresseux.

PSYCHOLOGUE : Et vous _____[5] le soir ou

le matin?

se baigner
se doucher
se lever

HOMME : Nous n'aimons pas les bains. Nous

_____[6] tous les deux le

matin. C'est pourquoi nous

_____[7] l'un après l'autre.

PSYCHOLOGUE : Est-ce que vous _____[8] les

dents en même temps?

se brosser (3)
s'habiller
s'intéresser

HOMME : Non. Je _____[9] les dents

très souvent, mais ma femme le fait le matin et le

soir seulement. Elle ne

_____[10] pas à la santé.

FEMME : Mais lui, il _____[11] les

dents dans la chambre pendant que je

_____![12] C'est très agaçant

(*annoying*)!

PSYCHOLOGUE : Vous êtes tous les deux très critiques, n'est-ce pas?

H. La vie quotidienne. Écoutez les remarques de Thomas, et transformez-les en questions contenant (*containing*) un verbe pronominal. Suivez le modèle.

> **Expressions utiles:** s'amuser, se coucher, s'en aller, s'habiller, se lever, se réveiller

> Vous entendez: Le matin, j'ouvre (*I open*) les yeux difficilement.
> Vous dites: Tu te réveilles difficilement?

1. ...   2. ...   3. ...   4. ...   5. ...

I. Une journée dans la vie de Jeanne-Marie. Regardez le dessin, et écoutez les questions. Répondez à chaque question en vous basant sur le dessin.

> Vous entendez: À quelle heure est-ce que Jeanne-Marie se réveille?
> Vous dites: Elle se réveille à sept heures.

> Vous entendez: Imaginez: à quelle heure est-ce qu'elle se brosse les dents?
> Vous dites: Elle se brosse les dents à sept heures vingt.

1. ...   2. ...   3. ...   4. ...   5. ...   6. ...

J. Comparez-vous à Philippe. Écoutez la description des habitudes de Philippe, puis donnez votre propre réponse. Vous n'entendrez pas de réponses suggérées.

> Vous entendez: Philippe se réveille à six heures et demie.
>   Et vous? À quelle heure est-ce que vous vous réveillez?
> Vous dites: Moi? À sept heures.

1. ...   2. ...   3. ...   4. ...   5. ...

La comparaison de l'adverbe et du nom

Making Comparisons

A. Votre vie à vous. Faites des comparaisons entre votre vie et celle de vos parents.

MODÈLES: _____*J'ai plus*_____ d'amis que mes parents.

_____*J'ai moins*_____ d'argent que mes parents.

1. _____ de problèmes que mes parents.

2. _____ de responsabilités que mes parents.

3. _____ de loisirs que mes parents.

4. _____ d'idéalisme que mes parents.

5. _____ de besoins que mes parents.

B. Votre vie à vous. Dans la classe de français... ,

1. qui parle français plus souvent que vous?

   _____

2. qui écrit le mieux au tableau?

   _____

3. qui arrive plus en retard que vous?

   _____

4. qui essaie de répondre le plus souvent?

   _____

5. nommez deux personnes qui parlent français aussi couramment que vous.

   _____

6. qui fait le moins de devoirs?

   _____

C. Une perfectionniste. Zoé cherche la perfection. Donnez ses résolutions pour le Nouvel An.

MODÈLES: Je bavarde (*talk*) trop. → Je bavarderai moins.
Je chante assez bien. → Je chanterai mieux.

1. J'étudie rarement. _____

2. J'écris mal. _____

3. Je finis beaucoup de choses. _____

4. Je me trompe assez souvent. _____

5. Je lis lentement. _____

6. Je m'ennuie quelquefois. _____

7. Je me lève tôt le matin. _____

8. Je me prépare bien aux examens. _____

D. Trois amis. Voici trois personnages qui ont un physique et un caractère (ou personnalité) très différents. Regardez leurs portraits, écoutez les questions (à la page suivante) et répondez-y en choisissant le nom du personnage décrit.

M. Grand   **M. Merlino**   **M. Legros**

1. Grand   Merlino   Legros

2. Grand   Merlino   Legros

3. Grand   Merlino   Legros

4. Grand   Merlino   Legros

5. Grand   Merlino   Legros

6. Grand   Merlino   Legros

7. Grand   Merlino   Legros

Le blogue d'Émilie

Discipline !

A. Hector, le danseur. Posez des questions à Hector, l'ami qu'Émilie mentionne dans son blogue, en mettant le verbe entre parenthèses au présent.

1. Hector, tu (avoir mal) _____ aux pieds quand tu danses?

2. Es-tu narcissique? Est-ce que tu (se trouver) _____ beau quand tu (se regarder) _____ le matin dans le miroir?

3. Hector, est-ce que tu (se maquiller) _____ avant un spectacle de danse?

4. Est-ce que tu (s'ennuyer) _____ quand tu ne danses pas?

5. Hector, est-ce que tu (se reposer) _____ après un spectacle ou est-ce que tu (s'amuser) _____?

B. Le corps d'Hector. Quelles parties du corps Hector, l'ami d'Émilie, mentionne-t-il? Complétez ces phrases.

1. Le dentiste est leur ami. Ce sont mes _____.

2. Elles sont essentielles aux pianistes. Ce sont mes _____.

3. Quand elle fait mal (*hurts*), je mange du miel (*honey*) et je bois du thé chaud. C'est ma

   _____.

4. Elle donne des baisers (*kisses*). C'est ma _____.

5. C'est lui qui articule (*joins together*) ma jambe. On l'appelle le _____.

C. Les amis du blogue et l'amour. Complétez les phrases en choisissant dans la liste suivante le mot qui convient : **amoureuse, coup de foudre, mariage, se marier, voyage de noces** (lune de miel).

1. Un jour, Hector va avoir une _____ et sa petite routine va changer!

2. Hassan veut _____! Il cherche une fiancée!

3. Quand Juliette a rencontré Arthur, c'était le _____.

4. Après son mariage, Émilie va emmener son mari en _____ au Sénégal.

5. Pour Léa, le _____ permet à une femme de s'épanouir (*blossom*).

D. Qu'est-ce qu'ils font aujourd'hui? Mettez les verbes pronominaux suivants au présent.

1. Hassan (s'arrêter) _____ de travailler à cinq heures du matin.

2. Hector (se rappeler) _____ qu'il doit aller rencontrer ses amis au restaurant.

3. Léa (se perdre) _____ dans le métro.

4. Hector et Léa (s'amuser) _____ sur Internet.

5. Léa et Juliette (se reposer) _____.

E. Vous répondez à Émilie. Expliquez-lui votre petite routine. Complétez les phrases de ce courriel en choisissant parmi les verbes de cette liste : **s'amuser, se coucher, se détendre, se doucher, s'éclater, s'en aller, s'endormir, s'habiller, s'installer, se lever, se maquiller, se promener, se raser, se reposer, se réveiller.** Vous pouvez employer un verbe plus d'une fois.

DE : _____

À : Émilie@canmail.ca

Bonjour, Émilie,

Moi, je suis étudiant(e) et voilà ma petite routine : le matin, dès que (*as soon as*)

je _____,[1] je _____[2] et je me lave. Je _____,[3]

puis je _____.[4] Quand je suis habillé(e), je prends mon déjeuner tranquillement.

Ensuite, je _____[5] en cours. L'après-midi, je _____[6]

devant mon ordinateur pour étudier.

Quand j'ai des examens, je dine très tard et je _____[7] vers minuit ou 1 h

du matin. Je suis tellement fatigué(e) que je _____[8] immédiatement.

La fin de semaine, mes potes (*buddies*) et moi, nous _____[9] et nous faisons du sport.

Généralement, pendant les vacances, je _____[10] voir mes parents.

Voilà ! Tu sais tout !

Salut, Émilie et à bientôt !

⊚ Pause-culture

A. La vie quotidienne des étudiants français. Imaginez la vie quotidienne des étudiants français. Choisissez parmi les verbes pronominaux de cette liste : **s'amuser, s'arrêter, se coucher, se dépêcher, se détendre, se doucher, s'en aller, s'endormir, s'ennuyer, s'habiller, se lever, se mettre à, se préparer, se promener, se rencontrer, se reposer, se réveiller.**

1. Le matin, ils _____

2. Entre midi et 14 h, ils _____

3. L'après-midi, ils _____

4. Le soir, ils _____

5. La fin de semaine, ils _____

B. Je t'aimais, je t'aime, mais t'aimerai-je ? Relisez le **Reportage** dans votre manuel, puis dites si les informations suivantes sont vraies (**V**) ou fausses (**F**).

1. V F Le nombre de mariages chute au Canada depuis un siècle.

2. V F Les naissances hors mariage sont très rares.

3. V F Le nombre de couples interculturels a diminué dans les grands centres urbains.

4. V F Le nombre de divorces a augmenté.

5. V F Dans un couple, la femme est souvent plus jeune que l'homme.

LEÇON 3

Les verbes pronominaux (deuxième partie)

Expressing Reciprocal Actions

A. Qu'est-ce qui se passe ? Les personnes suivantes se rencontrent pour la première fois. Décrivez leurs réactions. Utilisez des verbes pronominaux et non pronominaux selon les indices dans les dessins.

Verbes utiles : (s')adorer, (se) détester, (se) disputer, (se) parler, (se) regarder

MODÈLES :

Paul et Marie *se regardent.*   Marie *regarde Paul.*   Paul *regarde Marie.*

1. Denise et Pierre _____ _____ _____

2. Béatrice _____ _____ . Yves _____

3. Gérard _____ _____ . Marthe _____ _____

4. Marcel et Eugénie _____ _____ _____

5. Véronique et Denis _____ _____ _____

B. Que font les voisins du quartier? Écoutez chaque question, et répondez en vous basant sur le dessin.

Expressions utiles: se dire bonjour, se disputer, se parler, se regarder, se téléphoner

Prof. Renaud   Jean-Louis   les Lebrun   les Duval   M. Robert   Régine
Josette   Marie
Minou   Colette

Vous entendez: Que font le professeur Renaud et Jean-Louis?
Vous dites: Ils se parlent.

1. ...   2. ...   3. ...   4. ...

C. Avec enthousiasme. Une vedette (*celebrity*) parle de son prochain (*upcoming*) mariage. Écoutez les questions, et répondez pour la vedette.

> Begin each answer with
> **Ah oui...** or **Ah non...**

Vous entendez: Votre fiancé et vous, vous vous connaissez bien?
Vous dites: Ah oui, nous nous connaissons très bien!

1. ...   2. ...   3. ...   4. ...

D. La déprime. (Depression.) Maintenant, la vedette parle de sa séparation récente. Donnez les réponses de la vedette.

Verbes utiles: s'admirer, s'aimer, se comprendre, s'écrire, se parler

> Use **ne... plus** in your answers.

Vous entendez: Alors, parlez-nous de l'admiration que vous avez l'un pour l'autre.
Vous dites: Nous ne nous admirons plus, vous savez.

1. ...   2. ...   3. ...   4. ...

Les verbes pronominaux (troisième partie)

Talking About the Past and Giving Commands

A. Des gens contrariés. Yves donne des conseils. Paul contredit (*contradicts*) tout ce qu'il dit. Employez un verbe de la liste pour chaque conseil.

Suggestions : se brosser les dents, se coucher, se doucher, s'excuser, se marier

MODÈLES : Suzette dit qu'elle veut partir. →
YVES : Alors va-t'en.
PAUL : Non, ne t'en va pas.

Nous disons que nous sommes en retard. →
YVES : Alors dépêchez-vous.
PAUL : Non, ne vous dépêchez pas.

1. Claude dit qu'il a sommeil.

YVES : _____

PAUL : _____

2. Danielle dit qu'elle n'aime pas la vie de célibataire.

YVES : _____

PAUL : _____

3. Richard dit qu'il a un gout (*taste*) horrible dans la bouche.

YVES : _____

PAUL : _____

4. Nous avons fait du sport et nous avons très chaud.

YVES : _____

PAUL : _____

5. Les Robin ont été impolis.

YVES : _____

PAUL : _____

B. Métro, boulot, dodo. Voici comment un jeune couple passe la journée aujourd'hui. Qu'ont-ils fait hier ? (Attention à l'accord du participe passé. Il y a deux verbes à l'imparfait.)

MODÈLE : Francine s'est levée la première...

Francine se lève la première et Julien se réveille une demi-heure plus tard. Ils s'habillent. Ils prennent leur déjeuner dans la cuisine. Ensuite, Francine part en cours, pendant que Julien lit le journal.

À midi, Francine et Julien se retrouvent (*meet*) au café. Après le diner, ils se promènent pendant un moment, puis ils retournent à leurs activités.

Le soir, Julien se repose après le souper devant la télévision, mais sa femme étudie. Quand Francine s'endort sur ses livres, Julien la réveille. Ils se couchent vers onze heures.

Ils se disent tous les deux qu'ils n'ont jamais assez d'énergie.

_____

_____

_____

_____

_____

_____

_____

_____

_____

_____

Que doivent faire Francine et Julien pour avoir plus d'énergie? Et vous?

_____

_____

C. Ordres. Vous êtes moniteur ou monitrice dans une colonie de vacances (*summer camp*). Écoutez chaque situation, et donnez des ordres aux jeunes campeurs.

Vous entendez :	Maurice ne s'est pas encore réveillé.
Vous voyez :	maintenant
Vous dites :	Réveille-toi maintenant!

1. plus tôt
2. maintenant
3. tout de suite
4. immédiatement
5. immédiatement

D. Ma journée d'hier. Parlez de ce que vous avez fait hier en répondant aux questions. Vous n'entendrez pas de réponses suggérées.

Vous entendez :	À quelle heure vous êtes-vous réveillé(e)?
Vous dites :	Je me suis réveillé(e) vers six heures et demie.

1. ... 2. ... 3. ... 4. ... 5. ...

E. Une rencontre. Pensez à votre première rencontre avec un bon ami ou une bonne amie. Écoutez les questions et les réponses, puis donnez votre propre réponse.

Vous entendez :	– Votre ami(e) et vous, où est-ce que vous vous êtes vu(e)s pour la première fois?
	– En cours de biologie.
	– Nous? Chez des amis.
	– Et vous?
Vous dites :	Nous nous sommes vu(e)s pour la première fois à une fête.

1. ... 2. ... 3. ...

LEÇON 4

 Les pronoms relatifs

Linking Ideas

A. Un nouvel appartement. Joëlle et Nathan pensent déménager (changer de résidence). Reliez (*Connect*) les deux phrases avec le pronom relatif **qui.**

> MODÈLE : NATHAN : J'ai envie d'aller voir l'appartement. Il est près de chez nous. →
> J'ai envie d'aller voir l'appartement qui est près de chez nous.

JOËLLE : D'accord. J'en ai noté l'adresse. Elle était dans le journal ce matin.

_____ 1

NATHAN : L'immeuble a une piscine. Elle est ouverte toute l'année.

_____ 2

JOËLLE : J'aime ce quartier. Il me rappelle l'Espagne.

_____ 3

Reliez les phrases suivantes avec le pronom relatif **que.**

> MODÈLE : JOËLLE : C'est ce quartier. Je l'aime le plus (*the most*). →
> C'est ce quartier que j'aime le plus.

NATHAN : Eh! Nos voisins sont des Allemands. Je les ai rencontrés à la plage.

_____ 4

JOËLLE : Habitent-ils dans un des studios? Ton amie Christine les a admirés.

_____ 5

NATHAN : Non, je crois qu'ils ont un trois-pièces (trois et demie). Je ne l'ai jamais vu.

_____ 6

B. Votre vie à vous. Avez-vous besoin des choses indiquées? Faites des phrases en utilisant le pronom **dont.**

> MODÈLES : un nouveau livre de français? → Voilà quelque chose dont j'ai besoin.
> un ami méchant? → Voilà quelque chose dont je n'ai pas besoin.

1. un ballon de football? _____

2. un(e) fiancé(e)? _____

3. une femme ou un homme de ménage? _____

4. trois millions de dollars? _____

C. Promenade dans la vallée de la Loire. Utilisez le pronom **que, qu', qui** ou **dont**.

JULIE : Le voyage _____¹ nous faisons est vraiment formidable. On peut voir, sans sortir de l'autobus, tous les châteaux _____² sont décrits dans le guide.

RAOUL : Mais il faut marcher pendant les vacances. C'est le genre d'exercice _____³ on a besoin si l'on ne veut pas grossir (*to gain weight*).

JULIE : Je ne peux pas refuser toutes ces pâtisseries _____⁴ l'on me propose, surtout les éclairs, _____⁵ sont si bons.

RAOUL : Tu vois ce monsieur devant nous _____⁶ prend des photos ?

JULIE : Lequel ? (*Which one?*)

RAOUL : Ce monsieur-là _____⁷ le manteau est tombé par terre. Je pense que c'est un espion (*spy*). Tu vois l'immeuble _____⁸ il a pris une photo ? Ce n'est pas un château. Et les choses _____⁹ il parle sont un peu bizarres.

JULIE : D'accord, mais je te trouve aussi un peu bizarre quelquefois et je sais que tu n'es pas un espion.

Pourquoi Raoul est-il soupçonneux (*suspicious*) ? _____

_____¹⁰

D. Votre vie à vous. Complétez les phrases suivantes en vous basant sur votre expérience personnelle.

MODÈLES : Le samedi soir est un soir où ____*je travaille très peu,*____

Le samedi soir est un soir qui ____*n'est pas assez long,*____

Le samedi soir est un soir que ____*j'aime beaucoup,*____

1. J'achète souvent des livres dont _____

2. Midi est le moment où _____

3. J'habite une résidence (une maison, un appartement) qui _____

4. L'argent est une chose que (qu') _____

5. Le printemps est une saison où _____

6. Mes professeurs sont en général des gens que (qu') _____

7. J'ai un ami (une amie) dont _____

8. Je suis une personne qui _____

E. Interview (Entrevue) d'un chef d'entreprise. Écoutons une interview (entrevue) de la bijoutière (*jewelry designer*) Geneviève Blanchard. Les bijoux qu'elle crée se vendent partout dans le monde, et surtout au Japon.

À comprendre : des tas (*lots*), inutiles (*useless*), je dessine (*I design*), les trois quarts (*three quarters*), on peut réaliser (*one can make*)

Indiquez si les déclarations sont vraies (**V**) ou fausses (**F**) en vous basant sur la conversation.

1. V F Geneviève est une personne qui a beaucoup aimé ses études.

2. V F Pendant sa jeunesse, c'était surtout la création de bijoux qui intéressait Geneviève.

3. V F Les bijoux que Geneviève fabrique sont en pierres (*stones*) précieuses.

4. V F Cette entreprise fait des milliers de bijoux dont les trois quarts partent en Amérique du Nord.

5. V F Les bijoux que Geneviève dessine pour les magazines sont trop difficiles à faire soi-même (*oneself*).

6. V F Geneviève est très fière de son entreprise.

F. Au poste de police. Des gens arrivent pour retrouver leurs affaires (*belongings*) ou pour poser des questions. Écoutez les conversations suivantes en regardant les dessins. Répondez en suivant le modèle.

À comprendre : le portefeuille (*wallet*), une contravention (*ticket*)

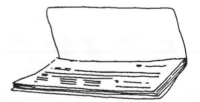

Vous entendez :   — Je cherche mon carnet de chèques. Il est de la Banque nationale de Paris.
                    — Est-ce que c'est le carnet que vous cherchez ?
Vous dites :   Non, ce n'est pas le carnet que je cherche.

1.

2.

3.

4.

G. Personnes et choses importantes. Écoutez les propos de Daniel. Ensuite, complétez chaque phrase par écrit avec un détail qu'il vous a raconté.

1. Arthur, c'est une personne que _____

_____

2. Caroline, c'est une amie qui _____

_____

3. *Les Temps modernes,* c'est un film dont _____

_____

4. La Lune bleue, c'est un café où _____

_____

PERSPECTIVES

 Faire le bilan

A. Conversations. Complétez chaque conversation avec la forme correcte du verbe approprié. Répondez ensuite aux questions personnelles.

1. Le fils du dentiste (se brosser)

   — Combien de fois par jour _____-vous les dents ?

   — J'essaie de _____ les dents trois fois par jour, mais il est souvent

   difficile de _____ les dents à midi.

   Où et quand vous brossez-vous les dents ? _____

   _____

2. Chez le psychiatre (s'appeler / se tromper / s'installer)

   — Comment _____-vous ? Pierre ?

   — Non, vous _____. Je _____ Napoléon

   Bonaparte !

   — Eh bien, Napoléon. _____-vous sur le divan et parlez-moi.

   Avez-vous des complexes de supériorité ou d'infériorité ? Décrivez-les. _____

   _____

3. Le sommeil (s'endormir / se coucher)

   — _____-tu facilement ?

   — Oui, si je ne _____ pas trop tôt, et toi ?

   — Je ne _____ jamais avant minuit, et je _____

   toujours facilement.

   Et vous ? _____

   _____

B. Le coup de foudre. Voici l'histoire d'amour de Pierre et de Sophie. Complétez les phrases suivantes avec un verbe pronominal au passé composé.

Pierre et Sophie _____¹ chez

des amis l'année dernière. Le lendemain matin,

ils _____² très tôt. Ils

_____³ longtemps. L'après-midi,

ils _____⁴ dans le parc.

    D'abord, ils _____⁵ du coin de l'œil,

puis ils _____⁶ par la main. Ils

_____⁷ des mots d'amour et ils

_____⁸ timidement.

    Après, ils (ne... plus) _____.⁹ Ils

_____¹⁰ deux mois plus tard. Ils forment le

couple parfait. Ils _____¹¹ (*présent*) très bien et

depuis qu'ils sont mariés, ils (ne... jamais) _____.¹²

se parler
se promener
se rencontrer
se téléphoner

se dire
s'embrasser
se prendre
se regarder

se disputer
s'entendre
se marier
se quitter

C. Votre vie à vous. Complétez chaque phrase en expliquant à quel moment ces évènements arrivent et pourquoi.

MODÈLE : Je / se dépêcher → Je me dépêche tout le temps parce que j'ai beaucoup à faire.

1. Mes amis / se détendre _____

_____

2. Mes amis et moi / s'amuser _____

_____

3. Mes parents et moi / s'entendre _____

_____

4. Je / s'installer / devant mes livres _____

_____

5. Mon professeur de français / s'excuser _____

_____

D. Annonces. Regardez bien les annonces publicitaires suivantes, puis choisissez trois objets que vous voulez acheter. Expliquez vos choix en employant les pronoms relatifs **qui, que** et **dont.**

à vendre

Appareil photo numérique Canon EOS 1000D avec objectif 35-70/1 : 2,8. 3,5 zoom 20 mm 1. 2,8. Fisch Eye 7,5 mm 1. 5,6 SSC. le tout en parfait état pour 350 $. Tél. (705) 519-8362.

Appareil de musculation avec disques 85 $. Tél. (306) 842-6875, int. 257, prof/51 11 94, privé.

Aquarium avec meuble et poissons. 150 litres, 125 cm long, 45 large, 108 hauteur. Tél. (867) 807-2010 heures repas.

Avion radioguidé prêt à voler avec télécommande, très peu utilisé, 130 $. Tél. (709) 843-6528, soir.

Bicyclette pliable bleue « Everton » 25 $. **Lit** 1 personne d'appoint pliant, 15 $. Tél. (250) 604-7788, bureau.

Blouson cuir noir + jupe noire et violette cuir, taille 6 + **anorak ski.** Tél. (289) 613-1958.

Sofa 3 places et 2 **fauteuils** en velours rouge, état neuf ; 65 $. Tél. (514) 934-2184.

CB très bonne + ant. trans., match, coax, 50 $. Tél. (506) 204-8793, soir.

Chaine stéréo Kenwood, 1 ampli KA-900 Haute-vitesse, 1 réglage KT 1000, 3 têtes. 1 CD Funaï CD 5503, 2 H.P. Marantz HD 500. Tout en très bon état pour 230 $. Tél. (403) 295-8421, soir après 20 h.

Vends **montre chrono Aerowatch,** mouvement mécanique automatique, date, lune, 3 mini cadrans. Tél. (709) 737-9876, bureau. Vends aussi **sac de couchage** Richner Nordic. État neuf.

Orgue Hammond, modèle L 222, avec Leslie. 300 $. Tél. (450) 590-6782.

Photocopieuse bon état Ubix 200 R (Graphax) très performante avec trieuse (15 cases). Contrat d'entretien encore valable. prix 475 $. Tél. (819) 905-1227.

MODÈLE : L'avion radioguidé est le cadeau d'anniversaire dont mon frère aura envie. Il adore les jouets électroniques.

1. _____

_____

2. _____

_____

3. _____

_____

 # Prononciation

Les voyelles orales. The French vowel sounds [y], [œ], and [ø] have no equivalent sounds in English. Listen carefully to these sounds in French: **une, fleur, peu.**

Répétez les mots suivants.

1. salut / numéro / Luc / lunettes
2. deux / sérieux / adieu
3. heure / œuvre / acteur / meuble

Voyelles finales. Pay attention to the clearly distinct vowel sounds at the end of these words: the [i] sound in **six;** the [e] sound in **été;** and the [ɛ] sound in **lait.**

Répétez les mots suivants.

1. mis / mémé / mais
2. fit / fée / fait
3. Marie / marée / Marais
4. dit / des / dès
5. si / ces / c'est
6. pris / pré / prêt

 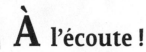

À l'écoute !

Le grand jour. Vous entendez une publicité pour un évènement destiné à ceux qui veulent se marier. Écoutez l'annonce, puis complétez sa transcription.

Vous _____¹ jour où vous _____?² Depuis,

_____,³ et maintenant, vous voulez vous marier, mais _____⁴

comment vous allez trouver l'énergie de le faire et de le faire sans _____⁵ votre

fiancé et votre famille. Il est temps de vous rendre au salon du mariage à Paris. De la robe de

mariée aux détails de la réception, des spécialistes du mariage _____⁶ vous aider

à organiser cet heureux jour. _____:⁷ le salon ferme ses portes le 31 janvier.

Par écrit

Purpose: Writing about a memorable event

Audience: Your instructor and/or classmates

Goal: Telling about a memorable day or event from your childhood. (If nothing interesting comes to mind, make something up. This may be a unique opportunity to reinvent the past!)

Steps

1. Take 15 minutes to brainstorm: Jot down everything that comes to mind about the topic. Put your notes aside and take a break.
2. Come back from your break and organize your notes. Discard the ones that seem irrelevant. Choose the most interesting points and organize your essay around them. Add supporting details, and be as specific and descriptive as possible.
3. Write the rough draft. Whenever appropriate, use comparisons and reflexive and pronominal verbs. Put the draft aside for a while, then reread it for continuity and clarity.
4. Have a partner check your work.
5. Read the composition one last time, checking spelling, punctuation, and grammar. Prepare your final draft.

 # Journal intime

Choisissez un des sujets suivants.

- Racontez comment deux personnes que vous connaissez se sont rencontrées : vos parents, vous et votre meilleur(e) ami(e), par exemple.
- Racontez ce que vous avez fait ce matin, à partir de votre réveil jusqu'à midi. Expliquez en quoi votre matinée a été normale ou anormale.

MODÈLE : Ma matinée ? Très banale. Je me suis levé(e) à 7 h, le chat m'a dit « bonjour » (miaou !), nous sommes allés prendre le déjeuner...

CHAPITRE
12

Qu'en pensez-vous ?

LEÇON 1

 # L'environnement

A. **Problèmes et solutions.** Voici sept problèmes du monde contemporain. Lisez les solutions sur le dessin et choisissez celle qui vous parait être la plus adaptée à chaque problème.

1. _____ les dangers de l'énergie nucléaire

2. _____ la pollution de l'environnement

3. _____ la destruction des espaces verts urbains

4. _____ le gaspillage des ressources naturelles

5. _____ l'augmentation de la violence

6. _____ le stress de la vie moderne

7. _____ les embouteillages (*traffic jams*) et la pollution liée à l'automobile

°L'aménagement... *Urban planning*

B. Votre vie à vous. Que pensez-vous des problèmes graves de l'environnement? Donnez votre avis en utilisant les listes de mots suivants. Utilisez une négation si c'est nécessaire.

MODÈLE : Il est indispensable _d'encourager le recyclage_ .

arrêter	les animaux
conserver	le chômage
développer	l'engagement politique
empêcher	les forêts
encourager	le gaspillage des sources d'énergie
protéger	le plastique
recycler	le recyclage

1. Il est indispensable _____

2. Il est essentiel _____

3. Il est urgent _____

4. Il est important _____

5. Il est possible _____

6. Il est nécessaire _____

7. Il est inutile _____

C. Règles de conduite. (*Rules of conduct*.) Écoutez la plateforme d'un parti politique écologiste. Ensuite, transformez l'infinitif en nom et complétez les phrases suivantes.

Vous entendez : Polluer l'environnement, c'est scandaleux.

Vous écrivez : _La pollution_ de l'environnement est scandaleuse.

1. _____ de la pollution est indispensable.

2. _____ des ressources naturelles est fondamentale.

3. _____ du recyclage est important.

4. Nous sommes responsables de _____ des animaux.

5. _____ de nos efforts est inévitable.

6. _____ de bons candidats est cruciale.

D. Questions contemporaines. Écoutez les explications suivantes. Choisissez l'expression qui correspond à chaque explication.

À comprendre : qui proviennent (*that come*), résidus (*wastes*), se déplacer (*to get around*)

Vous entendez :   Si on réduisait la consommation d'énergie, on les économiserait.

Vous choisissez :   ⓐ les ressources naturelles   b. les voitures

1. a. l'utilisation d'énergie solaire   b. l'utilisation de pétrole

2. a. des déchets   b. des solutions

3. a. les conflits   b. les médias

4. a. le gaspillage   b. le recyclage

5. a. une toute petite voiture   b. un vélo

E. Contraires. Pierre exprime ses opinions. Écrivez une phrase qui exprime le contraire en utilisant les mots de la liste.

Vocabulaire : augmenter, augmentation, élire, étrangers, être au chômage, exiger, exprimer son opinion, faire la grève, impôt

MODÈLE :   Il faut cacher son opinion. →
            Il faut exprimer son opinion.

1. Il faut diminuer le prix des cigarettes.

    _____

2. Continuer à aller au travail est la seule manière d'obtenir une augmentation de salaire.

    _____

3. Je pense qu'on va éliminer ce candidat.

    _____

4. Je pense qu'une réduction est nécessaire.

    _____

5. Je veux passer ce sujet sous silence (*to ignore*).

    _____

6. Seuls les citoyens jouent un rôle important dans notre société.

    _____

7. Beaucoup de gens travaillent cette année.

    _____

8. On ne demande pas impérativement l'égalité de salaire entre les femmes et les hommes.

    _____

LEÇON 2

 Le subjonctif (première partie)

Expressing Attitudes

A. Ah! Les verbes! Complétez ce tableau avec les formes correctes du subjonctif.

	...QUE NOUS	...QU'ELLE	...QUE VOUS	...QU'ILS
aller				
avoir				
être				
faire				
pouvoir				
savoir				
vouloir				

B. Votre vie à vous. Complétez les phrases suivantes avec vos propres opinions sur l'environnement ou sur les actualités (*current events*). *Attention:* Vous aurez besoin du subjonctif ou de l'indicatif, selon l'expression au début de chaque phrase.

1. Je veux que _____

2. J'aimerais que _____

3. Je pense que _____

4. Je préfère que _____

5. J'insiste pour que _____

6. Je souhaite que _____

7. Je trouve que _____

8. Je désire que _____

C. Des souhaits. Qu'est-ce que Marc aimerait? Mettez chacun de ces verbes réguliers au subjonctif.
Marc aimerait...

MODÈLE: (écrire) ...que j' ___*écrive*___ plus clairement.

1. (voir) ...que tu _____ cette exposition.

2. (diriger) ...que Mme Avoké _____ cette entreprise.

3. (se lever) ...que nous _____ plus tôt.

4. (rentrer) ...que les enfants _____ après les cours.

5. (conduire) ...que tu _____ prudemment (*carefully*).

6. (lire) ...que tout le monde _____ le journal chaque matin.

7. (arrêter) ...que vous _____ de fumer.

8. (sortir) ...que tu _____ avec tes amis.

9. (connaitre) ...que ma mère _____ mes copains.

10. (dire) ...que vous _____ la vérité.

11. (acheter) ...que vous _____ deux billets.

12. (apprendre) ...que nous _____ le subjonctif.

13. (boire) ...que tu _____ un verre de vin.

14. (préférer) ...qu'ils _____ cette chanson.

D. Une grand-mère soucieuse. Que souhaite la grand-mère de Joël et de Sara? Faites des phrases négatives ou affirmatives en employant les verbes suivants au subjonctif: **aller, avoir, écrire, être, faire, finir, prendre** ou **rentrer**.

MODÈLE: ___*Elle ne veut pas qu'ils soient*___ malheureux.

1. _____ faim.

2. _____ des vitamines.

3. _____ leurs études.

4. _____ souvent des lettres.

5. _____ à l'heure de l'école.

6. _____ chez le dentiste deux fois par an.

7. _____ des promenades quand il pleut.

E. La vie est dure. Parfois tout le monde semble attendre (*to expect*) quelque chose de vous. Complétez les phrases suivantes. Donnez libre cours à votre imagination!

MODÈLES: Le professeur de français ___*souhaite que je comprenne le subjonctif.*___

Le professeur de français ___*préfère que nous fassions tous nos devoirs.*___

1. Le Premier ministre du Canada _____

_____

2. Les journalistes _____

_____

3. Mon ami(e) _____

_____

4. Le médecin _____

_____

5. Mes parents _____

_____

F. Élections. Luc et Simon ont contacté Laure pour la persuader de poser sa candidature au Conseil de l'université. Écoutez certaines suggestions qu'ils lui ont faites, et complétez par écrit les suggestions des amis de Laure.

À comprendre : droits (*rights*), mener une campagne (*to run a campaign*)

Ils voudraient que Laure...

1. _____ sa candidature au Conseil.

2. _____ une campagne énergique.

3. _____ souvent avec l'électorat.

4. _____ toute la littérature de l'opposition.

5. _____ le Conseil en charge.

6. _____ pour les droits des étudiants.

7. _____ à persuader l'administration qu'ils ont raison.

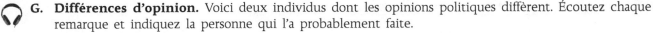

G. Différences d'opinion. Voici deux individus dont les opinions politiques diffèrent. Écoutez chaque remarque et indiquez la personne qui l'a probablement faite.

À comprendre : qu'on prenne conscience (*that one be aware*), vitesse (*speed*)

Vous entendez :   Je veux qu'on construise plus de centrales nucléaires.

Vous choisissez :   Jérôme   (Brigitte)

1. Jérôme   Brigitte   4. Jérôme   Brigitte
2. Jérôme   Brigitte   5. Jérôme   Brigitte
3. Jérôme   Brigitte

H. Vendredi soir. Que voulez-vous faire avec vos amis pendant le weekend (la fin de semaine) ? Écoutez les choix proposés par vos amis et répondez. Vous entendrez une réponse possible.

Vous entendez :   Tu veux qu'on fasse une promenade ou qu'on travaille ?
Vous dites :   Moi, je veux qu'on fasse une promenade.

1. ...   2. ...   3. ...   4. ...   5. ...

Le subjonctif (deuxième partie)

Expressing Wishes, Necessity, and Possibility

A. Il faut changer! L'année dernière, les étudiants se sont organisés pour avoir quelques changements sur le campus. Qu'est-ce qu'on voulait changer?

> MODÈLE: (servir des repas végétariens) Loïc voulait que la cafétéria <u>serve des</u> <u>repas végétariens.</u>

1. (être plus longues) Tout le monde voulait que les vacances _____

   _____

2. (avoir plus de pouvoir [*power*]) Une journaliste insistait pour que le Conseil d'étudiants _____

   _____

3. (y avoir moins de sports) Certains étudiants voulaient qu'il _____

   _____

4. (faire plus attention à eux) Beaucoup d'étudiants voulaient que les professeurs _____

   _____

5. (comprendre leur point de vue) Les femmes voulaient que les hommes _____

   _____

6. (construire des centres de recyclage) Tous les étudiants voulaient que l'université _____

   _____

B. Votre vie à vous. À votre avis, est-ce que ces prévisions (*predictions*) sont impossibles? possibles? probables? Utilisez les expressions suivantes: **il est impossible que, il est peu probable que, il est possible que, il est probable que** ou **il se peut que.** Expliquez vos réponses.

> MODÈLE: Vous passerez l'été à Québec. →
> Il est peu probable que je *passe* l'été à Québec, parce que j'ai besoin de travailler cet été. (Il est probable que je *passerai* l'été à Québec, parce que j'ai envie d'améliorer [*to improve*] mon français.)

1. Votre mari/femme sera français(e). _____

   _____

2. Les étudiants de votre université manifesteront avant la fin de l'année. _____

   _____

3. Vous regretterez un jour de ne pas parler russe. _____

   _____

4. Vous vivrez dans un monde sans pollution. _____

   _____

5. Les humains visiteront un jour la planète Mars. _____

_____

6. Le prochain Premier ministre du Canada sera une femme. _____

_____

C. Conseils. M. Laborde est parfois d'accord, parfois pas d'accord avec ses enfants, Corinne et Martin. Écoutez les remarques de M. Laborde et indiquez s'il parle à Corinne ou à Martin.

Vous entendez :   Moi, je trouve ça bien que tu protèges les animaux.

Vous choisissez :   (à Corinne)   à Martin

1. à Corinne	à Martin	4.	à Corinne	à Martin
2. à Corinne	à Martin	5.	à Corinne	à Martin
3. à Corinne	à Martin	6.	à Corinne	à Martin

D. Conseils aux jeunes. Mme Stein parle à des jeunes qui vont voter pour la première fois. Écoutez ses propos et répétez-les en mettant l'infinitif à la place du subjonctif.

Vous entendez :   Il faut que vous compreniez les questions.
Vous dites :   Il faut comprendre les questions.

1. … 2. … 3. … 4. … 5. …

E. Oui ou non ? Voici quelques questions sur vos projets d'avenir. Écoutez chaque question et complétez les réponses par écrit.

1. Oui, il est possible / Non, il n'est pas possible que _____

parce que _____

2. Oui, il est temps que / Non, il n'est pas temps que _____

parce que _____

3. Oui, il est normal que / Non, il n'est pas normal que _____

parce que _____

4. Oui, il est probable que / Non, il n'est pas probable que _____

parce que _____

Le blogue d'Émilie

Moi d'abord ?

A. Les grandes idées d'Émilie. Complétez les phrases suivantes en mettant les verbes entre parenthèses au subjonctif.

1. Il faut que le système scolaire (former) _____ de vrais citoyens.

2. Il est indispensable que les déchets (être) _____ recyclés par les individus et par les entreprises.

3. Il est important que tous les états (signer) _____ des conventions (*agreements*) en faveur de la biodiversité.

4. Il ne faut pas que les problèmes de l'environnement (faire) _____ oublier tous les autres problèmes de la planète.

5. Il est nécessaire que tous les partis politiques (prendre) _____ position sur les risques liés (*linked*) à la prolifération des armes (*weapons*) nucléaires.

B. Les rêves d'Émilie. Complétez les phrases suivantes en mettant les verbes entre parenthèses au subjonctif ou au futur simple.

1. Je souhaite que la paix (s'installer) _____ définitivement au Moyen-Orient.

2. J'espère que le budget du ministère de l'Environnement et du développement durable (être) _____ augmenté.

3. Mes amis et moi, nous désirons que tous les pays d'Afrique, sans exception, (s'engager) _____ en faveur de la francophonie.

4. Tous les citoyens du monde veulent que les émissions de gaz (être) _____ réduites.

5. Vous et moi, nous espérons qu'on (développer) _____ bientôt un vaccin contre le SIDA.

C. D'autres peurs des amis du blogue. Complétez chacune des phrases par le mot ou l'expression qui correspond à la peur de chaque ami du blogue : **le chômage, la délinquance, la guerre, l'immigration clandestine, les manipulations génétiques.**

1. Juliette a des inquiétudes concernant _____, un problème qui touche principalement les jeunes.

2. Léa s'inquiète de ne pas trouver de travail quand elle aura son diplôme. Elle craint (*fears*) _____ .

3. Hector est terrorisé par _____ : et si un jour on voulait clôner son chien ?

4. De nombreux Africains arrivent en Europe sans visa et sans ressources. Hassan est préoccupé par le problème de _____ .

5. Hector a peur des conflits et de l'emploi des armes de destruction massive. Il a peur de _____ .

D. Les amis du blogue s'engagent. Faites parler les personnages en complétant ces phrases. Le verbe sera à l'indicatif ou au subjonctif.

1. Juliette : « Pour ma part, je veux que _____

_____ »

2. Léa : « Personnellement, je souhaite que _____

_____ »

3. Hector : « Moi, j'espère que _____

_____ »

4. Hassan : « J'aimerais bien que _____

_____ »

5. Juliette et Léa : « Selon nous, il faut que _____

_____ »

E. Vous répondez à Émilie. Expliquez-lui quelles causes vous défendez et pour quelles causes vous seriez prêt(e) à vous engager.

DE : _____

À : Émilie@canmail.ca

On réagit, bien sûr !

Personnellement, je pense que les plus grands dangers qui menacent l'humanité sont

_____ , _____ et

_____ .

Les problèmes de l'environnement m'inquiètent beaucoup. J'estime que nous devons

_____ . Je regrette que les gouvernements _____ .

Pour ma part, je serais prêt(e) à manifester en faveur de _____ ou

contre _____ . Je pourrais même (*even*) faire la grève pour soutenir

_____ .

Et je serais aussi d'accord pour m'engager politiquement. Pour les prochaines élections,

par exemple, je soutiendrai le parti politique dont les positions sur la

question de _____ me semblent vraiment correctes.

Après tout, le sort (*fate*) de la planète et de l'humanité dépend de nous !

Salut !

Pause-culture

Les problèmes de société en France. Donnez votre avis en choisissant **oui** ou **non.**

1. oui   non   À votre avis, est-ce que les Français descendent souvent dans la rue pour exprimer leur opinion ?

2. oui   non   À votre avis, est-ce que les Français font souvent la grève ?

3. oui   non   À votre avis, est-ce que les Français paient beaucoup d'impôts ?

4. oui   non   À votre avis, est-ce que les jeunes Français trouvent facilement du travail ?

5. oui   non   À votre avis, est-ce que la France connait des problèmes de violence dans ses écoles ?

LEÇON 3

 # Le subjonctif (troisième partie)

Expressing Emotion

A. Comment réagit-il ? Laurent est écologiste. Créez des phrases en utilisant l'infinitif ou le subjonctif, selon le cas.

Réactions possibles : Il est / n'est pas content (désolé, étonné, furieux, heureux, soulagé, surpris, triste)

> MODÈLES : Laurent reçoit le prix de la conservation. →
> Il est content de recevoir le prix de la conservation.
>
> Le gouvernement construit de nouvelles autoroutes. →
> Il n'est pas heureux que le gouvernement construise de nouvelles autoroutes.

1. Les conservateurs sont au pouvoir (*in power*).

_____

_____

2. La plupart des gens sont indifférents au problème de la pollution.

_____

_____

3. Laurent entre en communication avec des écologistes d'Amérique latine.

_____

_____

4. Il obtient la majorité des voix aux élections.

_____

_____

5. Les politiciens font un effort de coopération.

_____

_____

6. L'achat et l'entretien (*maintenance*) de deux ou trois voitures coutent trop cher pour la majorité des familles.

_____

_____

B. Votre vie à vous. Réagissez à chacun des problèmes suivants avec une phrase qui commence par **je suis content(e), (furieux [furieuse], désolé[e],** etc.).

MODÈLE : la pollution de l'atmosphère →
Je suis désolé(e) que certaines voitures continuent à polluer l'atmosphère.

1. la pollution de l'eau _____

_____

2. la disparition (*disappearance*) des forêts _____

_____

3. la multiplication des produits chimiques _____

_____

4. l'augmentation du bruit _____

_____

5. la surpopulation _____

_____

6. les inégalités sociales _____

_____

C. Stéphane est désolé. Il a une bonne amie, Chantal, qui ne veut plus le voir. Écoutez la description de sa situation, puis arrêtez l'enregistrement et complétez par écrit les phrases suivantes en vous inspirant de l'histoire.

Verbes utiles : écrire, être, pouvoir, venir, voir, vouloir

1. Stéphane regrette que Chantal ne _____ plus le voir.

2. Il est désolé que certains amis la _____ encore.

3. Il est furieux que Chantal ne _____ plus chez lui.

4. Il regrette qu'elle ne lui téléphone et ne lui _____ plus.

5. Il doute qu'ils _____ se réconcilier maintenant.

6. Il est content qu'Aïché _____ toujours une bonne amie.

Le subjonctif (quatrième partie)

Expressing Doubt and Uncertainty

A. Votre vie à vous. Que pensez-vous de la politique dans votre pays? Exprimez votre opinion en utilisant **il est clair que, je doute que, j'espère que** ou **je pense que.**

> MODÈLE : On choisit toujours les meilleurs candidats. →
> Je doute qu'on choisisse toujours les meilleurs candidats.

1. Les candidats sont honnêtes et raisonnables.

   _____

2. Il y a des candidats de toutes les classes sociales.

   _____

3. Les citoyens peuvent exprimer leurs opinions librement (*freely*).

   _____

4. L'argent joue un rôle important dans les élections.

   _____

5. L'économie est en croissance (*is growing*).

   _____

6. Le gouvernement doit aider les pays en voie de développement (*developing nations*).

   _____

B. Noam Chomsky. Dans *Le Figaro* en 1991, un reporter a interrogé Noam Chomsky, le célèbre professeur de MIT. Ce linguiste est aussi connu pour sa politique engagée. Lisez l'extrait, puis, en vous basant sur les idées du texte, indiquez l'opinion de Chomsky sur les concepts qui suivent. Commencez vos phrases par une des expressions de la liste et utilisez un verbe au subjonctif ou à l'indicatif, selon le cas.

Les vrais penseurs du XXᵉ siècle

Mais pourquoi Chomsky est-il lui-même un intellectuel de gauche?

—*Je ne suis pas,* me répond-il, *un intellectuel, mais un savant*[1] *et un homme; c'est en tant qu'*[2]*homme et non en tant que linguiste que je prends des positions personnelles sur le Nicaragua ou la Palestine. Rien ne me choque plus,* ajoute Chomsky, *que ces intellectuels français qui jouent de*[3] *leur compétence dans un domaine scientifique pour prendre position sur des sujets qu'ils* ignorent. *Mes travaux sur la linguistique en eux-mêmes n'ont pas de conséquences idéologiques; leur caractère est purement scientifique. Le seul but*[4] *de la linguistique est la connaissance de la nature humaine au même titre que l'archéologie, la biologie ou l'ethnologie. Au mieux, les linguistes se préoccupent de sauver des langues perdues ou en voie de disparition*[5] *et de préserver la variété de nos civilisations. Mais la linguistique ne permet pas de changer le monde.*

Là-dessus, Chomsky me met à la porte, dévale[6] les escaliers et court rejoindre ses étudiants à une manifestation contre l'impérialisme américain en Amérique latine.

J'en reste tout ébloui[7]: Chomsky, quel spectacle! ■

GUY SORMAN

[1]scientifique
[2]en... as a
[3]jouent... utilize
[4]goal
[5]en... disappearing
[6]hurtles down
[7]dazzled

Expressions: Il est choqué que, Il est convaincu que, Il ne croit pas que, Il doute que, Il n'est pas heureux que, Il n'est pas sûr que

1. On le prend pour un intellectuel. _____

   _____

2. Les intellectuels français ont tendance à confondre (*to confuse*) la science et la politique.

   _____

3. Le rôle de la science est d'influencer la politique. _____

   _____

4. Les linguistes peuvent préserver des langues. _____

   _____

5. Les États-Unis ont le droit d'intervenir en Amérique latine. _____

   _____

6. La linguistique peut sauver le monde. _____

   _____

C. Exprimez vos doutes. Réagissez aux déclarations suivantes. Utilisez **je doute que, je ne suis pas sûr / sure que** ou **je ne suis pas certain(e) que.** Vous entendrez des réponses possibles.

> Vous entendez : Le Mardi gras a lieu en décembre.
> Vous dites : Je doute que le Mardi gras ait lieu en décembre.

1. … 2. … 3. … 4. … 5. …

D. Exprimez votre certitude! Écoutez les questions, et répondez avec certitude. Vous entendrez des réponses possibles.

> Vous entendez : Penses-tu que Port-au-Prince soit à Haïti?
> Vous dites : Oui, je suis sûr / sure que Port-au-Prince est à Haïti.

1. … 2. … 3. … 4. … 5. …

LEÇON 4

 # Le plus-que-parfait

A. Trop tard. Vous n'avez pas pu faire des choses que vous auriez aimé faire. Exprimez ces regrets selon le modèle suivant.

> MODÈLE : Si j'étudie plus, je réussis cet examen.
> Si j'avais étudié plus, j'aurais réussi cet examen.

1. Si j'utilise des produits recyclés, je contribue moins au réchauffement de la planète.

2. Si j'ai des petits frères, je joue avec eux.

3. Si je peux sauver mon ami, je suis plus heureux.

B. Des erreurs à corriger. Des erreurs se sont glissées dans ce texte. Pouvez-vous les corriger ?

1. Si j'ai su, je n'aurais pas venue.
2. J'aurais pu faire du ski de fond avec John mais je cassais un ski lors de la dernière randonnée.
3. J'aurais peut en acheter une autre paire si mon père ne m'a pas demandé de nettoyer le garage.

C. Regrets. Je n'ai pas fait tout ce que j'ai pu pour l'environnement et je le regrette. Et vous, pouvez-vous exprimer cinq regrets que vous avez ?

MODÈLE : Si j'avais su, j'aurais acheté une voiture hybride.

1. _____
2. _____
3. _____
4. _____
5. _____

Les verbes *courir* et *rire*

A. Ah ! Les verbes ! Complétez le tableau avec les formes correctes.

	COURIR	RIRE
tu		
mon amie		
nous		
les athlètes		

B. Le matin, le cinéma. Utilisez les verbes **courir** et **rire**. Attention au temps du verbe.

En retard. Nous avons été obligés de _____[1] ce matin parce que le réveil n'a pas sonné. Nous n'avons jamais _____[2] si vite pour aller en cours. Quand nous sommes arrivés en cours avec dix minutes de retard, nous étions crevés (*exhausted*) et tout le monde _____[3] Demain nous ne _____[4] pas, même si nous sommes en retard.

Votre vie à vous. Quelle est votre réaction si vous savez que vous allez être en retard ? _____

_____

Un film amusant. J'_____[5] pendant tout le dernier film d'Adam Sandler et Chris Rock. J'en ai parlé à tous mes amis, et maintenant ils vont aussi aller le voir. J'espère qu'ils _____[6] aussi.

Votre vie à vous. Que pensez-vous d'Adam Sandler? _____

_____

C. **Loisirs du dimanche.** Qu'est-ce que Léa a vu dimanche passé? Écoutez l'histoire et complétez les phrases par écrit.

Dimanche matin, vers huit heures, Léa _____[1] sa porte. Dans la rue, elle

_____[2] quelque chose de surprenant (*surprising*): il y avait une vingtaine de

personnes qui _____[3] C'était un marathon. Comme il _____[4]

assez chaud, ces gens _____[5] très soif. En fait, certains d'entre eux

_____[6] vraiment l'air de souffrir. Léa leur _____[7] à boire; trois

ou quatre personnes _____[8] un verre d'eau; elles lui _____[9]

rapidement avant de reprendre la course. Léa _____[10] ces gens sérieux et

enthousiastes; puis elle _____[11] calmement son journal.

PERSPECTIVES

Faire le bilan

A. **Le subjonctif.** Cochez (✓) les expressions qui exigent l'emploi du subjonctif.

1. _____ Je suis sûr / sure que...
2. _____ Ils voulaient que...
3. _____ Il n'est pas certain que...
4. _____ Ils ont peur que...
5. _____ Nous devons...
6. _____ Il semble que...
7. _____ J'espère que...
8. _____ Nous croyons que...
9. _____ Il se peut que...
10. _____ Il est dommage que...
11. _____ On dit que...
12. _____ Il vaut mieux que...

13. _____ Tu sais que...
14. _____ Il est bon que...
15. _____ Nous exigeons que...
16. _____ Pendant que...
17. _____ Vous souhaitez que...
18. _____ Ils trouveront que...
19. _____ Je doute que...
20. _____ Il sera préférable que...
21. _____ Parce que...
22. _____ Nous sommes heureuses que...
23. _____ Je regrette que...
24. _____ Il n'est pas sûr que...

B. La nouvelle Europe. Voici quelques commentaires sur l'Union européenne. Écoutez chaque phrase et indiquez (à la page suivante) si la proposition (*clause*) subordonnée comporte (*contains*) un verbe au subjonctif. Choisissez **I (indicatif)** ou **S (subjonctif)**.

Vous entendez : Je souhaite qu'on vive en paix.

Vous choisissez : I Ⓢ

1. I S	3. I S	5. I S	7. I S	9. I S
2. I S	4. I S	6. I S	8. I S	

C. Votre vie à vous. Êtes-vous une personne engagée ou apathique (*apathetic*)? Faites précéder chaque phrase par une des expressions suivantes : **je doute que, j'ai peur que** ou **je suis sûr / sure que.** Puis expliquez vos réponses. Attention au mode du deuxième verbe.

MODÈLE : Le racisme est le problème le plus grave au Canada en ce moment. →
Je suis sûr / sure que le racisme est le problème le plus grave au Canada en ce moment parce que... (Je doute que le racisme soit le problème le plus grave au Canada en ce moment parce que...)

1. Nous avons besoin de changer complètement notre système politique. _____

_____

2. En général, la démocratie est la meilleure forme de gouvernement. _____

_____

3. Le gouvernement canadien est trop centralisé et a trop de pouvoir. _____

_____

4. Le gouvernement canadien perd de son influence politique dans le monde. _____

_____

D. Votre vie à vous. Votre famille, vos professeurs et vos amis vous donnent souvent des conseils. Faites une liste des conseils que vous entendez le plus souvent.

MODÈLES : Mes parents : « Nous voulons que tu économises ton argent. »
Le prof : « Il faut que vous terminiez votre travail avant la fin de la semaine. »
Mon ami(e) : « Il vaut mieux que tu ne boives pas de vin si tu veux rentrer chez toi en voiture. »

1. _____

_____

2. _____

_____

3. _____

_____

4. _____

_____

5. _____

_____

6. _____

_____

Maintenant, dites quels conseils vous appréciez et ceux que vous n'appréciez pas du tout. Commentez.

_____

_____

_____

_____

_____

E. **Comment devenir pilote.** Monique a lu cet article dans *Femme Actuelle* et aimerait maintenant apprendre à piloter un avion. Aidez-la à compléter la liste des conditions requises (*requirements*). (Vous n'avez pas besoin de tout comprendre pour compléter les phrases suivantes.)

L'EXPERT RÉPOND

Apprendre à piloter un avion dès[1] quinze ans

S'initier au vol est possible dès l'âge de quinze ans. À condition de s'inscrire dans un aéroclub, de suivre une formation[2] appropriée et de ne pas avoir le mal de l'air !

Comment procéder pour passer son brevet[3] de base ?

Pour se présenter au brevet de pilote, il faut être âgé de quinze ans, satisfaire à un examen médical auprès d'un médecin agréé[4] et suivre une formation dans un aéroclub affilié à la Fédération nationale aéronautique. Le candidat doit cumuler au moins six heures de formation en vol en double commande (en général dix à quinze heures sont nécessaires), ainsi qu'[5]une instruction théorique au sol. En effet, il est indispensable de bien connaitre la règlementation, la navigation, la mécanique de vol, et posséder des notions de technique radio.

DES BOURSES

Des bourses peuvent être accordées par l'État aux apprentis-pilotes. Il suffit[6] d'être âgé de moins de vingt-cinq ans, être titulaire[7] d'une licence fédérale et avoir cinq heures de vol minimum au moment de la demande. Celle-ci[8] doit être déposée[9] auprès de l'aéroclub qui transmet ensuite à la fédération.

[1]*from (the age of)*
[2]*course of training*
[3]*certificate*
[4]*qualified*
[5]*ainsi... as well as*
[6]*is enough*
[7]*holder*
[8]*The latter*
[9]*filed*

1. Pour te présenter au brevet de pilote, il faut...

    que tu _____

    que tu _____

    que tu _____

2. Tu auras besoin de voler en double commande (*with another licensed pilot*) pour un minimum

    de _____ heures.

3. Pour obtenir une bourse, il est aussi indispensable...

que tu _____

que tu _____

que tu _____

Prononciation

Liaison. Here are some final tips on when and when not to use **liaison.**

Use **liaison :**

- with a modifier and a noun
- between a subject and a verb
- to link a preposition and its object
- to link an adverb with the word it modifies

Do *not* use **liaison :**

- with **h aspiré**
- after **et**
- to link a singular noun and its modifying adjective
- before **oui** and the numbers **huit** and **onze**

A. Liaison. Écoutez et répétez les expressions suivantes :

1. ses amis / cinq heures / de beaux yeux
2. vous aimez / ils écoutent
3. chez elle / sous un arbre / sans attendre / sans entendre
4. très intéressant / pas encore / bien entendu

B. Sans liaison. Écoutez et répétez les expressions suivantes :

1. en haut (*on top*) / C'est une honte ! / des hors-d'œuvre
2. Paul et Anne
3. le syndicat américain
4. mais oui / les onze enfants / Il est huit heures.

À l'écoute !

La responsabilité civique. C'est la période des élections en France. À cette occasion, plusieurs étudiants parlent des problèmes auxquels fait face la société actuelle. Voici l'opinion d'un de ces étudiants. Écoutez ses remarques, puis répondez aux questions suivantes.

À comprendre : défavorisés (*disadvantaged*), disparaissent (*disappear*), jusqu'à ce que (*until*), se bat (*fights*), toit (*roof*)

1. L'étudiant mentionne quatre problèmes de société. Lesquels ?

_____

2. À quel problème en particulier s'adresse la Fondation de l'abbé Pierre ?

_____

3. Depuis quand est-ce que l'abbé Pierre aide les gens défavorisés?

_____

4. Selon l'étudiant, est-ce que les problèmes de société sont uniquement les problèmes des hommes politiques ou est-ce qu'ils sont aussi les problèmes du citoyen?

_____

 # Par écrit

Purpose: Writing to persuade

Audience: Readers of an editorial page

Goal: Write your own opinion, in the form of an op-ed piece on one of the topics discussed in this Chapter or on a recent, controversial event. Persuade your readers to accept your point of view.

Steps

1. Choose a topic that interests you, and take five minutes to jot down the most important points that come to mind.
2. Prepare your rough draft following this outline:

   - Describe the issue briefly.
   - Justify your views.
   - Present your arguments against two or three opposing opinions.
   - If appropriate, present several possible solutions to the problem.
   - Write a general conclusion.

3. Refine the rough draft. You may want to use some of these expressions: **Il faut se rappeler que, Il ne faut pas oublier que, À mon avis, de plus, d'abord (ensuite, enfin), d'autre part** (_on the other hand_), or **Il en résulte que** (_As a result_).
4. Have a partner read your rough draft for clarity and interest.
5. Write a second draft, taking into account your classmate's most germane suggestions.
6. Check the second draft for spelling, punctuation, and grammar, particularly your use of the subjunctive mood.

 # Journal intime

Regardez les premières pages de votre journal intime. Qu'est-ce que vous avez appris pendant ce cours de français? Avez-vous l'intention de continuer vos études de la langue française? Pourquoi ou pourquoi pas?

> MODÈLE: J'ai appris beaucoup de choses! Avant tout, l'importance de la langue française dans la communauté mondiale. Maintenant, j'aimerais voyager non seulement en Europe, mais aussi en Afrique, aux Antilles et à travers le Canada francophone.

RÉVISEZ ! CHAPITRES 10–12

A. Une fin de semaine chargée. Utilisez les éléments suivants pour décrire ce que Sophie et Marie ont fait la fin de semaine dernière. Mettez les verbes au passé composé ou à l'imparfait selon le cas.

MODÈLE : dimanche / Sophie et Marie / se lever (passé composé) / 10 h

Dimanche, Sophie et Marie se sont levées à 10 h.

1. Sophie / se laver / cheveux / et / Marie / s'habiller

    _____

2. elles / se dépêcher / parce que / elles / être / en retard

    _____

3. elles / rendre visite / leur / grands-parents

    _____

4. grand-mère / ne pas pouvoir / faire / courses / parce que / elle / avoir / mal / jambes

    _____

5. ils / décider / aller / restaurant

    _____

6. Sophie et Marie / rentrer / tard / et / elles / se disputer

    _____

7. lundi matin / elles / ne pas se parler

    _____

8. lundi soir / elles / se mettre / rire / et / elles / ne plus être / fâché

    _____

B. Impératif et verbes pronominaux. Utilisez les indications suivantes pour donner des ordres.

1. Dites à vos enfants de se coucher.

    _____

2. Dites à votre frère / sœur de s'en aller.

    _____

3. Dites à vos amis de se détendre.

    _____

4. Dites à votre mari / femme de ne pas se dépêcher.

    _____

5. Dites à votre professeur de ne pas se fâcher.

    _____

C. Un dimanche à la campagne. Regardez le dessin, écoutez les questions posées à Marc et donnez des réponses logiques.

Expressions utiles : s'arrêter au bord du fleuve, se baigner, s'en aller vers 9 h, s'endormir, s'ennuyer, se promener à pied

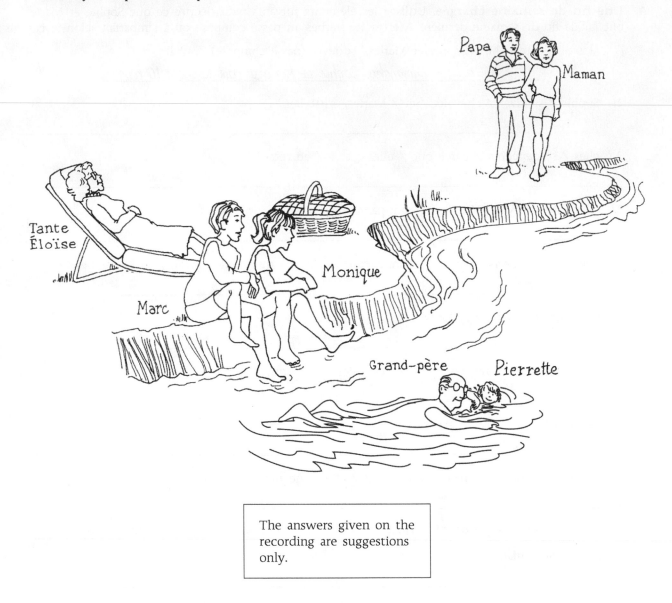

> The answers given on the recording are suggestions only.

Vous entendez :   À quelle heure est-ce que vous êtes partis ?
Vous dites :   Nous sommes partis vers 9 h.

1. …   2. …   3. …   4. …   5. …

D. Un changement bienvenu (*welcome*). Complétez le passage suivant avec le pronom relatif qui correspond (**qui, que** ou **où**).

Je travaille dans une grande société _____¹ je suis cadre supérieur (*executive*). J'ai récemment

pris des vacances. Une amie _____² s'appelle Éliane est partie avec moi. C'est une personne

_____³ aime beaucoup les activités de plein air. Nous sommes allés à Neufchâtel _____⁴ les parents d'Éliane ont une villa. Le père d'Éliane, à _____⁵ elle a téléphoné avant

notre départ, nous a invités chez eux. Éliane avait évidemment envie de voir certains

copains à _____⁶ elle pense souvent.

J'ai acheté une nouvelle valise _____⁷ j'ai mis des shorts, des teeshirts et des chaussures

confortables. Ça a été des vacances _____⁸ je ne vais pas oublier. On a fait des randonnées

dans les collines, et près du lac _____⁹ on pouvait aussi faire du bateau. On a fait beaucoup

de piqueniques avec les copains d'Éliane _____¹⁰ habitaient près de la ville. Nous avons

énormément ri au ciné-club _____¹¹ on passait de vieux films comiques. Nous sommes allés

à plusieurs concerts _____¹² on nous avait vivement recommandés.

Après trois semaines, nous avons dû rentrer, prêts à reprendre notre travail _____,¹³

comme vous pouvez l'imaginer, s'était accumulé (*had piled up*) pendant notre absence !

E. Sylvie. Formez des phrases complètes à partir des éléments suivants. N'oubliez pas d'ajouter des prépositions, des pronoms relatifs, etc., s'ils sont nécessaires.

1. Sylvie / être (présent) / instituteur

   _____

2. elle / trouver (passé composé) / travail / école Jeanne-d'Arc

   _____

3. elle / commencer (futur) / semaine / prochain

   _____

4. avec / argent / elle / gagner (futur) / elle / pouvoir (futur) / faire / économies

   _____

5. elle / avoir (futur) / huit / semaine / vacances

   _____

6. elle / faire (futur) / voyage / Acadie

   _____

7. elle / aller (futur) / Montréal / et / Vancouver

   _____

8. quand / elle / revenir (futur) / chez elle / son / compte d'épargne / être (futur) / vide (*empty*) !

   _____

9. mais / elle / être (futur) / plus / content / avant

   _____

F. Votre vie à vous. Qu'est-ce qui vous est important? Comparez les éléments de chaque paire, selon vos opinions personnelles.

MODÈLE : Les enfants _____ les animaux domestiques. (amusant) →
Les enfants sont plus amusants que les animaux domestiques.

1. Le travail _____

les loisirs. (essentiel)

2. La politique _____

la religion. (intéressant)

3. L'amour _____

l'argent. (important)

4. Le célibat _____

le mariage. (difficile)

5. La conservation _____

le développement des ressources naturelles. (nécessaire)

6. L'eau potable _____

l'eau polluée. (bon pour la santé)

G. Phrases à compléter. Formez des phrases complètes à partir des éléments suivants. *Attention :* Vous aurez besoin du subjonctif, de l'indicatif ou de l'infinitif.

1. nous / espérer / tu / pouvoir / visiter / pays francophone / année / prochain

   _____

2. il / être / important / tu / étudier / français / sérieusement

   _____

3. je / souhaiter / vous / me / rendre visite / cette / semaine

   _____

4. il / être / probable / il / faire / beau / demain

   _____

5. nous / être / certain / aller / Acadie / cet / été

   _____

6. est-ce que / tu / croire / tes / parents / être / heureux / tu / arrêter / études

   _____

7. il / être / nécessaire / elle / partir

   _____

H. La situation à Madagascar : Les problèmes socio-économiques et environnementaux.
Vous êtes journaliste et devez écrire un article en utilisant les temps du passé.

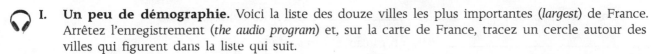

   Les pressions sur l'environnement sont principalement causées par la population, à cause des divers problèmes socio-économiques que les habitants connaissent depuis des dizaines d'années.

   Depuis longtemps, la population augmente plus vite que la croissance économique ce qui a entraîné une exploitation excessive des ressources naturelles. De plus, une importante migration vers les villes a provoqué une trop grande densité de la population urbaine. Ces densités énormes (jusqu'à 20 000 hab/km^2) provoquent des problèmes environnementaux. Le manque d'hygiène, la dégradation de la qualité de l'eau et des sols, les différents types de pollution présentent un grand défi à résoudre pour améliorer la vie des Malgaches (habitants de Madagascar).

   1. ...   2. ...   3. ...   4. ...

I. Un peu de démographie. Voici la liste des douze villes les plus importantes (*largest*) de France. Arrêtez l'enregistrement (*the audio program*) et, sur la carte de France, tracez un cercle autour des villes qui figurent dans la liste qui suit.

Ville	Nombre d'habitants°
1. Paris [75]	2 144 700
2. Marseille	808 700
3. Lyon	465 300
4. Toulouse	431 500
5. Nice	347 100
6. Nantes	280 600
7. Strasbourg	272 800
8. Montpellier	244 100
9. Bordeaux	229 900
10. Lille	226 800
11. Rennes	210 200
12. Le Havre	184 000

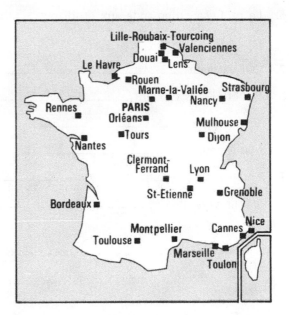

Maintenant, regardez la liste, et indiquez le rang (*rank*) de chaque ville avec un nombre ordinal : **la première, la deuxième, la troisième,** etc.

   Vous entendez :   Bordeaux ?
   Vous dites :   C'est la neuvième ville de France.

1. ...   2. ...   3. ...   4. ...   5. ...   6. ...   7. ...   8. ...

_____

°Il s'agit de la population des villes seulement, pas des agglomérations (régions urbanisées) entières. Source : **Recensement de la population depuis 2004** (le site Web d'INSEE-Institut national de la statistique et des études économiques).

J. **À ou *de*?** Complétez les phrases suivantes avec la préposition **à** ou **de** / **d'**. S'il n'est pas nécessaire d'utiliser de préposition, laissez un blanc.

1. Sophie a accepté _____ faire les courses, mais elle a refusé

   _____ faire le ménage.

2. Est-ce que tu sais _____ skier?

3. Oui, j'ai appris _____ skier quand j'avais sept ans.

4. André rêve _____ voyager en Suisse. Il va _____

   faire des économies pour son voyage.

5. Oh, non! J'ai oublié _____ acheter des œufs. Je voulais

   _____ faire un gâteau. Dommage! (*Too bad!*)

6. Le professeur demande aux étudiants _____ écrire des phrases au

   tableau.

7. Qui va venir _____ souper à la maison ce soir?

8. Les étudiants essaient _____ parler français en cours de français.

9. Vous espérez _____ pouvoir visiter Fredericton bientôt.

10. Marie pense _____ travailler tout l'été, l'année prochaine.

11. Thomas n'a pas faim. Il vient _____ manger!

12. Je vais vous inviter _____ souper au restaurant ce soir.

> Au revoir et bonne chance!